SHENGYUANDI ZHUXUEDAIKUAN DE

生源地助学贷款
的可持续发展

KECHIXU FAZHAN

臧兴兵 著

中国社会科学出版社

图书在版编目（CIP）数据

生源地助学贷款的可持续发展/臧兴兵著 . —北京：
中国社会科学出版社，2012.12
ISBN 978 - 7 - 5161 - 1880 - 1

Ⅰ . ①生… Ⅱ . ①臧… Ⅲ . ①贷学金—可持续性
发展—研究 Ⅳ . ①G467.8

中国版本图书馆 CIP 数据核字（2012）第 297982 号

出 版 人	赵剑英	
选题策划	卢小生	
责任编辑	卢小生	
责任校对	徐　楠	
责任印制	李　建	

出　　版	中国社会科学出版社	
社　　址	北京鼓楼西大街甲 158 号（邮编　100720）	
网　　址	http：//www.csspw.cn	
	中文域名：中国社科网　　010 - 64070619	
发 行 部	010 - 84083635	
门 市 部	010 - 84029450	
经　　销	新华书店及其他书店	

印　　刷	北京市大兴区新魏印刷厂	
装　　订	廊坊市广阳区广增装订厂	
版　　次	2012 年 12 月第 1 版	
印　　次	2012 年 12 月第 1 次印刷	

开　　本	710 × 1000　1/16	
印　　张	15.75	
插　　页	2	
字　　数	258 千字	
定　　价	40.00 元	

凡购买中国社会科学出版社图书，如有质量问题请与本社发行部联系调换
电话：010 - 64009791

目　　录

前　　言

　　生源地助学贷款在我国正方兴未艾，并日益成为高等教育财政的重要来源之一，其中，国家开发银行，简称"国开行"，国开行模式已成国家助学贷款的主要形式。生源地助学贷款在我国经历了"农信社时代"、"国开行时代"两个发展阶段。其新政策"窗口"的打开，也是源于"问题源流"、"政策源流"和"政治源流"的汇集。生源地助学贷款具有鲜明的中国特色，同时也吸收了美国、加拿大、日本等国学生贷款方案的某些元素，国际经验对我国生源地助学贷款的可持续发展具有重要的借鉴和启示意义。

　　生源地助学贷款主要面向农村尤其是中西部边远地区农村，相对高校助学贷款，这一制度进行了多方面的创新，具有明显的比较优势。但目前生源地助学贷款供求矛盾还相当突出，制度在实施过程中依然困难重重，这既有制度本身的原因，也有外部环境的制约与影响。本书通过实地走访与问卷调查发现，生源地助学贷款逐渐成为学生的"第二财政"；其规模与普通中学毕业人数、生源地人口、乡村从业人数、农村居民人均纯收入和人均 GRP 显著相关；但银行放贷意愿仍然是决定贷款规模的最主要因素，而且贷款审批发放的"计划色彩"还十分浓厚。

　　影响生源地助学贷款的金融生态包括经济环境、社会制度和文化背景等环境因素。其中，家庭经济状况反映了学生的贷款需求，银行放贷意愿决定了贷款供给，而且"供给决定需求"现象十分明显。但萨伊定理成立的前提是市场机制发育充分，因此政府必须减少干预和管制，为市场主体创造一个良好的生态环境，促进其多元化发展，提高银行的积极性和创造性。生源地助学贷款的社会制度约束主要表现为法制不健全、行政的不当干预等方面。文化背景的关键要素则是信用文化。必须突破现有社会制度的不利约束，大力弘扬诚信文化，优化金融生态环境，以促进生源地助学贷款的可持续发展。

生源地助学贷款内部运行机制中，杠杆原理起着关键作用。从宏观层面看，中央政府运用财政—金融杠杆，加大"富人"（如东部）、地方政府、学生及其家庭对高等教育投入的力度，确保地方财政及家庭对高等教育的参与，实现了"四两拨千斤"的杠杆功效。生源地助学贷款涉及学生、家庭、银行（国开行或农信社）、各级政府、高校以及保险公司等，理性的参与各方都在试图使自身收益最大化，从而存在动态博弈。生源地助学贷款必须引入更多的市场机制，以实现博弈的均衡。

生源地助学贷款在部分省份的实践表明，其资助效果与激励作用均比较明显。笔者认为，教育的生产功能和信号功能，正如物质世界的"波粒二象性"一样，也是同时存在的。生源地助学贷款既能促进人力资本的积累，也有助于贷款学生外在信号的增强，因而它能实现人力资本的"跃迁"。

关于生源地助学贷款可持续发展的路径，本书主要从三个方面进行了分析。

一是理念与文化层面。需要强化市场化、多元化等发展理念，在全社会大力营造信用文化，加强诚信教育，树立人本思想，注重人性化关怀。作为生源地助学贷款的主要承办者，国开行更要加快金融创新和市场开发步伐，在战略定位中更多地关注民生、关心人的发展，对家庭经济困难学生倾注更多的关怀。

二是制度设计。首先，要切实加强法制建设。其次，要完善操作管理流程，各级资助中心需要尽快完善并有效运作，尤其要引导保险、证券化、担保、会计、审计、资信评估、征信服务等中介机构和市场机制充分参与到生源地助学贷款中来，使得生源地助学贷款现金流持续地实现良性循环，贷款可以如期回收，银行能够源源不断地提供资金，违约与呆坏账损失控制在系统的容量或承载能力之内，贷款资金流通顺畅，存量有保证，金融生态链不至于中断。最后，要划定与政府行政的边界，防止行政的不正当干预。

三是经济的持续繁荣。欧美国家经济衰退直接影响了学生贷款的正常运行。因为经济的持续繁荣是金融可持续发展的基础。只有经济持续繁荣，绝对贫困人口才能不断减少，弱势群体收入水平才能不断提高，经济困难家庭处境才能得以改善，毕业学生才会有足够收入用于还款，贷款金额既能从空间上保证代内公平，又能从时间上保证代际公平；只有经济可持续发展，公共教育投入才能持续增加，国家才可能加大生源地助学贷款投入，县级资助中心基本建设才能逐步落实，贷款覆盖面、高等教育入学机会才会持续扩大。

第一章　绪论

第一节　问题缘起

在中国，每年暑期的高校录取工作一结束，正当莘莘学子满怀欣喜憧憬大学生活时，总有一些贫困家庭的孩子面对高昂的大学学费而一筹莫展，尤其在农村。金榜题名而又家徒四壁，他们将何以跨进大学门槛？

阿马蒂亚·森认为，贫穷最大的危害不止于物质上的匮乏，它还意味着将贫穷者排斥于正常的社会生活之外。目前，我国人均国民收入在世界210个国家和地区中仍处于百位之后，一些农村和边远地区经济社会面貌还很落后。按照联合国每人每天1美元的贫困线标准，我国约有1.5亿贫困人口；按照中国2009年农村贫困标准1196元测算，农村贫困人口为3597万人，相当于法国多半的人口，城市还有2347万最低生活保障人口。在世界范围内，义务教育阶段学生不因贫失学一般都有了法律保障，学生资助主要集中于非义务教育阶段，全球已有近80个国家制定了自己的学生资助政策。我国义务教育、中职和普通高校学生资助体系也粗具雏形。但资助标准很低、力度不大，助学贷款机制尚不健全，金融机构惜贷现象普遍。尤其市场机制缺失，资助管理队伍、审计监察、经费使用效益有待加强，在绝大多数地区，对家庭困难学生的全覆盖还远未实现，"应贷尽贷"只是空中画饼。

一　人力资源强国建设的重要路径

人文地理学的研究表明，中国历代人才在地理上是广泛分布的，而且与社会经济发展相一致，经济中心的位移往往引起文化中心的移动和人才大迁徙。但人才的地理来源分布落差较大，经济文化发展的"边缘"地区人力资源开发严重不足。尤其在中西部少数民族地区、经济欠发达地区，人力资源的开发还有很大空间。

《国家中长期教育改革和发展规划纲要（2010—2020）》（以下简称《纲要》），"序言"指出，"我国实现了从人口大国向人力资源大国的转变"；今后要"加快从教育大国向教育强国、从人力资源大国向人力资源强国迈进"。《纲要》在"战略目标"中更是明确提出："到2020年，基本实现教育现代化，基本形成学习型社会，进入人力资源强国行列。"但事实上，现实与理想之间还有极大的差距。

邓小平早在1989年就曾反思和警告说，十年最大的失误是教育。一转眼，21世纪又过了十年，纵观中国教育中的种种乱象，同样的结论仍然成立。中国区域社会经济差异极大，但潜在的优秀人才并非集中出生于少数大中城市或富裕家庭，而是呈广泛、随机的地理分布。如果大量潜在的"苗子"没有机会跨进大学门槛，缺乏公平的生长"土壤"，他们就只能湮没于亿万"打工者"或"农民工"群体中。

2009年，我国农村居民人均纯收入5153元，城镇居民人均可支配收入17175元，农村居民家庭恩格尔系数为41.0%，城镇为36.5%。对于农村大学生来说，学费加生活费超过了家庭年收入的总和。许多农村家庭不得不含辛茹苦、东挪西借、多方周转，才能让孩子跨进大学校门。更有甚者，孩子考上大学，家长为了筹集学费，"走投无路而自杀"、"录取通知书成了索命符"。农村资金绝大部分用于高等教育费用，还极大地挤占了农业生产的投入，致使上学难、就业难、发展生产也难，农民增收陷入困境，农村出现了日益严重的"因教返贫"现象。一项关于甘肃省高考"状元县"会宁的调查显示，2006年全县返贫农户中"因教返贫"者占1/3；而在全省，国家推出的高校助学贷款由于各种原因出现了连续下滑的趋势，2006年该省高校享受国家助学贷款的学生仅占在校生的5.9%，远远低于国家确定的20%的比例，与全省家庭困难学生的贷款需求相比差距更大。中国社会科学院一项调查高考"弃考"现象的报告认为，农村人改变现状越来越困难，以前农村孩子可以通过当兵、高考实现"跃农门"向城市流动，但现在农村孩子"跃农门"的机会越来越少。在某种意义上，与其说是一些农村考生放弃了高考，倒不如说是高考放弃了那些家境困难的考生。

为了实现2020年高等教育毛入学率40%的目标，中国高等教育规模一次次刷新历史。但一般农村家庭、城镇角落弱势群体，仅凭其家庭收入根本无力支付高等教育费用。如何保障家庭经济困难学生顺利入学、继续就学，提高资助水平，从制度上基本解决其就学问题，相关资助政策尤其是助学贷款制度尚需进一步完善。对此，《纲要》的意向是："完善助学贷款体制机制。推进生源地信用助学贷款。"

2011年，我国出台的《十二五规划纲要》进一步指出：要"大力促进教育公平；合理配置公共教育资源，重点向农村、边远、贫困、民族地区倾斜，加快缩小教育差距；健全国家资助制度，扶助经济困难家庭学生完成学业。"①

二 高校国家助学贷款的缺陷

国家助学贷款分为生源地助学贷款、校园地助学贷款两种形式。近年来，中国家庭经济困难学生资助体系逐步建立起来，每年近1.8亿学生获得资助，这一制度安排让大量经济困难学生得到了实惠。国家助学贷款政策自1999年6月出台以来，一直实行"校园地"助学贷款模式，经历了从启动到大范围停贷再到重新启动的曲折过程，虽几经修正，但路仍然"越走越窄"②。而经办银行参与国家助学贷款的积极性不高，根本原因在于成本过高和风险防范措施的缺失。

一是催还款没有"抓手"，贷款违约率高，造成银行惜贷。高校助学贷款合同只有学生本人的签字，学生毕业后流动性强，银行很难联系。2003年全国范围内助学贷款的违约率达到20%，一些高校甚至高达30%—40%，造成很多省（市）大面积停贷，原有政策出现"失灵"。

二是贷款的供给不足，覆盖面小，存在"贷款歧视"。美国对大学生的财政资助一般占其GDP的1%以上，与之相比，我国的资助力度还很小。我国高校绝大部分都属于"地方院校"，1999年以来，国家助学贷款主要集中于中央部委所属高校，地方院校尤其是地市所属高校的贫困生获得贷款还相当困难，而民办院校、独立学院学生根本就没有贷款资格。这不仅使国家助学贷款的公平性受到质疑，而且还引起贷款供给的严重不足。如2004—2009年，山西省高校贷款人数2万余名，全省仅40余所高校能提供国家助学贷款；江西省2008年助学贷款只解决了需求人数的34%。由于地方高校落实情况普遍较差，助学贷款远未做到"应贷尽贷"。

---

① 《创新驱动实施科教兴国和人才强国战略》，《中国教育报》2011年3月17日。
② 王晶：《生源地能让助学贷款柳暗花明吗？》，《湖北日报》2009年8月28日。

三是金融生态逐渐恶化。一直以来，政府都习惯于利用自身的强势地位，单纯采取行政指令的方式解决学生贷款的市场失灵问题，如按计划分配贷款名额，挤压金融机构向信贷市场的"弱势群体"贷款等，而不是从改善信用环境、改良金融生态着手，去解决信用信息严重不对称的问题，为金融机构放心贷款提供必要的条件。高校助学贷款市场法制环境欠佳、诚信文化缺失、信用体系建设滞后、市场机制参与不足，金融生态渐趋恶化。过高的拖欠率既造成了社会公共资源的浪费，也直接影响了以后需要贷款的大学生。有的案件，银行用于追讨一笔助学贷款的诉讼成本，甚至都超过了贷款本金。金融主体积极性不高就会理性地"惜贷"、"惧贷"甚至退出市场，结果是高校助学贷款市场的逐渐萎缩和制度的不可持续。

三 生源地助学贷款发展中的变数

2000 年以来，主要由农信社承办的生源地财政贴息助学贷款一直是"雷声大，雨点小"。究其原因，一是财政贴息政策不到位；二是贷款学生不能提供相应的抵押、担保条件；三是农信社本身信贷资金不足，管理难，风险大。2009 年 7 月，教育部发出通知，要求各地教育行政部门"大力推进、扎实做好生源地信用助学贷款工作，力争在贷款学生人数和贷款金额上有大的突破"、"积极协调经办银行为其办理生源地信用助学贷款"。

生源地助学贷款综合利用了地方政府、基层金融机构、民间社会规范等资源，可以让地方力量充分发挥作用，在制度设计上突破了高校助学贷款的局限，在操作上更为灵活。因此，在高校助学贷款进退维谷之际，进一步推动生源地助学贷款的可持续发展，既是落实和完善国家助学贷款新政策的重要举措，也是建立健全家庭经济困难学生资助体系的重要组成部分和今后助学贷款业务发展的趋势和重要途径，更是我国建设人力资源强国的重要战略措施之一。突破现有资助体制的樊篱，充分利用地方和社会资源，是当前和今后一段时间贫困生资助应着力发展的重点。

实践证明，生源地助学贷款正日益成为国家助学贷款中新的亮点。但作为新生事物，生源地助学贷款也还存在诸多问题。据教育部官员透露，2007—2009 年在关于学生资助工作的投诉中，56% 的投诉与地方高校未落实国家助学贷款或生源地信用助学贷款政策有关[1]。这说明部属高校的学生资助

---

① 张晨：《探访教育部高校学生资助工作热线》，《中国教育报》2009 年 8 月 30 日。

工作做得相对较好，而地方高校的资助工作还需要进一步完善。尤其是生源地助学贷款由于加入了"地方"元素，也就带来了种种不确定的变数。

第二节 开展生源地助学贷款的意义

一 概念界定

（一）国家助学贷款

国家助学贷款是指贷款机构向借款人发放的由公共财政贴息，用于借款者本人或其直系亲属、法定被监护人接受高等教育所需学杂费和生活费的贷款。按申请地点不同，国家助学贷款分为高校助学贷款和生源地助学贷款两种形式，前者在高校所在地金融机构申请，后者在生源地金融机构或县级学生资助中心申请。

（二）生源地助学贷款

生源地是相对高校而言的，指高校学生入学前的来源地或户籍所在地。生源地助学贷款是一种由学生家庭所在地的各类金融机构（或代理机构）以信贷原则为指导，对高校学生、学生家长或其监护人办理的，以支持学生完成学业为目的的金融产品。生源地助学贷款属于商业性贷款，由国家专门的政策性银行发放管理，而政策性银行经营的目标是保本微利，具有商业性。同时，它是国家为了帮助经济困难学生完成学业出台的一项政策，具有明显的公益性。这种贷款在我国经历了无财政贴息且需要担保的贷款、财政贴息且需要担保的贷款和财政贴息的信用贷款三个阶段。生源地信用助学贷款则指金融机构（目前以国家开发银行为主）向符合条件的家庭经济困难的普通高校（含高职高专、民办高校、独立学院）新生和在校生发放的、在学生入学前户籍所在地（县/市/区/旗）办理的无需担保的助学贷款，学生和家长（或其他法定监护人）组成共同借款人，共同承担还款责任。在这个意义上，生源地助学贷款也可称"学生家庭贷款"。生源地助学贷款发展至今，国开行的信用贷款模式已成为主流，因此，本书也主要探讨这种模式的现状及其发展。

（三）金融生态

金融生态指各种金融组织为了生存和发展，与其生存环境之间及内部金融组织之间在长期的密切联系和相互作用过程中，通过分工、合作所形成的具有一定结构特征，执行一定功能作用的动态平衡系统①。它具有进化性、竞争性、多样性、创新性、稳定性、优胜劣汰、自我调节等生态特征。金融生态是对金融的生态特征和规律的系统性抽象，从本质上反映了金融内外部各因素之间相互依存、相互制约的有机的价值关系。金融生态系统由金融主体及其赖以存在和发展的金融生态环境构成，两者彼此依存、相互影响、共同发展，形成动态平衡系统。金融主体指的是金融产品和金融服务的生产者。它既包括金融机构和金融市场这些直接提供金融产品和金融服务的主体，也包括那些以制定政策、确定规范、进行调控和实施监管为职能，从而直接影响金融机构和金融市场的运行，同时也直接影响金融产品和金融服务供应种类、规模、价格、质量、范围等的金融决策机构和金融监管机构。金融生态环境，则是指由居民、企业、政府和国外等部门构成的金融产品和金融服务的消费群体，以及金融主体在其中生成、运行和发展的经济、社会、法治、文化、习俗等体制、制度和传统环境。同自然生态系统一样，在金融生态系统中，金融主体和金融生态环境也是相互依存和彼此影响的②。金融生态内部这种错综复杂、相互制约又相互促进的关系及其内部缓慢的化学变化，形象地反映了我国生源地助学贷款体系的内在本质。

（四）可持续发展

可持续发展是指既满足当代人的需求，又不对后代人满足其需求的能力构成危害的发展③。可持续发展的思想与"理性"发展很相似④，意指人是自然的一部分，人类必须遵守自然法则。可持续发展所涵盖的内容十分宽泛，既包括经济社会整体的发展，也可以是单个组织、机构、制度甚至个人的发展。可持续发展的核心是发展，但要求在严格控制人口、提高人口素质和保护环境、资源永续利用的前提下进行经济和社会的发展。可持续发展是一种新的发展观、道德观和文明观，也是人类行为的基本准则和生存哲学，其基础是保护自然资源环境，条件是激励经济发展，其目标

---

① 徐诺金：《金融生态论：对传统金融理念的挑战》，中国金融出版社 2007 年版，第45 页。

② 李扬等主编：《中国城市金融生态环境评价》，人民出版社 2005 年版，第6—7 页。

③ 世界环境与发展委员会主编：《我们共同的未来》，吉林人民出版社 1997 年版，第52 页。

④ 弗·安德里安诺夫：《市场经济自我调节理论：可持续发展新构想》，社会科学文献出版社 2009 年版，第 59 页。

是改善和提高人类生活质量，实现人类社会的福利最大化。可持续发展的核心内容有两点：一是代内公平发展；二是代际可持续性，代内公正是代际公正的前提和基础①。本书探讨生源地助学贷款制度的可持续发展，主要着力于现金流能持续地实现良性循环，银行能获得源源不断的资金，家庭可以拿出更多收入用于消费，贷款覆盖面可以持续扩大，贷款的金融生态能维持平衡，生态链能和谐共存等含义，亦即制度的设计既要从空间上保证代内的公平公正，又要从时间上保证"后代"学生能够获取贷款资源。

二 实践意义

（一）深度开发人力资源，助推高等教育强国建设，维护教育公平

中国的人力资源开发与经济发展步伐高度一致，东部开发较充分，但中西部严重不足。大量潜在的人才迫于家庭经济窘境，在成长的最佳年龄段与高等教育失之交臂。生源地助学贷款的可持续发展，对于中国欠发达地区人力资源的开发和人力资源强国建设具有重要的实践意义。同时，高等教育公平的严峻形势也呼唤着主要面向农村的生源地助学贷款迅速扩大覆盖面。生源地助学贷款已经成为解决高校家庭经济困难学生学费和住宿费的主要渠道，这一制度的持续、良性发展，能让地理上广泛分布的经济困难家庭看到希望，打消其放弃高等教育的顾虑。这对我国缩小"三大差距"、提高民族整体素质、优秀人才的脱颖而出、劳动者创新能力的培育生长、各项社会事业协调发展乃至国家繁荣富强的持续等都有着现实而深远的意义。

（二）探索高等教育融资渠道，稳定高校财务

作为世界最庞大的大众化高等教育系统，我国高等教育除了必要的政府资助外，还需要更加完善的贷款资助政策体系。在中国的公共财政结构中，教育投入严重不足，其他公共目标对国库依赖的优先权日益增加，而高等教育由于自身公共产品属性较弱，已不具有优先权。在此背景下，探索生源地助学贷款的可持续发展，对我国高等教育财政融资、稳定高校财务具有较强的现实意义。

（三）防范学生贷款金融风险，规避可能的"次贷"危机

生源地助学贷款目前已在全国广泛开展，而在金融生态中，这一金融产品只属于"次级"。金融发展的实践证明，金融生态的好坏直接关系到

---

① 贾华强：《边际可持续劳动价值论》，人民出版社2008年版，第109页。

商业银行贷款的质量、不良贷款的比例、金融风险的大小、引发金融危机的可能性和金融安全程度的高低。研究金融生态中的生源地助学贷款，有助于准确地把握并正确运用金融运行规律，深入洞察现代金融企业竞争的本质及其运行机制，认清金融企业发展过程中的生态不稳、金融风险和金融安全问题，实现金融资源合理开发和生态系统的可持续发展，从本源上有效地促进生源地助学贷款更加协调、稳健地发展。

（四）回应并深化《国家中长期教育改革和发展规划纲要》

《纲要》明确指出："完善助学贷款体制机制，推进生源地信用助学贷款。"教育部2011年工作要点也强调要积极推进生源地信用助学贷款。[①] 这表明生源地助学贷款在我国虽然是"新生"事物，却有着强大的生命力。同时，《纲要》作为中国教育未来十年发展的战略框架，也亟待理论与实践工作者去深化、去细化，并设计出可操作的议程方案来。基于此，本书旨在探究如何"推进生源地信用助学贷款"，如何保障其可持续发展。

三 理论意义

伯顿·克拉克认为，高等教育有正义、能力和自由三个基本价值体系，现代高等教育承担的任务之一，就是实现社会正义——让每个人享有公正的待遇，对学生来说，首要的目标就是入学机会均等[②]。社会学"教父"孔德将学科自下而上划分为数学、天文、物理、化学、生物学和社会学，生物学和社会学处于更高位置。可持续发展源于生态学，可持续发展的思想反映了时代对发展的需要，在不同的学科中被广泛使用。生态经济平衡是经济和生态两个系统最优化的发展模式，是实现可持续发展的保证。生源地助学贷款的研究涉及金融学、经济学、教育经济学、高等教育学等多个学科。本书探讨生源地助学贷款的可持续发展，一是从生态视角研究金融系统，对于丰富和扩充金融学研究领域，衍生和发展新兴交叉边缘学科具有重要意义，可能在多学科边缘发现新的生长点或问题域。二是还原金融主体的生命性、进化性特征，生动地反映了生源地助学贷款中参与成员之间及其与环境之间有机的动态平衡关系，为探究金融体系的运行及其同社会环境之间的相互依存、彼此影响的动态关系提供了新的视角，丰富了研究内容。三是从多个角度探讨生源地助学贷款的内部运行机制，

---

① 教育部：《教育部2011年工作要点》，《中国教育报》2011年2月10日。

② 伯顿·克拉克：《高等教育系统——学术组织的跨国研究》，王承绪等译，杭州大学出版社1994年版，第272页。

将物理学中的杠杆原理和量子跃迁概念迁移到教育经济学中，对于实现多学科的交叉融合，填补某些研究空白是有益的尝试。

第三节 文献综述

一 关于学生贷款

自 20 世纪 40 年代哥伦比亚创建世界上首个助学贷款机构以来，学生贷款项目已在全球广泛开展，目前全球有近 80 个国家实施了学生贷款方案，理论研究也几乎与其相伴而行，并呈现出蓬勃发展态势。

（一）学生贷款的重要性

克鲁伯等（Grubb et al.，1991）、齐德曼（Ziderman，2003）的研究表明，在过去三十年中学生资助在提高大学入学机会方面发挥了重要的作用。萨尔米（Salmi）认为："如果没有合适的学生贷款和学生援助机制，任何一国都不应引介成本分担机制。"1995—1996 年，来自美国较低收入家庭的学生中，超过 2/3 的学士学位获得者是用贷款来弥补大学学费。1999 年，美国联邦资助计划为学生及其家长提供了超过 360 亿美元的贷款，相当于当年佩尔助学金计划资金的 5 倍[①]。桑迪·鲍姆等人（Sandy Baum et al.，1988）研究了学生贷款在学生接受高等教育机会中的作用，发现接受调查的学生中有 2/3 认为学生贷款对于完成高等教育是十分重要的。齐德曼和阿尔伯雷奇特（Ziderman and Albrecht，1995）研究了发展中国家大规模扩展高等教育面临的财政困难，其中学生贷款充当了大学筹措财政经费的手段，他们分析了 50 个国家学生贷款的特征并剖析了 23 个贷款项目的绩效，提出了提高学生贷款绩效的政策建议和一些替代性方案。齐德曼（2002）对世界上不同国家或地区所实行的学生贷款的目标进行了归纳和总结，指出学生贷款有利于弥补高等教育国家财政投资的不足、能够扩大高等教育规模、有利于给予经济贫困家庭子女接受高等教育的机会以及减轻学生的经济负担等。在另一篇关于泰国学生贷款的文献中，他建议，针对高中生的贷款方案应该转换成直接资助（拨款）计划，

---

① 多纳德·海伦：《大学的门槛：美国低收入家庭子女的高等教育机会问题研究》，北京师范大学出版社 2007 年版，第 50—51 页。

大学生贷款则应参照国际经验进行改革以提高贷款偿还和回收率。

约翰斯通（Johnstone，2003，2004）断定，增加对高等教育成本的分担很可能是不可避免的，其根据较少来自新古典经济学所声称的公平与效率目标，而是由于财政收入的限制以及其他公共目标对国库依赖的优先权日益增加所致；自从高等教育学费引入及陡增以来，成本分担或者至少是部分高等教育成本负担由政府（纳税人）向学生及其父母转移，"用户"为自己的吃住付费，政府对学生的直接拨款大幅缩减等，已是一个全球趋势。

Psacharopoulos 等（1986）得出以下结论：（1）教育投资的社会收益率随着教育阶段的上升而下降；（2）高等教育的个人收益率大大高于社会收益率；（3）欠发达国家的人力资本投资收益远远高于物质资本投资收益。基于上述结论，他主张高等教育要进行成本补偿，让接受高等教育的人承担成本。但同时要对那些希望上大学而又缺少资金、无法完成学业的贫困学生进行资助，最好的办法就是向他们提供学生贷款，因为学生贷款"综合了商业活动中的所有优点"。Psacharopoulos 等（2005）以 3000多名希腊大学新生为样本，调查研究了为准备高度竞争的大学入学考试所发生的时间及费用，以及学生上大学的个人花销，指出在一个坚持"人人免费"接受高等教育的国家，为了准备入学考试以及顺利完成学业，家庭的实际花费比国家更多，贫穷家庭得拿出收入中更多的份额，私人的教育开支成为所有人生活的必需品，其收入弹性为 0.2—0.3。Fly 和 Sjug-gerud（2006）也认为，学生贷款代表着长期的人力资本投资，除非债务人被证明处境过于艰难，这种投资是不应该放弃的。

实践也证明，免费的高等教育是难以持续的，它通常会增加高收入家庭子女接受高等教育的机会，从而挤占过多的高等教育资源，特别是在一些发展中国家中，这种现象更加普遍。统计资料表明，在哥伦比亚，20%高收入家庭享受了 60% 的高等教育资源；在泰国，超过 69% 的农村弱势群体的子女在大学就读的不到 11%（Darrell R. Lewis and H. Dundar，2002）。可见，在高等教育财政中，学生贷款绝非可有可无的小问题。尤其在当今中国人均收入还很低、贫富分化还相当严重而又客观上面临着全球最庞大的高等教育规模的背景下，如何保障家庭经济困难学生跨进大学门槛、顺利完成学业，如何实现学生贷款的良性循环与可持续发展，如何化解学生贷款在实践中出现的新问题、新矛盾，等等，都需要从理论、政策上进一步深入研究。

（二）学生贷款存在的问题与困惑

Psacharopoulos（2008）认为，在关于公平有效的高等教育筹资的研究与大学实际的公共资助之间，存在着一个"分水岭"。换句话说，家庭经济困难学生资助情况并不乐观。阿尔伯雷奇特和齐德曼（1991）认为，学生贷款不容易实现成本回收，而是一个很昂贵的项目，因为学生贷款的开展要求信用回收机构的设置、人们负担贷款利率的意愿、贷款偿还负担、贷款资助应具有支持性目标等支撑条件。因此，"如果没有仔细考虑，就开始实施学生贷款计划或税收计划，是不明智的"。对于学生成本分担的困难（尤其是欠发达国家），约翰斯通（2006）指出，预期的成本回收率如此低下，以至于能回收的仅仅是贷出资金总量的很小的一部分，这是由于高拖欠率、过度的利率补贴、过高的管理成本等因素综合作用的结果。所有这些都需要改革，但是，哪一项改革都非常困难，不仅是政治改革，而且还是技术革新。

齐德曼等（1995）研究了51个国家的学生贷款，指出贷款回收难的原因在于，多个主体间有利益冲突、回收程序复杂、毕业生就业与收入异质性大以及影响整体回收率的因素复杂等。加纳学生甚至声称他们是政府和教育机构效率低下以及铺张浪费的替罪羊（Woodhall，1983），因而他们经常以参政、请愿、游行示威甚至暴力冲突等方式抵制成本分担和学生贷款，1971年首次引入的学生贷款在第二年就被政府取消，目的是为了安抚学生的不满以稳定政权[①]。

关于学生贷款实施的困惑，巴尔（Barr，2007）指出，太多国家的回收纪录都令人失望，一个好的学生贷款系统，它的设计是一码事，确保资金能及时准确地支付到合适人手中并能有效地回收则是另一码事。Atua-hene（2008）则指出，在加纳高等教育财政中，学生贷款是最具争议性的现象之一，一个有效的学生贷款方案应该在放款人的风险与借款人的厌恶之间取得平衡。Shen Hua等（2009）认为，全球多数学生贷款体系都受益于政府相当可观的"暗补"，但同时也易受偿还违约及传递不到借款学生手里的行政管理成本的影响。

齐德曼等（1993）对23个学生贷款项目分析后发现：学生只偿还了

---

① 2006 *SUPPL EMENT RPORT*［EB／OL］．http：／／www. ghana. gov. gh／ dexadd／2006suppl. pdf, 2006 - 8 - 10.

贷款的很小一部分，原因在于补贴、高的拖欠率和管理成本腐蚀了贷款价值。实践证明，学生贷款作为一种成本回收工具始终让人失望。齐德曼（2004）的研究认为导致低回收的因素可分为两类：第一类与制度设计有关，如贷款利率低于市场利率；在学习期和宽限期间免息；按名义利率偿还（即不考虑通货膨胀的因素）；较长的还款期限。第二类与管理有关，包括到期不还、恶意拖欠、减免、各种管理成本。总之，影响贷款回收率的因素错综复杂，其深层次的原因源于社会政治、经济、文化等环境。

（三）学生贷款可持续发展的路向

齐德曼等（1995）认为，在政策决策者考虑是否实施学生贷款时，首先要考虑清楚五件事，其中摆在首位的就是要有一个可靠的回收机构，同时有回收的激励措施。在大多数情况下，需要银行、税务或社保机构的直接参与。萨尔米（1999）也指出，学生贷款成功的关键是要有一个高效的回收机构，包括恰当的法律框架和使拖欠最小化的机制；以计算机管理信息系统为基础，整个运行过程中人员队伍稳定、管理效率高。齐德曼（2004）进一步强调，除非有一个有效的贷款回收机构，否则，任何学生贷款计划都不能成功地运行。贷款的回收至少要有商业银行或税收部门或社保机构参与才可保证较高的还贷率。

针对发展中国家如何开展学生贷款，约翰斯通（2003）特别提出了三个必要条件：一是必须进行家庭经济状况调查，以便贷给经济上确有需要的学生；二是政府要对学生贷款进行较多的补贴，以便降低学生贷款成本，使贫困学生"敢借"、"愿还"；三是政府要为学生贷款提供担保，降低贷款机构的风险，使商业银行敢将钱贷出去。

对于按收入比例还款模式，他认为，在发展中国家和转型国家未必具有适用性。其原因有四：一是大多数发展中国家和转型国家没有一套有效而可靠的发放工资时征税和扣缴养老金的制度，通过政府征收所得税和养老金扣除机制来回收贷款的还款模式将很难有较高的成本回收率；二是还款将会只来源于公务员和大型私营企业雇员；三是按收入比例还款型贷款的债权市场价值很低甚至没有；四是该方案排除或降低了父母在极度需要的成本分担中的参与。

二 关于生源地助学贷款

"生源地助学贷款"这一概念为我国所独有，尽管国外也有类似的助学贷款方案。生源地助学贷款作为一种与高校国家助学贷款并行的资助方式，最初是以一般商业性助学贷款的形式出现的。2001年7月，人民银行杭州中心支行、浙江省教育厅和财政厅最早出台了《生源地财政贴息助学贷款管理规定》，随后开始普遍在各省出现。

自生源地助学贷款诞生之日起，研究者基本上就分成了两大"派系"。一是金融系统工作人员开始"大规模"介入生源地助学贷款研究，形成队伍比较庞大的"银行学派"。他们既有一线的实践工作经验，又有相当的金融学专业水准，因此迅速成为这一研究领域主要的话语者，其研究往往都有详尽的案例和比较深入的调查过程。二是学院派，主要由零散的高校教师或学生事务管理人员组成。

（一）金融系统的研究

既有文献中，金融系统的生源地助学贷款研究者约80%来自中国人民银行。其研究多采用"三段论"模式：案例分析—优劣势比较与问题陈述—改进措施。

金融系统研究者认为生源地助学贷款存在以下优势：一是信贷单位接近贷款申请者的家庭，有一个可以长期联系的地方，更容易了解贷款申请者的信用，生源地所在的金融机构发放助学贷款有点多面广，人熟、地熟、情况熟的优势，尤其农信社网点遍布全国城乡，信用社情况明、底细清，发放助学贷款的同时还可以配套发放生产贷款，促其增加收入，提高还款能力。二是学生家庭相对稳定，家长具有见证人和担保人双重身份，会增强借款人的还贷责任和意愿，客观上可降低道德风险，学生与其家长共同承担经济责任，家庭和当地的信用社具有长期的借贷关系，家庭还贷具有比较稳定的农业收入，因此贷款安全性好，追讨容易，风险较小，可以提高银行贷款积极性，减少"惜贷"行为，克服"市场失灵"现象。三是由于地方一般都有较为统一的家庭贫困标准，可以根据当地贫困标准来确定贷款资格，使真正的贫困生能获得助学贷款，生源地金融机构也可深入学生家庭详细调查和评估。

生源地助学贷款存在的问题包括：（1）贷款规模相对偏小，满足不了学生的需求，且贷款品种单一，贷款办理难度较大，贷款操作程序上开办成本较高。（2）贷款制约因素较多，见效期长，潜在风险大，贷款单笔金额小，部门联动效应不足，金融机构"孤军奋战"，开展助学贷款的积极性不高。（3）服务对象主要分散在农村，不便管理，操作欠规范，承办金融机构局限在各农村信用合作社。（4）国有商业银行实行信贷集中制，其基层行由于信贷授权及市场准入的限制，贷款责任追究上基层目标考核影响贷款发放，基层银行对推广生源地小额贴息助学贷款积极性不高。（5）城镇学生办理助学贷款时信贷员无法了解城镇居民的信用，山区贫困学生借款难、助学贷款优惠条件落实难，毕业生就业难与还款能力低，学生家庭承贷，农民负担相对加重。（6）农村信用社资金匮乏，生源地财政困难，政府对助学贷款贴息心有余而力不足，或者财政贴息手续复杂，影响农信社积极性。（7）国开行的生源地助学贷款模式存在三大缺陷：一是宣传不够；二是在县级没有金融机构而造成贷款运作复杂；三是县级学生资助中心欠缺贷款操作经验。

金融系统研究者提出的改进措施主要有：（1）生源地政府应做好贫困大学生的界定工作，建立以贷款学生家长为户名的个人信用档案，为地方财政和高校资助贫困大学生提供信息依据，加大宣传力度，扩大财政贴息的范围，放宽助学贷款对象的范围，保证银行有利可图。（2）完善贷款管理制度，建立顺畅的运作机制，健全服务网络，落实生源地助学贷款利息收入免征营业税工作。（3）发行教育彩票、创造更多勤工俭学机会等多渠道解决贫困大学生费用不足问题。（4）在教育行政管理部门、金融机构、贫困大学生三者之间建立定期的沟通协调机制等。

（二）"学院派"的研究

相对金融系统研究者的"经验"取向，"学院派"则带有比较明显的"经院"气息和学理倾向。如有学者运用多源流理论对这一政策生成和发展的过程进行考察[①]；有学者指出，由于公共财政投入不足使得高等教育经费捉襟见肘，高等教育成本个人分担的必然性以及国家助学贷款进退维谷的困境，生源地信用助学贷款政策的出台成为我国高等教育和金融服务业发展的必然结果[②]。

在国家助学贷款刚兴起不久，即有学者认为当时助学体系的主要改革方向应是增加地方政府，特别是生源地政府的助学力度，建立地方财政对高校贫困大学生的助学体系，克服只有高校唱独角戏的缺陷[③]；有学者指出，只靠学校所在地银行提供助学贷款，其数量还不够，应当有效地发挥生源地商业银行的服务功能，充分利用生源地商业银行接近学生家庭，能

---

① 高钏翔：《生源地助学贷款政策的多源流理论分析》，《江东论坛》2009年第1期。
② 崔来廷：《生源地信用助学贷款政策扫描》，《生产力研究》2009年第23期。
③ 刘萌芽等：《进一步改革现行助学体系的对策》，《高等工程教育研究》2001年第Ⅰ期。

够获取较为详尽而又真实的贷款信息的优势，开展就地贷款[①]；推行生源地助学贷款制度，一方面可以及时地就地解决贫困学生的入学困难，方便困难学生申请贷款；另一方面容易掌握借款学生家庭经济收入及其子女毕业去向，在我国个人征信系统尚未建立的情况下，能较好地防范和控制贷款风险[②]。也有研究者认为，可以利用传统文化中的"乡土诚信"和家庭迁徙率低等国情特点，在生源地助学贷款办理机构与借款人之间建立固定的联系，使贷后的管理和监督更加可行，使贷款的偿还与追讨有现实的可行性，从而有效降低违约风险[③]。宋飞琼认为，校园地和生源地助学贷款的互相替代政策会改变贷后管理主体，给校园地和生源地助学贷款市场带来大的波动，进而影响整个国家助学贷款体系的稳定[④]。应由当地信用社负责生源地信用助学贷款的贷后管理，高校参与协助监督；谨慎变动两种助学贷款条款，促进助学贷款市场整体稳健发展。

有学者指出，生源地助学贷款的三大优点：一是贷款人容易界定。二是贷款在学生家乡办理，其家庭相对稳定，大学生毕业后无论走到哪里，都会与家长保持联系，到期后追讨容易，还款率高。三是学生为了父母和自己在家乡的形象，往往不会背信弃义，不会恶意拖欠而连累父母。其对策包括：成立各级生源地助学贷款管理机构以便助学贷款的顺利发放和对生源地助学贷款进行监督；政府给予优惠的政策扶持；建立专项教育担保基金，用于弥补生源地助学贷款的资金损失，如采取受助学生本人、家长、村委会或居委会、乡政府或街道办事处等联合信用担保；寻求多种偿还方式；建立覆盖全社会的、严格的信用监督和奖惩制度给予信用等级高的个人以较高的银行信用额度和更为优惠的存、贷款利率等[⑤]。还有学者认为，生源地助学贷款有助于高校缓解财政投入不足的压力，能推进我国高等教育的和谐发展，推动高等教育公平，促进金融服务多元化，加快全

---

① 李君：《商业银行介入教育产业的策略分析》，《当代经济科学》2001年第6期。

② 付彬、龚红果：《适度超前发展教育下完善高校助学体系的对策》，《煤炭高等教育》2001年第6期。

③ 王卫霞：《略论生源地国家助学贷款的特征与存在问题》，《中国高教研究》2006年第5期。

④ 宋飞琼：《生源地信用助学贷款政策给国家助学贷款带来的可能影响》，《高等教育研究》2008年第1期。

⑤ 司晓悦、王超敏：《国家助学贷款制度创新——全面推行生源地贷款》，《中国高教研究》2006年第11期。

社会信用保障体系的构建，是建设人力资源强国战略的重大措施之一①。

李庆豪认为，生源地助学贷款的优势很多，比如道德、习俗、惯例、舆论、非正式组织、血缘亲情等非正式约束的力量；其环境机会在于农村社会结构的变化和市场经济力量的渗透对正式制度的需求日益加强，农村信用社管理体制和产权制度改革后地方性、合作性、自主性的增强，中央政府寻求贫困生资助获得解决的动机较强，并由此引致中央和地方政府在助学贷款制度安排上的博弈，地方院校贫困生资助资源配置不足、助学贷款业务发展缓慢的状况急需得到解决等②。但生源地助学贷款还存在定位模糊、农信社体制约束、贷款政策不完善等问题，制约了其作用的发挥。生源地助学贷款要获得长远有效的发展，需要进一步完善实施方案，利用有利的社会政策环境，统筹兼顾其他资助政策③。

对于生源地助学贷款的可持续发展，仇华认为，其路径在于完善风险分担机制、激励保障机制、约束惩罚机制以及加强对学生的诚信教育④。颜小婕提出，应做好宣传工作、高校做好信息反馈工作和诚信教育工作、完善县级学生资助中心管理体制、引入保证担保机制、建立个人信用数据管理系统⑤。刘早指出，应完善生源地家庭困难学生认定机制、采取措施降低贷款的风险、加强相关政策的宣传力度和对学生的诚信教育、完善相关法律法规建设，加强执法力度⑥。李恩峰等强调应改革还贷机制，改善担保机制，变革补偿机制，扩展资助中心网点，完善生源地助学贷款信息搜集机制⑦。

总之，研究者大都认为，生源地助学贷款的可持续发展，必须满足以下条件：一是国家与社会应完善助学体制，多方营造助学环境；二是金融机构应创新思路，提供人性化服务，降低风险，提高收益率；三是高校应

① 崔来廷：《生源地信用助学贷款政策扫描》，《生产力研究》2009年第23期。

② 李庆豪：《生源地助学贷款的生成与发展》，华中科技大学，2006年。

③ 李庆豪、沈红：《生源地助学贷款的发展困境与前景》，《清华大学教育研究》2007年第5期。

④ 仇华：《对生源地助学贷款可持续发展的思考》，《盐城师范学院学报》（人文社会科学版）2009年第1期。

⑤ 颜小婕：《加大生源地信用助学贷款的可行性分析》，《惠州学院学报》（社会科学版）2009年第4期。

⑥ 刘早：《我国生源地信用助学贷款的现状、问题及对策研究》，《天中学刊》2009年第1期。

⑦ 李恩峰等：《生源地助学贷款发展趋势研究》，《中国农业教育》2009年第5期。

加强诚信宣传和教育，完善个人征信体系。然而，这些研究虽然看似热闹，却并未触及根本，也没有从贷款背后的经济、制度和文化层面进行更深入的分析。

三 关于金融生态

20 世纪末的 20 年里，IMF 184 个成员国中，银行业发生危机或有严重问题的就有 141 个（Arestis et al.，1996）。从心理学角度分析，人们对金融生态的关注，正是源于对金融危机的"后怕"与"心有余悸"。经济学家认为，金融危机的形成是由于企业的过度负债引起违约和破产，从而使金融机构出现大量的不良债务，导致金融机构破产快速扩散，金融资产价格的泡沫迅速破灭而爆发危机[①]；克瑞格从银行的角度提出了"安全边界"概念，索罗斯提出，世界上并不存在完全有效的金融市场，也不存在所谓的由资产内在价值决定的均衡价格，金融资产价格的过度波动才是金融体系脆弱性积累的重要来源（Mervy K. Lewis，1999）。金融生态概念的具体引入，则是在我国特殊的社会背景下，借鉴生态系统（eco - system）范畴提出的，目前国外直接涉及金融生态领域的相关研究并未展开。

（一）金融生态的系统引入

金融体系具有内在逻辑安排、发展规律等群体生态学（synecology）特征，在经济活动中逐渐形成有鲜明结构特征和功能特点的"秩序结构"，这种"秩序结构"便称为金融生态。白钦先认为，金融资源的开发利用过程和效率状态构成一国经济的金融生态环境[②]。周小川指出，金融生态即微观层面的金融环境，包括法律、社会信用体系、会计与审计准则、市场体系、中介服务体系、企业改革的进展及银企关系等方面的内容，其中法律制度环境是金融生态的主要构成要素[③]。李扬等认为，金融体系的运行不仅涉及其赖以活动区域的政治、经济、文化、法制等基本环境要素，还涉及这种环境的具体构成及变化，以及由此导致的主体行为异化对整个金融生态系统所产生的影响，金融生态环境因素可能是影响我国金融资产质量（金融生态现实状态）的最主要因素[④]。徐诺金从生物生态概念出发，对比分析了自然生态与金融生态的关系，规范地阐述了金融生

---

① 劳埃德·B. 托马斯：《货币、银行与金融市场》，机械工业出版社 1999 年版。

② 白钦先等：《金融可持续发展研究导论》，中国金融出版社 2001 年版。

③ 周小川：《完善法律制度 改善金融生态》，《金融时报》2004 年 12 月 7 日。

④ 李扬等主编：《中国城市金融生态环境评价》，人民出版社 2005 年版，第 427 页。

态的理论含义和实践范畴，试图在周小川的基础上直接用生态学概念分析金融生态系统的特征①。他指出，金融生态也是在一定政治、经济、文化、法制环境下形成的，具有鲜明的制度结构特征。金融生态是对金融业的一种拟生化概括，现代金融也是从简单到复杂、从低级到高级发展和进化的动态系统。推动金融进化的机制是竞争，即优胜劣汰，最终结果是创新。在金融生态视阈下，金融具有诸多生态学特征，如相互依存、优胜劣汰、适者生存、自然选择、自我调节、多样性等。

（二）国内其他学者的响应及其跟进研究

多数研究者认为，金融生态是影响金融发展的、由金融内外环境共同构成又相互作用、具有生态特征（依存性、竞争性、进化性、动态平衡性）的大金融环境，从而形成了金融生态的广义概念。由于各地区、各领域发展千差万别，区域金融生态概念应运而生，它在继承金融生态总体特征的基础上，较多地突出了区域发展的特殊性。有学者认为，广义上的金融生态环境是指与金融业生存、发展具有互动关系的社会、自然因素的总和，包括政治、经济、文化等一切与金融业相互影响、相互作用的方面，是金融业生存、发展的基础；狭义而言，则是指微观层面的金融环境，包括法律、社会信用体系、会计与审计准则、中介体系、企业改革及银企关系等方面的内容②。金融发展取决于金融生态状况，改善金融生态是新时期政府抓好金融工作的切入点。苏宁（2005）认为，金融生态作为一种拟生比喻，不是指金融业内部的运作，而是借用生态学概念来比喻金融业运行的外部环境，良好的金融生态环境由稳定的经济环境、完善的法制环境、良好的信用环境、协调的市场环境以及规范的制度环境构成③。徐小林认为，不同区域的经济发展模式、发展水平和发展阶段存在梯度性差别，加之司法、执法环境、信用环境等不同，会引发区域间金融生态系统效能差异化，发展到一定程度，就会引起"累积性因果循环"，导致区域间发展差距拉大④。

---

① 徐诺金：《论我国金融生态若干问题》，《金融时报》2005 年 1 月 1 日；《论我国的金融生态问题》，《金融研究》2005 年第 2 期；《论我国的金融生态环境问题》，《金融研究》2005 年第 11 期；《金融生态论：对传统金融理念的挑战》，中国金融出版社 2007 年版，第 45—49 页。

② 杨子强：《商业银行要重视对金融生态环境的研究利用》，《金融时报》2005 年 1 月 11 日。

③ 李扬等主编：《中国城市金融生态环境评价》，人民出版社 2005 年版。

④ 徐小林：《区域金融生态环境评价方法》，《金融研究》2005 年第 11 期。

有学者从系统论的角度指出，一个理想和谐的金融生态应具备以下特点：一是整个金融市场内部生态环境较好，各个子系统之间沟通协作、良性互动，并且按照游戏规则和谐高效运作；二是金融生态圈各生态子系统内部的各个金融主体产权清晰、责权利有机统一、治理结构科学有效，既依法有序竞争，又团结协作，和谐共存；三是按照"优胜劣汰"市场法则，生态内游戏规则科学完善，涵盖从市场准入、依法运行、监督检查、危机处理到市场退出的全过程；四是与系统外进行良性的资源、能量交换①。周志平等认为，市域层次的产业结构和政府投资冲动是影响金融生态的主要变量；县域层次金融机构自身的不作为和信用脆弱造成了金融生态与金融发展的恶性循环；在镇以下乡村，经济基础薄弱和农村金融供求失衡是金融运行的主要问题②。因而，三层次结构性金融生态差异是金融资源非均衡配置的重要解释变量，应按层次有侧重地对金融生态系统进行优化。

研究者以区域金融生态环境为研究对象，阐述了一种健康金融生态环境的理想状态模式，认为金融生态环境评价指标体系应包含定量指标和定性指标两个体系，定量指标设计包括经济发展水平、金融资源水平、社会信用和法制环境3个目标层、14个准则层；定性评价包括金融法律法规的完善程度和执行状况等4项标准，从可操作层面为央行、政府及相关部门决策、构建和谐金融生态环境提供了诸多有益的参考和借鉴③。谢庆健等从经济、法律、行政等五个方面对县级人民银行、金融机构及政府经济部门进行了针对性分析，认为在解决县域金融生态存在的问题上，应根据县域发展多层次需求，构建政策性金融、商业金融、社区互助金融相结合的金融体系；要完善地方政府、金融管理部门和金融机构三位一体共同推进的县域金融生态调节机制，并深入开展以保护债权为中心的金融生态环境改良活动④。皮天雷等认为，在金融生态建设中，完善法律制度是改进金融生态的核心步骤，而我国金融生态环境法制缺陷的深层次原因是没有真正实现从"人治"、"权治"到"法治"的根本转变，以及非正式约束

---

① 林永军：《金融生态建设：一个基于系统论的分析》，《金融研究》2005年第8期。

② 周志平等：《金融生态的层次结构与金融资源均衡配置：张家界个案分析》，《金融研究》2005年第11期。

③ 程亚男：《区域金融生态环境评价指标体系研究》，《金融理论与实践》2006年第1期。

④ 谢庆健：《县域金融生态现状分析》，《中国金融》2006年第4期。

与市场经济还存在诸多矛盾；因此我国金融生态建设应以完善金融产权为核心，以强化信用秩序为重点，改善金融主体法律制度①。也有学者指出，金融生态中的法律问题始终是金融领域所关注的焦点，不完备的法律担保会导致银行提高贷款利率以弥补借贷风险，减少借贷，从而导致信贷市场萎缩；反之则有助于减少不良贷款、防范金融风险、降低贷款利率、提高信贷服务并深化金融市场②。韩廷春等运用聚类分析、时间序列分析等统计分析方法，以美国、德国、日本、中国等国家的金融数据为基础，按照生物生态系统的研究范式，即类型判定—进化分析—稳定性分析，来分析金融生态系统，证实金融生态系统和生物生态系统具有相似性，从生物生态系统的视角来研究金融生态系统的发展和演变规律是可行的③。

四 文献述评

就文献形式而言，关于学生贷款的研究主要有"学生贷款"、"国家助学贷款"、"生源地助学贷款"等，而且近年来，国内研究者逐渐将关注的焦点转向生源地助学贷款，生源地助学贷款大有取代高校助学贷款之势；但就研究内容而言，则比较一致，主要集中在以下几个方面：

其一，对学生贷款重要性的研究。国内外已有的研究表明，进行高等教育的成本补偿，让接受高等教育的人承担部分成本是必要的。但同时要对那些希望上大学但又缺少资金因而可能无法完成学业的贫困学生进行资助，最好的办法就是向他们提供学生贷款。

其二，对学生贷款的问题与困惑的研究。研究集中于学生贷款客观存在的高拖欠率、过度的利率补贴、过高的管理成本等方面。

其三，对学生贷款的出路与发展的研究。研究者认为学生贷款机制良性运转需要有良好的组织管理结构、相关法律保障、贫困程度认定机制、有效的贷款回收机制、广泛宣传等。对于学生贷款回收机制，研究者关注的焦点体现在两个方面：一是由谁来回收更加有效，二是如何还款。国外比较普遍的回收机构包括由政府机构（如社会保险部门或税务机关）、贷出机构（如商业银行）、专门的私人回收机构来回收。

---

① 皮天雷、段宇信：《金融生态中的法律制度探讨》，《财经科学》2006年第3期。

② 唐旭：《完善担保物权立法，优化金融生态》，［EB/OL］. http://test.pbc.gov.cn/publish/radianzhuanti/1110/2009/20090707104447412176168/20090707104447412176168_.html。

③ 韩廷春、赵志赞：《金融生态影响经济增长的机制分析》，《公共管理评论》2009年第1期。

钱学森曾指出，开放复杂巨系统不可避免会受外界影响，其子系统种类繁多，系统的层次复杂，子系统之间相互联系与作用很强，系统的宏观特性连续地随时间变化，同时随系统进化的过程变化。由此可见，金融生态系统的复杂开放性。在对金融生态的理解上，目前国内主要有两种观点，即金融生态环境观和金融生态系统观，而相关理论及实证分析基本都是围绕这两种观点展开的。

环境观主要从金融外部运行机制或基础条件等方面出发来探讨其实现的相关运作机理，侧重金融生态在当今金融与经济、社会和谐发展中的重要性。主要包括政府行为、法律治理、诚信基础三大内容，其中核心是法律治理。如周小川（2005）就认为，金融生态就是微观层面的金融环境；苏宁（2005）认为，金融生态这一仿生概念是对金融外部环境的形象描述，通常指一些外部基础条件。从金融本身产生发展和消亡来看，金融生态的实质是金融环境，且金融生态不能等同于金融管理，亦即金融生态等同于金融生态环境，从群体生态学角度强调"生物群落赖以生存的物理环境"或"非生物成分"。

系统观则认为，金融生态是一种开放复杂巨系统，具体应包括金融生态主体、生态环境和生态调节三个方面。金融生态建设既包括生态环境的改善，又包括生态主体的改造和生态调节机制的完善。从金融生态主体来看，其目标是建立多元化、多种所有制并存、产权主体明确、产权实现完整、产权约束严密的金融组织体系。如徐诺金就认为金融生态是金融组织为生存和发展，通过分工、合作所形成的具有一定结构特征，执行一定功能作用的动态平衡系统[1]。金融生态实质是金融主体与其运行环境相互作用共同构成的动态系统，其关键是经济金融协调发展。金融体系的运行不仅涉及其赖以活动区域的政治、经济、文化、法制等基本环境要素，还涉及这种环境的具体构成及变化，以及由此导致的主体行为异化对整个金融生态系统所产生的影响[2]。换言之，金融生态系统观侧重"生物群落"或"生物成分"，注重对系统内成员之间错综复杂关系的研究，从而建构出具有相对独立秩序结构、要素逻辑条理等特性的、互动式动态平衡金融生态系统模型，因而往往具有更强的现实解释力。

---

[1]　徐诺金：《论我国的金融生态问题》，《金融研究》2005 年第 2 期。
[2]　李扬等主编：《中国城市金融生态环境评价》，人民出版社 2005 年版，第 5—7 页。

第二章　生源地助学贷款发展
历程与国际比较

学生资助制度由来已久。我国汉代太学生就不缴纳学费，太学房舍专供学生居住，甚至还允许其携家眷同居①。唐代东京、西京国子监所属官学学生，只要遵守校规，课程合格，皆由国家包揽廪膳。史书记载，当时学生最多曾达 8000 余人②，朝廷对学生的资助力度由此可见一斑。民国时期，凡入高等、中等师范院校者皆由国家给予公费待遇，抗日战争爆发后，为了照顾后方家庭经济来源断绝的学生，在大中学校设立了贷学金制度，按月发给每生大米二斗三升和相应的副食补贴，但此项贷款并未得到偿还③。新中国高等教育长期免费，同时还实行人民助学金制度。

1918 年 11 月，加拿大出台的《退伍军人安置法案》规定：为那些由于战争中断学业的残疾退伍军人提供 500 加元以下的贷款，并在 5 年后偿还④。这是学生贷款政策的最初萌芽。同时，由于加拿大学生贷款必须回到居留地省份申请，因此这也是生源地助学贷款的原始雏形。20 世纪 40年代末，哥伦比亚一位家境贫寒的年轻人加百利·贝坦科特向他的老板借钱出国留学；毕业后，他促成哥伦比亚政府建立起持久的学生贷款机制；50 年代，贝坦科特成为哥伦比亚学生贷款机构的首任负责人；时至今日，这个机构仍在运行，但由于缺乏政府支持，贷款覆盖率已跌至 6%。

21 世纪以来，作为混合产品的高等教育在全球范围迅速发展，但在

---

① 如《后汉书》卷十五《鲁恭传》记载："十五与母及丕，俱居太学。"

② 熊贤君：《中国教育管理史》，华中师范大学出版社 1989 年版，第 337—359 页。

③ 范先佐：《我国学生资助制度的回顾与反思》，《华中师范大学学报》（人文社会科学版）2010 年第 6 期。

④ Human Resources Development Canada，Review of the Government of Canada's Student Financial Assistance Programs Loan Year 1997 – 1998. 4.

持续低迷的经济背景下，高校投资者的资产大幅缩水，银行更加"惜贷"，各国公共财政对高等教育的支撑也倍感"吃力"，结果是学费的快速膨胀，高等教育成本分担的"担子"向学生（家庭）大幅偏移。2010年年底，英国政府提出将高等教育预算削减40%，并废除大学学费上限，学校可喊价至目前学费上限的4倍，结果导致牛津大学等名校大学学生的恐慌和游行示威；在美国，过去四十年来，中等家庭的收入上涨了6.5倍，但是，上本地区大学的学费上涨了15倍，而上其他州公立大学的学费上涨了24倍[①]。

目前，学生贷款已经成为各国影响最广的学生资助方式。不同的学生贷款方案无疑都受到本国（地区）经济基础、制度环境和文化背景的影响，因此也各具特色。

第一节　生源地助学贷款演变历程

我国助学贷款业务经历了"从无到有，从点到面，从弱到强"的发展阶段。1986年，中国高校试行自费生制度，同时，国家教委在全国85所普通高校进行奖、贷学金试点，并取得了显著效果。1987年，国家教委、财政部颁布《普通高等学校本、专科学生实行贷款制度的办法》，当年秋季入学的本、专科学生开始实施奖学金与贷学金相结合的制度；对于家庭经济困难学生，国家提供无息贷款，学校负责发放和催还等全部管理工作；实行专业奖学金办法的高校或专业不实行贷款制度。这标志着我国贷学金制度的正式确立。1989年我国高校开始试行收费制度；1994年试行范围扩大到37所高校；1995年全国平均收费标准大约在500元；1996年，中国高等教育开始并轨招生，一些试点高校的学费逐渐增加，不少高校当年的收费超过2000元；1997年相关收费政策进一步完善，收费标准得到调整，并在全国铺开，完全并轨，学费持续增加，年增幅达到30%—50%；到2000年，高校学费普遍超过4000元，2005年达到5000元左右，十年间涨了十倍。

1993年，《中国教育改革与发展纲要》指出："学生上大学原则上均

---

① 《大学：下一个破灭的泡沫》，《人民日报》（海外版）2010年11月3日。

应缴费，设立贷学金，对经济有困难的学生提供帮助。"1999 年 6 月，经国务院批准，国家助学贷款政策出台，指定中国工商银行为承办银行，并先行在北京、天津、上海、成都、武汉、沈阳、西安、南京 8 个高校密集的城市试点。2000 年，国家助学贷款在全国范围推开。2003 年，8 个试点城市的国家助学贷款进入第一个还贷期，不少高校的违约率都超过了 20%。根据"20% 为红线"的协议，各地经办银行纷纷停止续贷，部分地区银行停止新贷业务。停贷风波的背后，折射出我国助学贷款制度设计的诸多弊端：一是还款期限过短导致学生负担太重；二是风险补偿机制缺失造成银行惜贷；三是贴息方式不合理，难以到位；四是贷后管理十分落后。

2004 年，国务院会同教育部、财政部、人民银行、银监会等部门，对湖南、湖北两省的国家助学贷款情况进行了实地调研，然后推出国家助学贷款新政策。新的制度主要有四项更新：一是还款期限延长至 10 年；二是学生在校期间全部由财政贴息；三是贷款银行获得上限 15% 的风险补偿金，国家、高校各承担 50%；四是对贷款银行实行招标，经过招标，中国银行成为中央部属高校国家助学贷款经办银行。

新的制度安排提高了银行的积极性。2005 年全国新增审批贷款学生人数就达到 65 万，合同金额 51.5 亿元，相当于前 5 年的总和。但新机制并未从根本上解决最关键的贷款违约风险问题，助学贷款违约率仍然居高不下。2007 年 5 月，财政部、教育部和国家开发银行决定在部分地区开展生源地信用助学贷款试点工作。江苏、湖北、重庆、陕西、甘肃成为首批试点省市。试点的结果让决策者看到了中国学生贷款发展的方向。2009 年 5 月，全国学生资助工作会议提出，全国所有的省（区、市）都要全面开展生源地信用助学贷款，实现"应贷尽贷"的目标①。

中国助学贷款政策自 1999 年开始实施以来，获贷学生累计 545 万人，发放国家助学贷款总额 506 亿元，仅 2009 年获贷学生数就有 102 万人，发放助学贷款 87 亿元②。而生源地助学贷款已经迅速成为"主力"，同时仍在稳步发展，其具体历程见表 2 - 1。

---

① 陈岚：《十年风雨公平路：国家助学贷款政策历程回望》，《中国教育报》2009 年 6 月 24 日。

② 姚晓丹：《助学贷款：一个不能少》，《光明日报》2010 年 11 月 14 日。

表 2 - 1　　　　　　　　　1997—2008 年生源地助学贷款发展历程

时间	地区/机构	生源地助学贷款实施情况
1987 年	国家教委、财政部	印发《普通高等学校本、专科学生实行贷款制度的办法》，决定建立学生贷款基金，将核发给高校的教育事业费、国家专项补贴经费和回收的贷款作为基金来源，学生每人每年申请的最高额为 300 元
1997 年	上海浦东发展银行	面向上海市全日制普通高校在校生推出银行助学贷款，其资金由银行提供，数额小，没有形成规模，且借款人都是以担保方式贷款的学生家长或其监护人，而非学生本人
1998 年	陕西省澄城县	启动商业助学贷款业务，全县农村信用社实际发放助学贷款 52 万元
1999 年 3 月	中国人民银行	在《关于做好当前农村信贷工作的指导意见》中指出，农村信用社和农业银行"对农户子女上学，可以试办助学贷款"
1999 年 11 月	中国人民银行货币政策司	组织农村信用社助学贷款专题调查，提出应颁布专门的农信社助学贷款管理办法，给农信社一把"尚方宝剑"；部分地区农信社相继制定了适合本地特点的助学贷款管理办法，逐渐将信用社助学贷款开展起来
1999 年 12 月	中国人民银行、教育部、财政部	颁布《关于助学贷款管理的若干意见》，将一般商业性助学贷款扩大到各商业银行、信用社等，鼓励农信社发挥自身优势，在学生家庭所在地对学生或家长发放担保或信用助学贷款
1998 年至 2000 年 9 月	各金融机构	自主发放无贴息商业性助学贷款 15.3 亿元，占助学贷款总余额的 96.3%，其中农信社 10.8 亿元，占 68%，农业银行 3.03 亿元，占 19%，生源地助学贷款在金融机构的推动下，接近一种完全市场化的行为
2000 年 8 月	中国人民银行、教育部、财政部	颁布《关于助学贷款管理的补充意见》，全面启动对地方所属普通高校开办的财政贴息助学贷款工作，贴息的比例和总额由地方财政决定。政府开始介入生源地助学贷款市场
2000 年	中国农业银行	开办"2000 年大学生金钥匙助学贷款"业务，在 50 天里共发放助学贷款 1.117 亿元，资助 24447 人
	陕西省黄陵县	累计发放助学贷款 19 笔，金额 9.3 万元，单笔金额 4000—6000 元，期限 2—4 年，以被录取学生父母作为承贷主体，并由他人担保

时间	地区/机构	生源地助学贷款实施情况
2000 年	陕西省商洛市	农业银行，累计发放 152.68 万元，299 人，最大户贷款金额 3 万元，2000—2005 年收回 196 笔共 103.41 万元，余额 49.28 万元，103 笔，其中不良贷款余额 12.24 万元，占比 25%，财政未贴息，2004 年停办
	黑龙江省林甸县	2000 年农业银行发放的生源地助学贷款，已于 2003 年全部到期，至 2005 年，仍有 114 笔、金额 56 万元尚未还清
	湖北省浠水县	启动助学贷款业务，由于利率过高（上浮 30%—50%），到 2004 年只接到贷款申请 240 人，实际发放人数更少
	江西省靖安县	农业银行发放 13 笔金额 5 万元的商业性助学贷款，单笔最高借款金额是 5000 元，最长期限为 4 年
	甘肃省定西市	农业银行启动生源地助学贷款，实行基准利率，贷款期限 3—5 年，3 年期贷款执行年利率 5.94%，5 年期年利率 6.03%。当年受理 763 笔，实际办理 621 笔，贷款金额 256.6 万元
2001 年	浙江省	制定《浙江省生源地财政贴息助学贷款管理规定》，推出生源地财政贴息助学贷款，到次年 5 月共放贷 2984 万元，占学生贷款总数的 26%，资助 3801 人。由于缺乏宏观管理，制度欠完善，相应管理机构尚未健全，生源地助学贷款工作进展十分缓慢
	江苏省	在农信社发放国家助学贷款，由省财政贴息 50%，一年一贷，期限 8 年，贷款收效良好，获贷率和实贷率均远远高于高校国家助学贷款
	江西省永新县	农信社助学贷款余额同比下降 59.75%，累计回收 170 万元；农业银行基本停办，仅保留上年发放的 5 万元余额
	河南省开封市	生源地助学贷款发放主要采取担保抵押方式，年末余额 148 万元，只有高校国家助学贷款的 1/3，其中农村信用社年末余额仅 6 万元
	福建省闽侯县	农信社自 2001—2006 年累计发放生源地助学贷款 17.2 万元，至 2006 年已形成逾期或呆滞贷款 4 万元，占总贷款金额的 23%
	甘肃省定西市	由于收息困难，农业银行延缓办理助学贷款，当年申请贷款 683 笔，仅办理 110 笔，贷款金额 57 万元。2002 年，农业银行退出了生源地助学贷款市场

时间	地区/机构	生源地助学贷款实施情况
2001 年	甘肃省 皋兰县	2000—2001 年，发放助学贷款 45 笔，金额 60.4 万元
	江西省 余江县	1999—2001 年，贷款 81 人，累计余额 150.9 万元，其中 34 笔为抵押担保贷款，其余 47 笔均为学生家长信用担保，到 2001 年年底，农业银行收回利息 5870 元，收回本金 1.3 万元
2002 年	辽宁省	8 月份在全省 15 个贫困县试点生源地助学贷款业务，约 3540 名濒临失学的贫困学生获贷，贷款满足率达到 80% 以上
2002 年	重庆市 荣昌县	农信社累计发放助学贷款 967 万元，资助 2900 多名农村孩子
2003 年	湖北省 浠水县	累计发放助学贷款 89 万元，贷款人数 173 人，年末贷款余额 78 万元，仅占住房贷款的 3.4%，其中，农业银行累计发放 20 人次，贷款金额 28 万元；农村信用社发放 153 人次，贷款金额 58 万元。获贷人数和贷款余额都很小，属于边缘业务，目的只是追求商业行社品牌效应
2003 年	江苏省	农信社全年共发放贷款 6184.9 万元、发放人数 11258 人，分别占学生贷款总数的 35.63% 和 28.58%，居各金融机构首位
2002—2004 年	河北省	2002 年人民银行廊坊市中心支行推出生源地财政贴息助学贷款业务，并于当年在该市永清县试点；2003 年全省推广，出台《河北省生源地国家助学贷款实施办法》。高校新生的生源地助学贷款指导性计划额度为 1.156 亿元；2004 年 1—7 月，全省 582 人申请生源地贷款，申请金额 304 万元，审批 547 人，金额 283.75 万元；截至 2004 年 7 月末，贷款额 6959 万元，占助学贷款总额的 58.5%，成为河北省助学贷款的主体
	甘肃省 定西市	独立核算的全部 133 个农信社累计发放助学贷款 4386 笔，金额 1654 万元，至 2004 年 7 月末，农信社助学贷款余额达 1067 万元
	河南省 南阳市	国有商业银行纷纷收紧助学贷款，市农信社不享受利息补贴，但要求贷款人的亲友和邻居联名担保，共向 4000 多名贫困大学生发放了助学贷款

续表

时间	地区/机构	生源地助学贷款实施情况
2004 年	教育部、财政部、人行、银监会	6 月制定《关于进一步完善国家助学贷款工作的若干意见》，要求各地政府积极推进生源地助学贷款业务。试图在政府和市场之间找到理想的切入点，以实现政府、银行、学生（家庭）、高校的共赢
	人行、银监会	8 月颁布《关于认真落实国家助学贷款新政策保证高校贫困新生顺利入学的通知》，鼓励中小金融机构积极提供生源地小额贷款支持，有效扩大贷款覆盖面
	山东省农信社	统筹管理两种助学贷款，统一优惠政策，实现本省籍学生全部在生源地申请，外省籍学生由所在学校集中办理高校助学贷款。对省内生源且在省属高校就读的贫困生，由生源地农信社发放助学贷款。2004—2007 年，共为 11.5 万名学生发放贷款超过 6.5 亿元
	广西河池	农村信用社为 1227 人发放信用助学贷款金额 583 万元
2004 年	湖北省	制定《生源地助学贷款实施办法（暂行）》，农信社经办，贷款对象限考入省内普通高校学生的家长，规定风险补偿比例为国家助学贷款招标风险补偿比例的一半，学生在校期间由同级财政贴息，期限 10 年。2004—2005 年，荆门市农信社仅发放 3 笔、金额 1.8 万元
1998—2005 年	陕西省澄城县	农信社累计发放 4047 万元，资助学生 9246 人次，受益贷款支持的本地学生占高考上线人数的 37.5%，而且没有一笔沉淀，收息率达 100%（银监会渭南分局课题组，2005）
2001—2005 年	浙江省	生源地助学贷款余额占全部国家助学贷款余额的 20% 左右，贷款保持较高的满足率，申请金额的满足率达到 98% 以上，申请人数的满足率到 97% 以上，农信社成为开办生源地助学贷款的主力军
2005 年	农信社	几乎是独家经营一些具有助学性质的消费贷款，贷款供需矛盾比较突出
	湖南省江永县	农信社制订下发生源地助学贷款管理办法，贷款总额累计不超过 2 万元，期限为 1—4 年，利率参照农户生活贷款标准，农信社可在 5 个工作日按程序发放。至 5 月底，共 150 余名学生获贷 256 万元

续表

时间	地区/机构	生源地助学贷款实施情况
2005 年	广西壮族自治区河池市	农信社为 1597 名学生放贷 833 万元，但期限仅一年，单笔贷款金额约 5000 元。截至年底，共助学 4086 人，贷款金额 2018 万元，贷款余额 823 万元
	福建省农信社	有 152 家机构开办生源地助学贷款，申请数为 2055 笔，共发放 1685 笔，金额 1301.3 万元，年末余额 1416 万元
	湖北省咸宁市	农信社发放 15 万元生源地贴息助学贷款
	黑龙江省杜尔伯特县	通过全县干部职工募捐 60 万元作为质押存入农信社，以资金账户为担保，启动该省首家生源地助学贷款，贷款额度 3000—10000 元，期限 4 年，学生向就读高中提出申请，所在高中审核后出具贫困证明并将学生名单报到县教育局，由县教育局会同学生家庭所在地的街道、村委会进行调查核实，认定后向信用社开具证明。若提前还贷，3 年分别按还贷金额的 15%、10%、5% 发给学生作奖学金。当年全县有 50 余人贷款上了大学
	江西省玉山县	农信社累计发放生源地助学贷款 83.48 万元，帮助学子 141 人
	全国	江苏、浙江、辽宁、河北、贵州、云南等省累计发放生源地助学贷款 1.5918 亿元，资助约 29524 名学生，其中江苏省 1.27 万人次，6568 万元
2006 年	山西省运城市	6 月，农信社启动生源地助学贷款"圆梦工程"，全辖 13 个县（市、区）农信社共为 1752 名特困生发放贷款 956 万余元
	内蒙古自治区呼伦贝尔市	共发放生源地财政贴息助学贷款 119 笔，共计 78.18 万元，贷款满足率为 12%，生源地助学贷款发放金额占全区的 3.13%
	贵州省	教育厅、省农信社推出"大学直通车"生源地助学贷款，放贷比例可超过当年被普通高校录取学生总数的 10%，家庭人均月收入在 150 元以上，就读省外高校的学生一次申请最高额为 6000 元，省内高校一次申请的最高额为 5000 元，不再受考取省内院校贷款 2000 元的限制。省内高校学生在入学后的第二年在就读学校申请高校国家助学贷款
	新疆维吾尔自治区	9 月推出了生源地助学贷款

时间	地区/机构	生源地助学贷款实施情况
2000—2007 年	湖北省	中国农业银行湖北省分行承办的担保方式生源地助学贷款 2000—2002 年累计投放近 1800 万元，还款违约率 40%。至 2007 年 8 月，余额 145 万元，其中 11.3 万元难以收回，损失率不到 7%。老区红安县支行，2000—2002 年累计发放联保方式的生源地助学贷款共 19.3 万元，不良率接近 50%，但到 2007 年 8 月，只有 1.57 万元难以收回，损失率只有 8%
2007 年	全国	已有 24 个省（市）开展生源地助学贷款业务，其中 13 个省市出台了管理办法
2005—2007 年	河南省方城县	申请人数为 400 人，农信社实际办理 182 人，占比为 45.5%，累计发放贷款 102 万元，余额 71 万元，按时结息还本率达到 72%
2007 年 5 月	国务院	强调生源地信用助学贷款是国家助学贷款的重要组成部分，享有同等优惠政策。地方政府要高度重视，积极推动和鼓励金融机构大力开展相关工作
2007 年 8 月	财政部、教育部、国开行	决定在江苏、湖北、重庆、陕西、甘肃开展生源地信用助学贷款试点工作 发布《关于在部分地区开展生源地信用助学贷款试点的通知》和《关于要求县级教育行政部门成立学生资助管理中心的紧急通知》，生源地信用助学贷款政策正式在江苏、湖北、重庆、陕西、甘肃 5 省市试点
2007 年	四川省遂宁县	发放由省市财政专项贴息的生源地贷款共 33.8 万元，资助 70 人
1998—2007 年	陕西省澄城县	信用社累计为 13789 名学子提供 5968 万元资金支持，无贴息，贷款质量良好，资金基本无沉淀，收息率达到 100%。2007 年，澄城县农信社共代理国开行信用贷款 15 笔，合计金额 7.9 万元
2007 年	试点 5 省市	共计 443 个县（区）实现贷款全覆盖，获贷人数 11.3 万，合同金额 13.5 亿元，当年已发放 6 亿元。江苏省发放贷款 2.82 亿元，惠及 5.07 万名贫困生。首批发放贷款 3690 万元，有 6462 名大学生受益；第二批发放贷款 2.45 亿元，惠及 4.42 万人。陕西洋县累计发放贷款 343 笔 177 万元，其中，国开行累计发放贷款 38 笔 23 万元，农村信用社累计发放 305 笔 154 万元

续表

时间	地区/机构	生源地助学贷款实施情况
2007—2008 年	试点 5 省市	地方高校获贷学生比例均位列全国前十，湖北达到 20.52%，受助学生数与总金额全国第一；江苏 18.94%，累计发放贷款 5.83 亿元，惠及 11 万学生
	陕西省	国开行陕西分行累计为 51185 人次发放贷款 2.8 亿元
2007 年	湖北省、甘肃省	湖北省 2007 年有 2.1 万学生获得生源地助学贷款 1.1 亿元，甘肃省有 2.6 万名贫困学生获得了 1.25 亿元贷款
2008 年		湖北省 2008 年共有 8.6 万名贫困生获得生源地助学贷款 5 亿多元，其中新生 7.1 万人，在校生 1.5 万人；甘肃省有 4.1 万人获得 2.11 亿贷款
2007—2008 年	江苏省泰州	2007 年 500 多人获贷，市区 127 人；2008 年 1767 人获贷 946 万元
	甘肃省会宁	累计发放 8558 万元，资助 8515 名贫困学生
2004—2008 年	贵州省都匀市	市农信社同时推出生源地国家助学贷款和"大学直通车"生源地助学贷款业务，凡当年考取公办高校的都匀籍家庭人均月收入 150 元以下（2008 年调整为人均月收入 215 元以下）学生的家长或法定监护人均可申请贷款。4 年共 98 人获生源地国家助学贷款 51.25 万元，其中 18 人已提前还贷 9.13 万元
2008 年	全国	全国 20 个省份已启动贷款工作，共计审批 23.9 万人，合同金额 12.6 亿元。2008 年审批贷款金额 12.52 亿元，新增审批贷款人数 23.86 万人；发放贷款金额 8.6 亿元，发放贷款人数 17.42 万人（教育部，2009）
	山西省	7 个县（市、区）开始试点，共向 457 人发放 256.56 万元贷款
	甘肃省	2007 年 1.9 万人获贷，2008 年 6.7 万名学生获贷，占当年招生人数的 32%，贷款金额达到 4.52 亿元，超过了全省开办国家助学贷款以来累计贷款额的 4 倍多，全省高校获贷学生数达到在校学生的 18.71%
	玛曲县	为 94 人次落实助学贷款 54 万元
	山东诸城	生源地信用助学贷款工作第一批办理 61 人 28 万元
	云南省	农信社在试点县市区累计向 1189 名学生发放了贷款
	内蒙古自治区	享受生源地助学贷款贴息学生达到 3.2 万元
	陕西省	累计发放人数 50405 人、发放金额 2.79 亿元

续表

时间	地区/机构	生源地助学贷款实施情况
2008 年	江西省	国开行在高安市试点，与 20 名在本省就读和 1 名在外省就读的学生签订借款合同，贷款金额近 12 万元

资料来源：笔者根据相关资料整理。

可见，生源地助学贷款的实践远远早于理论和政策，它是在特定的历史条件和高等教育大发展背景下应运而生的一项新的信贷品种，也是在市场"无形之手"牵引下自发产生的社会经济现象。各个地方生源地助学贷款政策的差异正体现了"生源地"多元化的特点和因地制宜的原则。生源地助学贷款制度的演进主要经历了两个时期，即 2007 年以前，农信社主导的时期和之后由国家开发银行主导的时期。

一　农信社时代 （1998—2007 年）

在高校收费早已并轨而国家助学贷款政策并未及时跟进的"资助空白"岁月 （1996—1999 年） 里，尽管当时学费普遍在 1000—3000 元区间，但一般的家庭收入都很低，支付学费相当困难。因此，一些地方金融机构的"生源地助学贷款"开始在市场上自发地运作起来，以满足经济困难家庭的需求。如 1997 年，上海浦东发展银行面向上海市籍全日制普通高校在校生推出商业助学贷款，这是我国最早的以学生户口所在地的金融机构办理的助学贷款形式；1998 年，陕西省澄城县农信社也启动商业助学贷款业务，全县实际发放助学贷款 52 万元 （银监会渭南分局课题组，2005）。

1999 年 3 月，中国人民银行在《关于做好当前农村信贷工作的指导意见》中指出，农村信用社和农业银行"对农户子女上学，可以试办助学贷款"；11 月，中国人民银行货币政策司组织农村信用社助学贷款专题调查，提出应颁布专门的农信社助学贷款管理办法，给农信社一把"尚方宝剑"，一些地区农信社开始酝酿适合本地特点的助学贷款管理办法；12 月，有关部门颁布《关于助学贷款管理的若干意见》，将一般商业性助学贷款开办机构范围扩大到各商业银行、信用社等，并着重鼓励农信社发挥自身优势，在学生家庭所在地对学生或家长发放担保或信用助学贷款。

1998—2000 年，陕西省黄陵县、商洛市，黑龙江省林甸县，湖北省浠水县，江西省靖安县、余江县，甘肃省皋兰县、定西市等地也纷纷启动生源地助学贷款。以农信社为主的各"生源地"金融机构自主发放无贴息商业性助学贷款 15.3 亿元，占助学贷款总余额的 96.3%，其中农信社 10.8 亿元，占总余额的 68%，农业银行 3.03 亿元，占 19%①。陕西省澄城县信用联社 1998—2004 年累计发放贷款 4047 万元，资助学生 9246 人次，回收率达到 100%。这一时期的生源地助学贷款主要靠金融机构自发的推动，接近于完全市场化的行为。在此期间，虽然以农村信用社为主的各金融机构为辖区内学生办理的生源地助学贷款得到快速发展，但是很难得到政府的政策支持，学生无贴息，更缺乏统一的管理办法，这些因素难免让金融机构在放贷过程中顾虑重重。

2000 年 8 月，中国人民银行等部门颁布《关于助学贷款管理的补充意见》，全面启动对地方普通高校开办的由各级财政贴息的国家助学贷款工作，贴息的比例和总额由地方财政决定。于是，一些金融生态良好的省市开始积极探索生源地财政贴息助学贷款的新模式。2001 年 7 月，浙江省率先在全国实施以"生源地"命名的财政贴息助学贷款政策；江苏省也迅速跟进，由农信社着手开展在生源地开办省财政贴息的助学贷款业务。随后，生源地财政贴息助学贷款逐渐在全国范围推开。

2004 年，教育部、财政部、人民银行、银监会制定《关于进一步完善国家助学贷款工作的若干意见》，要求各地政府积极推进生源地助学贷款业务。贵州、四川、山东、湖北、江西等多个省市也颁布了生源地助学贷款政策。到 2005 年，江苏、浙江、辽宁、河北、贵州、云南等省累计发放生源地助学贷款 1.5918 亿元，资助约 29524 名学生，其中江苏省 1.27 万人次获贷 6568 万元。在贵州省，2004 年以来，安顺市农信社累计为 1000 余名农村贫困学生发放生源地助学贷款 480 万元②；在四川省，2005 年来，农信社以占全省金融机构 14% 左右市场份额的资金来源，发放了占全省金融机构 60% 以上的生源地助学贷款③。

到 2007 年，全国已有 24 个省（市）开展生源地助学贷款业务，其

---

① 戴根有：《从中国国情出发探索助学贷款有效途径》，《中国农村信用合作社》2001 年第 3 期。

② 善贷且成：《大爱无疆——安顺农村信用社社会责任报告》，《贵州日报》2011 年 1 月 17 日。

③ 吴红军、张勇：《五年改革谋嬗变巴山蜀水气象新》，《金融时报》2010 年 6 月 24 日。

中 13 个省市出台了管理办法。但是随着农业银行的退出，农信社日益成为"孤独"的承办者。而且由于农信社自有资金不足、经营状况欠佳、历史包袱沉重、不良贷款较多、信贷管理实行责任追究制、信贷资金靠人民银行再贷款和拆借来维持，加上财政贴息不能及时到位，学生违约率偏高，导致农信社惜贷现象普遍，助学贷款规模难以扩大，覆盖率一直很低。如新疆吐鲁番地区，从 1999 年以来，银行业机构各类助学贷款余额 8.8 万元，仅占贷款总余额的 0.002%，生源地助学贷款业务总量更是微乎其微，仅 1.8 万元，商业助学贷款 7 万元，2001 年之后辖区银行业机构仅办理了 2 笔助学贷款业务[①]。2004 年甘肃定西市农信社生源地助学贷款实际违约率达 45%，信用社不得不采取以贷还贷，重填借据的手段，将逾期贷款视为正常贷款[②]。陕西汉中 2000 年启动生源地助学贷款，贷款余额却逐年下降，截至 2008 年年末，贷款余额仅 35 万元，累计发放贷款 324.9 万元；汉中对生源地助学贷款机构准入没有限制，但金融机构参与积极性不高，经办者以前是农行和农信社，现在是农信社和邮政储蓄银行，新增的邮政储蓄银行也仅有一个县级支行办理，经办机构网点数由当初的 16 家锐减到 7 家[③]。可见，金融机构主动参与意愿不强，生源地助学贷款经办机构数量、贷款余额逐年萎缩。

总之，2007 年以前，相比其他金融机构的"不作为"，农信社在很多地方已成为中国生源地助学贷款市场的绝对主角。时至今日，农信社仍在少数地区扮演着主力角色。如江西省农信社 2009 年就发放了 60% 的生源地助学贷款[④]。但由于种种原因，其贷款规模十分有限，很难适应我国高等教育大发展的需要。

二　国开行时代（2007 年以后）

在中国当下的政治经济环境中，农信社之所以难以将生源地助学贷款"做大做强"，关键的原因，一是缺乏中央政府背景，二是对地方政府的影响十分有限。在中央、地方政府双双"不给力"的情况下，任何制度

---

① 康灵芝、何光平：《助学贷款缘何遇冷》，《吐鲁番日报》2010 年 4 月 16 日。

② 赵淑红：《对定西市开展生源地助学贷款业务情况的调查》，《甘肃金融》2004 年第 11 期。

③ 周夏沛：《下岗失业人员小额担保贷款和生源地助学贷款政策执行效果差异化调查——以汉中为例》，《西部金融》2009 年第 5 期。

④ 夏晓：《江西省农信社贷款突破千亿元》，《江西日报》2009 年 11 月 23 日。

要想持续发展，都必然面临重重困难。而国家开发银行正好符合这两个关键条件：既有中央政府的深厚背景，又对地方政府具有相当的影响力，其开发性金融①理念、"两基一支"经营战略以及"富可敌国"的资金实力都促使其"当仁不让"地充当起中国学生贷款市场的领衔角色。

2005 年，国家开发银行主动介入河南省国家助学贷款业务，一举扭转了助学贷款的停滞局面。国开行首先在河南省进行助学贷款试点，向 83 所高校 12.3 万人次发放高校国家助学贷款 5.69 亿元；截至 2006 年年底，国开行累计发放贷款 14 亿元，覆盖 131 所高校，惠及 30 多万人次。2006—2010 年，高校助学贷款陆续在山西、青海等地推广。从 2007 年试点起，生源地信用助学贷款主要由国开行承办，同时政府也鼓励其他银行类金融机构开展此项业务。但目前在我国仅有河北、四川、安徽、江西等少数几个省农信社还在坚持承办，其他商业银行都处于观望状态。至 2007 年年底，国开行助学贷款共发放 36 亿元，惠及 71 万学子；2008 年，助学贷款信息管理系统正式上线，生源地助学贷款在全国推开。国开行在 24 个省（市、区）发放助学贷款 29.6 亿元，贷款发放规模跃居银行业首位。2005—2008 年，国开行共发放助学贷款 66 亿元，支持贫困学生 127 万人次。其中，高校助学贷款累计发放 46.6 亿元，惠及 94.7 万学生；生源地助学贷款累计发放 19.2 亿元，惠及学生 32.3 万人次②。2009 年国开行新增发放助学贷款 53 亿元，同比增加 79%，占全国总量的 57%，其 19 家分行新增发放生源地助学贷款 39 亿元，覆盖全国 1422 个县（市/区/旗），支持家庭经济困难学生约 75 万人次；河南、广东等 8 家分行开展高校助学贷款，新增发放贷款 14 亿元，覆盖 400 多所高校，惠及 28 万学生。截至 2009 年年底，国开行在全国 24 个省（区、市）累计发放助学贷款 119.2 亿元，贷款余额 113.3 亿元，支持 224 万名寒门学子迈进大学门槛。2010 年国开行共发放助学贷款 80 亿元，占全国助学贷款市场份额的 70%③。可见，在助学贷款市场，国开行已经占据了多半"江山"，而且其战略重点正快速转向生源地助学贷款（见图 2–1）。从 2011 年开始，

---

① 指把现代金融原理与国情相结合，坚持规划先行，市场建设、社会共建，缓解经济社会发展瓶颈。

② 国家开发银行网站（http://www.cdb.com.cn/web/NewsInfo.asp? NewsId=78.67.1227.）。

③ 国家开发银行：《2010 年经营情况综述》，[EB/OL]．http://www.cdb.com.cn/web/NewsInfo.asp? NewsId=78。

开发银行会同全国学生资助管理中心将工作重点放在提升服务质量，加强贷后管理，完善业务流程，使助学贷款业务管理迈上新台阶。

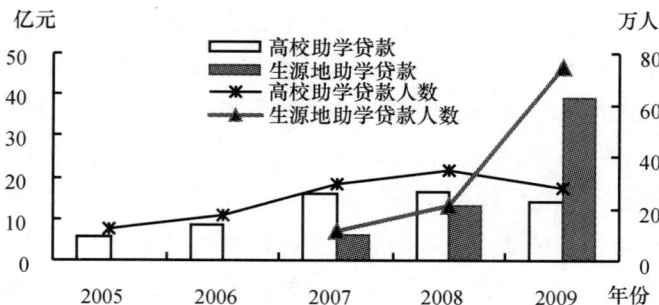

图 2 - 1　国开行 2005—2009 年学生贷款金额与人数变化

生源地助学贷款是以高校助学贷款"有益补充"的面目出现的，主要在农村地区拾遗补缺，但很快就发生了角色的"戏剧性转换"。2010年，全日制民办普通本科院校（含独立学院）、高职院校正式纳入生源地信用助学贷款管理体系。教育部要求"全面开展生源地信用助学贷款。各地教育行政部门要积极配合当地财政、银监等部门和有关金融机构，全面推进生源地信用助学贷款；县级教育行政部门的学生资助管理机构要配合具体经办银行切实做好组织申请、信息录入、审核批准等相关工作；在暑假集中办理期间，要组织更多的人力，提供必要场所，简化手续和程序。"而对高校助学贷款的要求则变成"对在生源地未申请办理信用助学贷款的家庭经济困难新生，要及时办理贷款"[1]。后者俨然成了前者的补充。

截至 2009 年 10 月底，我国助学贷款总共放贷 468 亿元，覆盖率 12%[2]。2009 年，我国普通高校在校生 2285.2 万人，其中，家庭经济困难学生比例仅按 20% 计算，约 457 万人，即当年的助学贷款需求人数。2009 年，全国共审批生源地信用助学贷款学生 62.2 万人，合同金额 46.1 亿元，分

---

①　教育部：《关于切实做好 2010 年普通高等学校家庭经济困难新生入学"绿色通道"及其他资助工作的通知》，教财〔2010〕3 号，2010 年 8 月 8 日。

②　王晶、梁炜：《全国学生资助管理中心负责人谈学生资助》，《湖北日报》2010 年 1 月 1 日。

别占当年国家助学贷款的 60.8%、53%[①]，而总的覆盖率只有 2.7%。以新疆为例，2005—2008 年全疆高校经济困难学生 96958 人，其中，申请贷款学生占 31.7%，上报银行学生数 12395 人，银行批准 8031 人，实际发放 3583 人，其中生源地助学贷款仅 99 人，银行实际发放人数仅占申请学生人数的 11.63%；2009 年，全疆高校贫困生 30859 人，其中，申请贷款学生 5993 人，占贫困生人数的 19.42%，上报银行学生 1623 人，银行批准合同 420 份（人），实际发放 420 人，其中生源地助学贷款仅 23 人，银行审批贷款人数占申请人数的 7.01%（新疆维吾尔自治区外资中心数据）。

截至 2010 年 6 月底，开办生源地信用助学贷款的 23 个省份共辖 2242 个县区，其中 9 个省（区、市）覆盖辖区全部县市，1778 个县区已开办生源地信用助学贷款，覆盖面达 79.3%；2007 年以来，全国已累计审批生源地信用助学贷款人数 98.9 万人，合同金额 74.1 亿元，实际发放 64.4 亿元[②]。到 2010 年年底，国开行生源地助学贷款 IT 系统覆盖全国 21 家分行，共 1570 个县设立了资助中心，惠及 179 万人；国开行累计发放助学贷款 199 亿元，覆盖全国 1556 个区县和 2452 所高校，支持家庭经济困难学生 380 万人次[③]。2011 年年底，国家开发银行已累计发放助学贷款达到 300 亿元，累计支持家庭经济困难学生超过 560 万人次，覆盖全国 25 个省（区、市）、1695 个县（区）、2546 所高校。

2010 年，我国国家助学贷款获贷人数达到 113.84 万人，新增贷款金额 114.89 亿元，其中生源地信用助学贷款人数占 70.8%，贷款金额占 65.7%，成为高校学生资助体系中的"主角"。全国范围生源地助学贷款覆盖率进一步提高（见图 2-2），国开行共发放助学贷款 80 亿元，占全国总额的 70%。如陕西省 2010 年高考上线 22.78 万人，申请助学贷款的人数超过 15 万人，贷款余额 16.02 亿元，同比增长 55.23%，高于同期贷款增速 34.63 个百分点；山西省 2008—2009 年为 9431 名学生发放生源地

---

①　杨晨光：《全国共 23 个省份启动生源地信用助学贷款工作》，《中国教育报》2010 年 8 月 13 日。

②　教育部：《全国共 23 个省区市已启动生源地信用助学贷款工作》，［EB/OL］．http：//www.chinanews.com/edu/2010/08 - 12/2463806.shtml。

③　助学贷款主力银行：《让 380 万学子圆大学梦》，［EB/OL］．http：//bank.finance.people.com.cn/GB/14209354.html，2011 - 03 - 22。

助学贷款 4903.76 万元，2010 年，总计 4.5 万名学生签订了贷款合同，贷款额达到 2.4 亿元①，净增约 2 亿元。

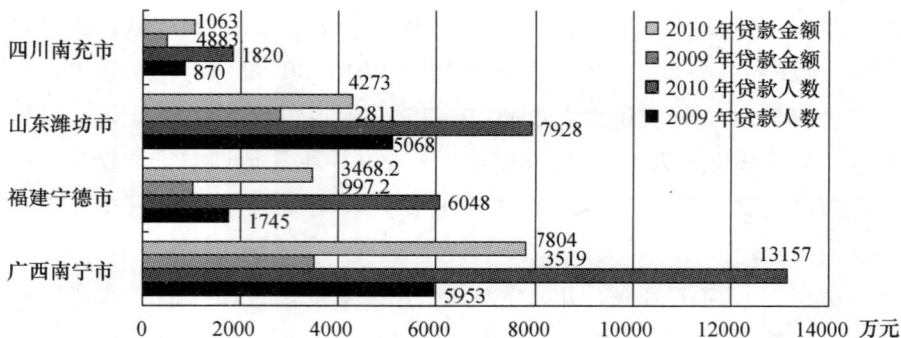

图 2 - 2　2009—2010 年部分地级市生源地助学贷款获贷人数比较

资料来源：笔者根据相关资料整理。

第二节　政策演变的多源流分析

　　政策科学一方面是对政策过程的关注，另一方面也是对政策过程中所需知识的关注（Lerner and Lasswell，1951）。政策问题是通过公共活动得以实现而未实现的需要、价值或改进的机会②。20 世纪 90 年代以来，国外学者致力于整合分裂的公共政策研究局面，新的政策过程模型不断涌现，如新制度主义（New Institutionalism）、间断—平衡（Punctuated - Equilibrium）框架、支持联盟框架（Advocacy Coalition）、多源流框架（Multiple - Streams）等③。在公共政策分析中，多源流分析框架常用来解释国家层面的政策制定过程，尤其是在模糊性条件下的政策选择行为。

　　多源流理论假定政策制定的时间决定决策者的政策选择，主要回答了三个问题：一是政策制定者的注意力如何分配；二是具体问题如何形成；

---

　　①　冀业：《山西 2010 年助学贷款额达 2.4 亿元实现全省覆盖》，《人民日报》2010 年 11 月 3 日。

　　②　威廉·邓恩：《公共政策分析导论》，中国人民大学出版社 2002 年版，第 156 页。

　　③　保罗·萨巴蒂尔：《政策过程理论》，生活·读书·新知三联书店 2004 年版。

三是对问题及其解决方法的发现是怎样和在哪里进行的。对这些问题的回答解释了为什么某些问题的议程受到决策者注意，而忽略了其他[①]。金登指出，在公共政策过程系统中存在着问题源流、政策源流和政治源流[②]。这三条源流的发展和运作是相互独立的，都有自己的特性并具有自身的动力与规则。当这些源流在关键时点汇成一条"溪流"时，政策制定者关注某一问题的概率会大大提高，从而引起议程的重大变化。

一 问题源流

问题源流主要关涉政策制定者是如何专注于某一问题而非别的问题。多源流理论所要考察的不是"问题怎样被决策者权威性地决定"，而是"这些问题如何首先成为问题的"，拥有决定哪些将成为政策问题的权力在决策过程中比决定哪些将成为解决方案还要重要[③]。问题是如何被决策者认知以及客观条件是如何被定义为问题的？面对纷繁复杂的社会问题，为什么政策制定者对一些问题给予关注，却对其他问题视而不见呢？金登认为这主要取决于决策者了解实际情况的方法，是"各种机制——指标、焦点事件和反馈——使问题引起他们关注"的，这些明确可感知的各种机制使得一些实际情况被界定为问题。

1986年我国高校自费生制度、贷学金制度相继出台；1989年高校收费改革开始试点；1997年全国高校实行收费完全并轨，学费持续增加，贫困生上大学出现"艰难时刻"；1999年6月，北京、天津、上海、成都等8个城市试点国家助学贷款；2000年，国家助学贷款正式在全国实施。虽然贷款政策在不断微调，但总体效果并不理想。2003年还贷期来临，不少高校违约率都超过了20%。问题主要集中在四个方面：

其一，贷款目标群体主要分布于中央部委属高校，绝大多数地方院校、高职院校学生难以获得国家助学贷款，民办高校更是与国家助学贷款无缘，导致助学贷款政策在实施中出现价值扭曲，贷款"奖学金化"，教育公平缺失。

其二，2003年首批贷款毕业生出现的还款大面积违约现象成为国家助学贷款政策更新的"触发性事件"。至2005年年底，全国累计审批贷

① 保罗·萨巴蒂尔：《政策过程理论》，生活·读书·新知三联书店2004年版。

② 约翰·金登：《议程、备选方案与公共政策》，中国人民大学出版社2004年版，第20页。

③ 托马斯·戴伊：《理解公共政策》，华夏出版社2004年版，第32页。

款学生 206.8 万人，合同金额 172.7 亿元，但是助学贷款违约率已高达 28.4%①。由于市场激励机制缺失，违约率偏高，各地经办银行理性地选择"惜贷"，并按"20% 为红线"的协议纷纷停办新贷、续贷业务，一些银行十分消极地应付"政治任务"，助学贷款规模逐渐萎缩。

其三，2004 年虽然出台了风险补偿金和公开招标等制度，但信息不对称、还款期限偏短、贴息方式不尽合理、贷后管理落后等问题仍然存在。尤其是贷款回收率并未明显改善。到 2007 年，贷款违约率仍接近 30%②。这促使政策制定者把目光集中到新的助学贷款品种上，而生源地助学贷款让决策者看到了希望。

其四，随着生源地财政贴息助学贷款的快速推广，各地政策"五花八门"，尽显"地方特色"，亟待规范。2001 年 7 月浙江省首先推出生源地财政贴息助学贷款，随后，江苏、河北、山东、辽宁、陕西、山西、湖北、贵州、云南等省也纷纷效仿，截至 2005 年年底，合计 29524 人次获得贷款 15918 万元③。但一些地方由于贴息与风险补偿金难以到位，生源地助学贷款刚一推出，就出现萎缩局面（见表 2 - 2）。虽然生源地助学贷款的优势让人看到了助学贷款发展的新路径，但也出现比较混乱的"割据"局面，亟待从整体上加以规范化。

表 2 - 2　　　　2006—2007 年内蒙古清水河县生源地财政贴息助学贷款情况

年份	参加高考人数	高考录取人数	贷款人数	贷款金额（万元）
2006	670	374	58	30.14
2007	962	597	3	2.9

资料来源：罗利敏等：《生源地助学贷款萎缩的原因分析与对策》，《内蒙古金融研究》2008 年第 9 期。

某些特殊事件的出现会起到推动政策调整"加速器"的作用。高校助学贷款过高的违约率让金融机构始料未及，原有政策实际上已部分失

---

① 《北京工行曝光：云南 27 名大学生拖欠 37 万元助学贷款》，［EB/OL］．http：//www.eol. cn/2007zxdc_ 6015/20070725/t20070725_ 245655. shtml。

② 萧嘉宁：《大学生欠贷调查：部分毕业生收入低难以还贷》，《信息时报》2007 年 12 月 11 日。

③ 方舒峰：《关于生源地助学贷款的思考》，《福建论坛》（社会科学教育版）2007 年第 4 期。

灵。政府职能部门面对这一困境，不得不继续推进政策调整和创新，决策者、金融系统与学界都在积极探索新的适合中国国情的学生贷款模式。2004 年国务院办公厅《关于进一步完善国家助学贷款工作的若干意见》中，首次把生源地助学贷款作为国家资助体系的一项政策措施提出来，明确要求各省、区、市人民政府"积极推进生源地助学贷款业务"。因此，高等教育公平问题的日益凸显、原有高校助学贷款政策的失灵和生源地财政贴息助学贷款的优势与快速成长等因素一起汇合成生源地助学贷款全国面上新政策出台的"问题源流"，它推动着国家层面的决策主体必须作出新的学生贷款政策抉择。

二　政策源流

政策共同体是一个包含着官僚、国会成员、学者和思想库中的研究人员的网络，网络成员共同关注某一政策领域中的问题（N. Zahariadis and Ambiguity，1999）。围绕着问题的出现和"问题源流"不断汇集，政策共同体中的专家们提出了许多意见和主张。他们四处宣扬其主张，希望能够得到重视。当问题被识别并得到社会中一部分人的关注时，围绕这个问题的解决会产生许多政策建议，这些建议就形成了政策源流。同时，在政策系统中还活跃着许多"愿意投入自己的资源——时间、精力、声誉以及金钱——来促进某一主张以换取表现为物质利益、达到目的或实现团结的预期未来收益"的"政策企业家"[①]，政治系统内的利益相关者会通过"政策企业家"提出各种行动议案。这些议案有如"政策原汤"，需要经过一个不断讨论、反复修改、多方博弈的过程。政策源流与解决问题的技术可行性、价值观念的公众接受性等有关。金登认为，对于某一社会问题的解决有着多种意见主张，它们"漂浮"在"政策原汤"周围，并且需要通过多种方式的试验和检验，其中包括专家听证会、论文和会谈等。经过检验，那些难以操作的或者与政策制定者的价值观念相左的建议通常被忽略，而符合若干标准的政策建议则可能幸存下来。

在生源地助学贷款中，政府、银行、高校、学生（家庭）分别代表公众、企业、事业单位、借款人的利益。伴随着高校扩招后的高收费，参与者都有自己的利益诉求：政府希望压缩公共财政对高等教育的支出、扩大家庭对高等教育的参与和成本分担力度，银行在寻找新的利润增长点，

---

① 约翰·金登：《议程、备选方案与公共政策》，中国人民大学出版社 2004 年版，第226 页。

高校希望学生少拖欠学费，学生（家庭）也希望通过贷款接受高等教育来实现自身的发展和社会流动。

（一）政府

进入 21 世纪以来，中央政府从以往单纯强调"经济建设为中心"转向比较关注民生问题。一方面，全国高校连年大幅扩招、普遍收费，学费收入有效地弥补了公共财政对高等教育投入的不足，极大地缓解了政府财政上的压力；另一方面，学生家庭收入增长缓慢，贫困生连年增多，如果政府没有必要的资助，相当一部分考上大学的学生只能面临辍学。因此，给学生贷款上学成为政府急需解决的现实问题。在经过 2003 年助学贷款发展的拐点后，中央从战略上希望将生源地助学贷款作为国家助学贷款的有益补充，发动更多的金融机构参与助学贷款供给，以减少中央财政的压力。人民银行和银监会也推出系列新规定：如延长还贷年限、改革贴息方式、建立风险补偿机制等。2006 年人民银行出台《关于进一步加强助学贷款工作的通知》，引导金融系统积极探索开展生源地助学贷款工作。

地方政府（县级政府）是生源地助学贷款属地化管理的主体。一方面，在组织惯性驱动下，地方政府不得不执行上面的政策，进行大力推广；另一方面，地方高校占中国高校的绝大多数，生源地助学贷款对当地经济困难家庭的资助节省了家庭的教育支出，实质上是对地方经济的间接投资。生源地助学贷款对地方经济而言，既有一定的正外部性，又需要地方政府切实加大工作力度和相关投入，同时承担部分违约风险。如图 2－3 所示，2003—2004 年地方财政预算内教育事业费中高校奖贷助学金规模略高于中央，2005—2006 年持平，但是在 2007 年，主要由于生源地助学贷款的试点，随着县级学生资助中心在各地纷纷设立，地方财政的负担明显加大。

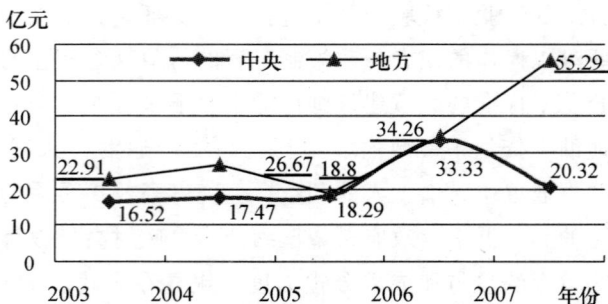

图 2－3　2003—2007 年中央和地方财政预算内教育事业费中
大学生奖贷助学金规模

博弈的结果是，中央政府通过财政转移支付形式激励地方政府进行资助制度创新，地方政府通过加强贷后管理提高回收率来规避可能的呆坏账损失。继浙江省 2001 年率先试点后，各地主要由农信社承办的生源地助学贷款业务相继开展。截至 2007 年 3 月，全国有 24 个省（市）开展了生源地助学贷款业务，13 个省市出台了生源地助学贷款管理办法，11 个省市由地方财政提供贴息，6 个省市推出了风险补偿措施①。随着各种政策思想不断汇集，一些相对成熟的操作方案得到仿效与推广，这些都为中央从国家层面推进生源地助学贷款政策试点创造了条件。

（二）国家开发银行

国开行虽然在 2008 年年底实行了股改，但其控股权属于财政部，国开行的投资与经营行为也因此深深地刻上了中央财政、货币政策的烙印。生源地助学贷款具有较强的政策性，理应由政府背景较强的金融机构承办，其业务也比较符合国开行"两基一支"、开发性金融的特点。而由于学生贷款难以满足其他商业银行信贷资金安全性、流动性、营利性的要求，国有商业银行一直都不愿向地方高校、高职高专和民办院校的学生放贷。因此，作为一种"解围"，国开行站出来开拓生源地助学贷款市场，使得国有商业银行在完成"政治任务"上有了可以退却的台阶，这样也可能促使其以购买国开行债券的方式来间接支持生源地助学贷款。

（三）高校

在高校国家助学贷款的制度安排下，高校承担着一定的风险补偿和贷后管理责任，但这是高校的分外之事。一旦学生违约，银行就会要求高校催收，或者通报高校划扣风险补偿金。而在生源地助学贷款运行中，高校一不提供风险补偿金，二不承担贷后管理事务，三不必找银行协调贷款，四不用承担学生的拖欠风险，在成本上成为"局外人"，在收益上成为贷款制度设计的受益者，可谓"坐享其成"。因此，高校无疑会成为生源地助学贷款的积极推动者。甚至可能在一定范围内采取经济措施激励学生申请生源地助学贷款②。尤其是相当数量的"政策企业家"都集中在高校，他们自然也会大力为实施生源地助学贷款去"鼓"与"呼"。

---

① 项俊波：《积极探索生源地助学贷款长效机制为经济困难学生和家庭造福》，《甘肃金融》2007 年第 6 期。

② 宋飞琼：《生源地信用助学贷款政策给国家助学贷款带来的可能影响》，《高等教育研究》2008 年第 1 期。

（四）学生（家庭）

在每一个生源地，实际上多数学生都只能在地方高校上学。生源地信用助学贷款不需担保、政府贴息、"家门口"申请等优势给学生带来了福利和便利，在面子上、精神上也卸掉了以往申请高校助学贷款时的尴尬和压力。对经济困难家庭来说，孩子上学前反正都得四处筹集学费，生源地助学贷款对他们自然是一种"帕累托改进"。因为他们可以为生产经营预留更多的资金。因此，学生（家庭）会从"心底"里支持生源地助学贷款，从而踊跃申请，结果出现需求旺盛、供不应求的局面，从选民"投票"的政治意义上也就支持了政策制定者的选择。

总之，在高校国家助学贷款进退维谷之际，在商业银行惜贷、学生强烈需求、政府和高校积极推动下，生源地助学贷款政策的出台符合多数参与主体的利益诉求，因而他们会尽力促成相关政策思想和方案的生成发展，从而形成巨大的合力和一条"政策溪流"，并为这一政策的最终实施创造前提条件。

三　政治源流

政策制定是在一种模糊状态下，由多元利益主体共同推动形成的。政治源流主要涉及政治对于问题解决方案的影响。政治源流包括国民情绪、压力集团的竞争、行政和立法上的换届三个要素，这些因素的变化和发展都会影响到决策主体的活动。国民情绪是指在一个国家里有大批民众正沿着某些共同的路线思考，并以明显的方式经常发生变化，这些变化对政策议程和政策具有重要的影响[①]。Zahariadis 将政治源流三要素整合为执政党的意识形态这一概念变量；他认为，"这样的整合对于那些拥有相对集权的政治系统和强有力政党的国家很有意义"。生源地助学贷款政策的生成和出台是政府、高校、银行、学生家庭等多元利益主体博弈下多种因素综合作用的结果，它既反映了执政党的意识形态，也很好地顺应了国民情绪，而公共舆论更是在其中起到了"推波助澜"的乘数放大作用。

（一）执政党的执政理念

执政党的意识形态限制着能够提上议程的问题类型并界定着能够被接受的解决办法类型。我国执政党是中国共产党，党的意识形态对公共政策

---

① 约翰·金登：《议程、备选方案与公共政策》，中国人民大学出版社 2004 年版，第 186 页。

的影响很大。生源地信用助学贷款试点发生在党的十七大召开前后，新一届党中央领导集体扩展了执政理念，坚持贯彻科学发展观，注重以人为本，构建和谐社会。在此背景下，转变经济发展方式、建设人力资源强国、优先发展教育、实现教育公平、使"学有所教"等成为中央政府的重要"治国方略"，而助学贷款政策的不断调整和完善正是确保这一目标得以实现的重要保障。作为民生工程之一，生源地助学贷款关系到广大学生和家长的切身利益，关系到国家人力资源深度开发的大局，还事关高校和社会的和谐稳定。政府必须通过积极的政策调适和介入，科学运用财政—金融杠杆，才能既保证公共财政投入的边界，又能促使学生（家庭）积极参与高等教育，从而兼顾效率和公平，确保教育公平理念和人力资源强国战略的实现。

（二）国民情绪

在2010年年初，我国《国家中长期教育改革和发展规划纲要》公开向国民征求意见，开创了大众民意影响国家政策的先河。在中国目前的社会经济结构中，一方面，国家整体的经济规模、政府的财政收入增长很快，但广大民众和劳动者的实际收入增长十分缓慢，一种"国富民穷"的畸形格局已经形成。尤其是占人口绝大多数的中下阶层，对住房、医疗、高等教育的支付能力越来越弱。

另一方面，在高等教育大众化发展的洪流中，高等教育文凭成为学生踏入社会的重要"信号"甚至是必要条件，家庭支持子女接受高等教育也成为父母绕不开的义务。因此，子女的高等教育成本成为千万家长难以面对而又必须面对的挑战。广大中低收入群体都希望政府通过积极的资助政策调整来缓解这一矛盾，即通过保障贫困学生平等地获得高等教育入学机会来弥补缺失的社会公平。随着公民社会的逐渐来临，中低收入阶层也开始积极有序地参与政治活动，通过舆论和行动来表达对生源地助学贷款的关注与利益诉求。当民众倾向于沿着同一方向思考问题时，国民情绪就形成了。随着国民情绪日益高涨，民众可能采取超常规的集体行动来表达利益诉求，以此来引起官员的关注。随着这种国民情绪逐渐转化为一种持续而强烈的民意诉求，政策制定者在设计和实施学生贷款政策时也必然要吸纳更多的公平和民生"元素"。

（三）公共舆论的乘数放大效应

虽然我国的新闻媒体历来有"亲政府"的倾向，但对于贫困生上学难的问题一直比较关注。我国地域辽阔，城乡二元经济、地域、贫富反差极大，社会弱势群体子女的教育这类"民间疾苦"本身新闻效应就很强，加上新闻媒体的宣传和透视作用，尤其是互联网时代媒体的渲染和放大功能，使得国民情绪得到进一步强化，民意诉求也可能集中表达出来。实际上，近年来诸多涉及教育公平的社会问题，如城乡义务教育均衡、农民工子女入学、高中生资助等都是借助新闻媒体舆论的乘数放大作用进入政府的决策议程的。作为民意表达的重要渠道，公共舆论有力地推动了相关政策的出台。尤其是每年新闻媒体都会跟踪报道一些高中生弃考、大学生因家庭贫困而辍学、学生家长因苦供而负债累累等方面的新闻，这些信息无疑会影响政策制定者的选择。

四 "政策窗口"的打开

"政策之窗"是指政策建议的倡导者提出其最得意的解决办法的机会，或者是他们促使其特殊问题受到关注的机会①。"政策之窗"是一种触发机制——公共政策的催化剂，也常常是一个重要事件，并且该事件把例行的日常问题转化成一种普遍共有的、消极的公众反应。在政治过程中，一种触发机制要能起到催化作用，还取决于范围、强度和触发时间三个因素的相互作用②。当三大源流在关键时点汇合到一起，"政策之窗"才会打开。因为"政策之窗"开启时间不会太长，所以，那些愿意投入时间、精力、信誉、金钱以在可以预见的未来获得物质的、有意追寻的、重大回报的"政策企业家"便迅速抓住机会开始活动，运用各种技巧将问题与解决办法结合起来，并使其在政治上被接受，从而使其政策建议被决策者采纳（M. D. Cohen et al., 1972）。

在公共行政中，"政策之窗"的开启需要重视政策的"软化"过程，以保证政策建议受到足够的重视并在政策制定后能够顺利执行，其中最重要且最有价值的就是要为公民服务以增进共同的利益③。当政策方案同政策问题相结合并同政治紧迫性或必要性相合拍时，"政策之窗"才会打

---

① 约翰·金登：《议程、备选方案与公共政策》，中国人民大学出版社 2004 年版，第209 页。

② 拉雷·格斯顿：《公共政策的制定——程序和原理》，朱子文译，重庆出版社 2001 年版，第25 页。

③ 珍妮特·V. 登哈特、罗伯特·B. 登哈特：《新公共服务：服务而不是掌舵》，中国人民大学出版社 2004 年版，第2 页。

开。执政党意识形态决定着政府官员的政绩与升迁，其影响比国民情绪更大。在科学发展、和谐社会与关注民生这样的政治背景下，若官员与民意对抗，便是与执政党的执政理念相违背，最终也会影响其政治前途。2007年5月，国务院有关文件指出，生源地助学贷款是国家助学贷款的重要组成部分，与国家助学贷款享有同等优惠政策，地方政府要高度重视，积极推动和鼓励金融机构开展相关工作，大力开展生源地信用助学贷款。8月，财政部、教育部和国开行发布《关于在部分地区开展生源地信用助学贷款试点的通知》和《关于要求县级教育行政部门成立学生资助管理中心的紧急通知》，国家生源地信用助学贷款政策正式在江苏、湖北、重庆、陕西、甘肃5省市试点。2007年10月，在中共十七大召开之际，生源地助学贷款政策的窗口终于缓缓开启。

截至2007年12月，试点5省市共计443个县（区）实现生源地信用助学贷款全覆盖，11.3万人获得贷款，合同金额13.5亿元，当年发放6亿元。在试点5省市中，地方高校获贷学生比例均位列全国前十，其中湖北最高，达到20.52%；江苏第二，达到了18.94%；甘肃省签订生源地助学贷款合同4亿元，发放贷款1.3亿元，支持学生2.6万名[①]。2008年9月，财政部、教育部、银监会决定进一步扩大贷款覆盖范围，大力推进生源地信用助学贷款工作。2009年5月，全国学生资助工作会议提出，全国所有的省（区/市）都要开展生源地信用助学贷款，实现家庭经济困难学生"应贷尽贷"的目标。至2009年年底，国开行累计发放助学贷款约119亿元，覆盖全国24个省（区/市），共支持困难学生约200万人次；其中19家分行新增发放生源地助学贷款39亿元，覆盖全国1422个县（区），资助75万人。

至2010年，开办生源地信用助学贷款的县市达到1778个，国开行生源地助学贷款IT系统覆盖了全国21家分行，共有1570个县设立了资助中心，惠及贫困学生179万人，国开行共发放高校和生源地助学贷款80亿元，占全国助学贷款市场份额的70%。正如约翰·W.金登所言，政策机会是稍纵即逝的，对研究者而言，有必要在已有制度设计的基础上发现问题并推动其可持续发展，以此维护高等教育公平，促进高等教育发展，进而加快人力资源强国建设的步伐。

---

① 《生源地信用助学贷款扩大覆盖面》，《教育与职业》2008年第28期。

第三节　学生贷款方案的比较与借鉴

生源地助学贷款是学生贷款的制度创新，在市场机制尚未充分发育的背景下充分利用了政府的组织优势，具有鲜明的中国特色。目前，在全球范围已经实施学生贷款的国家中，美国、加拿大、日本、新加坡、马来西亚、俄罗斯等国也有比较类似的贷款方案，但没有准确的对应关系。改革开放三十多年来，作为现代化的后发外生型国家，中国一直在"韬光养晦"地虚心向发达国家学习。生源地助学贷款也是在此背景下因应我国特殊国情，同时借鉴国际成熟经验而出现的学生贷款品种。

一　发达经济体的学生贷款

（一）美国的学生贷款

美国是高度依赖借贷消费的国家。自20世纪70年代以来，美国的大学教育费用增加了43.5%，是中等收入者收入增长的3倍，而自2000年以来，普通四年制公、私立大学的学费和其他费用大幅上涨（见图2-5）。结果是，美国学生贷款覆盖率达到惊人的2/3，学生贷款中值为1.93万美元，毕业生人均负债超过2.3万美元；近四成35岁以下的欠款人需要至少10年才能还清贷款，因为欠债而推迟看病的占25%，推迟结婚的有14%[①]。

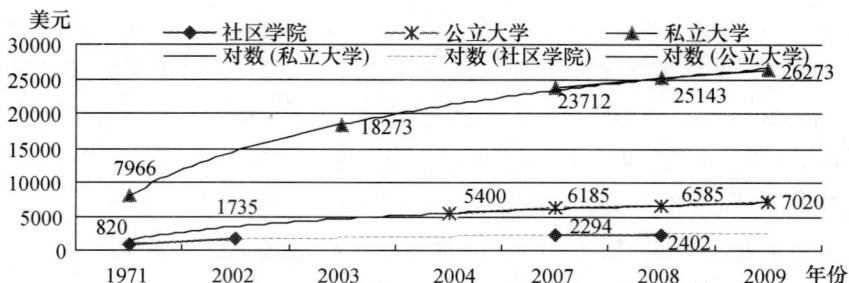

图2-5　1971—2009年美国高校学费变动趋势

资料来源：周红霞等：《美国颁布新法让更多人"上得起大学"》，《中国教育报》2010年4月20日。

---

① 张茉楠：《中产衰落动摇美欧经济根基》，《证券时报》2010年7月23日。

相应的，美国政府也设计出形式多样的资助方案，其主要特点是贷款化、市场化、多元化和混合型。1980 年前后，助学金占美国学生资助的55%，贷款占41%；1990 年前后，两者比例持平；而到了 2000 年贷款已占到60%，助学金则落到40%[①]。近年来，由于次贷危机肆虐导致政府财政紧张，美国学生资助更是越来越多地依仗借款。联邦政府提供的学生贷款主要有斯太福贷款（Stafford Loans）、帕金斯贷款（Perkins Loans）和本科生家长贷款（Parent Loans for Undergraduate Student，PLUS）三种。美国联邦提供的各类学生资助在整个资助体系中占据主导地位。2008 年，全美本科生实际获得资助 1067 亿美元，其中 65% 直接来自联邦资助项目[②]（见图 2 - 6）。

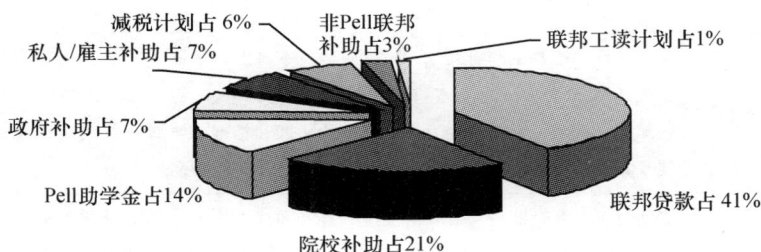

图 2 - 6　2008 年美国本科生获得资助的来源构成
（Sandy Baum and Kathleen Payea，2008）

美国学生贷款体系是一种相对完备的社会公共制度选择，其贷款机构多层次，资金来源多元化，贷款性质多样化，具有借贷灵活、相互制衡、运转高效和确保借贷者还贷的信用保证机制[③]。其一，政府直接参与。政府制定、修正相应法律和"游戏规则"，确保制度的实施与完善；所有助学贷款由州政府担保、联邦政府再担保；政府设立一家公开上市股份公司进行教育融资，银行通过资产证券化方式将学生贷款出售给该企业或更大的银行，以获取现金流或其他流动性较强的资产，同时分散风险。其二，多样化的助学贷款种类，柔性化的运作方式，人性化的还款方案，灵活的

---

　　①　多纳德·海伦：《大学的门槛：美国低收入家庭子女的高等教育机会问题研究》，北京师范大学出版社 2007 年版，第 49 页。

　　②　College Board, Trendsin Student Aid, ［EB/OL］. http：//professionals. collegeboardcom/profdownload/presenta - tion - trends - in - student - aid -2008. ppt，2008 - 09 - 01.

　　③　蓝汉林等：《美国联邦学生资助体系的变革》，《教育发展研究》2010 年第 7 期。

还款方式，确保个性化资助的实现，即每个资金需求者都能合理得到相应的资助。其三，风险防范机制有效，违约惩戒手段有力。通过惩防并举，美国的学生贷款保持了较高的贷款回收率。但近年来美国学生贷款脱贫化、中产化、学生负债沉重等问题也暴露出来。据统计，80%的营利性大学的毕业生均依靠贷款上学，其同期负债从2000—2001年的20400美元增长到2006—2007学年的38300美元（Sandy Baum et al.，2009），负债率增长高达88%。美国学生贷款项目比较情况如表2-3所示。

表2-3 美国学生贷款项目比较

贷款项目	细目比较
PLUS	资助对象：经济不独立，注册半年以上的本专科生，父母作为贷款人且有良好信贷记录；政府提供担保；贷款限额：学生求学成本减去其他资助；浮动利率≤9%
帕金斯贷款	资助对象：本科生和研究生；贷款限额：本科生每年最高5500美元，研究生每年最高8000美元（包含本科期间的贷款最多40000美元）；固定利率5%；由联邦提供资金，所在学校发放，贷款的额度和标准由学校自行确定，还款给学校或其代理机构，毕业后10个月开始还款，10年内还清
斯太福贷款	资助对象：有经济资助需要的学生，且必须注册半年以上；贷款限额：每年变化；浮动利率≤8.25%；毕业后10—20年还清；分联邦家庭教育贷款和联邦直接贷款，前者资金来自银行等借贷机构，后者资金来自政府；州政府担保，联邦政府再担保。"有补贴的贷款"在校期间以及毕业后6个月内可免息，新生贷款额度每年7500美元，大二学生8500美元（Sara Hebel，2009）

本科生家长贷款（PLUS）由1980年《高等教育法修正案》设立，面向经济上未独立的本、专科学生，由学生家长作为贷款人，政府提供担保，要求学生家长具有良好的贷款信誉且必须以自己的名义申请贷款[①]；每年的贷款限额是学生求学直接成本减去学生获得的其他资助；贷款采用浮动利率，在新学年年利率为6.1%—9%，仍然低于普通商业银行贷款利率；贷款手续费（Loan Fees）包括3%的贷款创始费（Origination Fee）和1%的担保费，这些费用将在每次支付贷款的过程中被扣除；如果父母因为不良的信用报告而被PLUS贷款拒绝，其子女可以请求财政援助办公室考虑其申请额外的斯塔福非贴息贷款资格。PLUS分为联邦家庭教育贷

---

① Federal Student Aid, Federal Student Aid: Loan Program Fact Sheet. www. Federal Student Aid. ed. gov/funding，2009 – 04 – 01.

款和直接贷款两种，均为不贴息贷款（非资助型贷款）。在同一个注册学期内这两种贷款不可兼得。直接 PLUS 贷款的放贷者是美国教育部，但由所在学校协助联邦政府管理（包括申请表格发放、初步审核和贷款发放）。联邦家庭教育贷款需要学生家长找到参与该项目的贷款机构（可寻求所在学校或所在州担保机构的帮助）申请贷款。PLUS 贷款偿还开始于父母获得第一次或第二次贷款支付的 60 天之后，还款期限为 10 年。有些学校提供一个浮动的还款计划，其时间为 2—12 个月[①]。

帕金斯贷款（Perkins Loans）自 1986 年起实施，以学校为基础，联邦政府先将贷款基金划拨给学校，由学校充当贷款机构发放，贷款对象是有特殊经济需要的本科生和研究生，贷款额度和标准由学校自行确定且优先考虑获得佩尔助学金的学生，本科生的贷款上限是 5500 美元，研究生和攻读专业学位者上限为 8000 美元[②]。

目前，美国最为重要的学生贷款计划是斯太福贷款。该项目自 1992年开始实施，由商业银行系统将贷款贷给学生，各州的教育担保机构代表政府出面担保。该贷款按申请学生的家庭条件分为有补贴贷款和无补贴贷款两种[③]。接受有补贴贷款的学生在校期间及宽限期内可免息；无补贴贷款的学生虽然获得的贷款额度较高，但不享受利息优惠，而且所需交纳的管理费和保险费也较高。

2003—2004 学年，美国三种学生贷款对在校大学生的覆盖情况如图 2 - 7 所示。

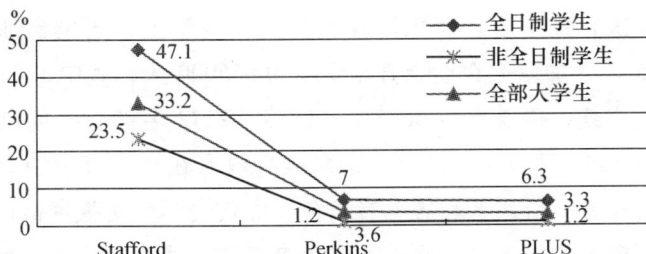

图 2 - 7　2003—2004 学年美国学生贷款覆盖情况

资料来源：Digest of Education Statistics Tables and Figures，2005。

---

① 潘建军：《美国大学生多元化资助方式评析》，《北京教育学院学报》2006 年第 3 期。

② Federal Student Aid，Federal Student Aid：Loan Program Fact Sheet［EB/OL］．www．Federal Student Aid．ed．gov/funding，2009 - 04 - 01．

③ Ibid．．

在美国的三种学生贷款模式中，本科生家长贷款与我国的生源地助学贷款有较多相似之处，或者说，我国生源地助学贷款在制度设计中，借鉴了本科生家长贷款的某些元素，即把学生父母纳入借款人范畴以提高回收率。但不同的是，美国的学生贷款"主流"并非本科生家长贷款，而是市场化程度较高的斯塔福贷款。

（二）加拿大的学生贷款

加拿大教育经费主要来源于公共财政，政府始终把教育投入置于公共投资的优先领域，每年 GDP 中有较多的份额用作教育支出。如 1997—1998、1998—1999 财政年度公共教育经费支出分别占 GDP 的 6.8%、6.9%[①]。加拿大的助学贷款经历了三次改革。1964—1995 年，银行提供贷款资金，按期支付并负责回收管理，政府提供全部担保，但由于银行催还款不积极，拖欠率超过 20%；1995—2000 年，加拿大推行风险分摊制度，政府支付 5% 的风险补偿金，银行则承担主要的呆坏账损失，结果风险仍然很大；2000 年后，政府开始直接运作学生贷款，全面控制政策的制定和监测，商业银行逐渐退出，民间服务机构按与政府签订的合同管理助学贷款。

加拿大学生贷款正是"生源地贷款"模式。贷款者只能向其居留资格所在省申请，并由省级部门打包管理；联邦政府和省政府分别负责贷款额的 60% 和 40%；贷款学生可以在"生源地"政府承认的外省或外国高校就读。贷款宽限期为 6 个月，还款期限 15 年[②]。加拿大"生源地"（居留省份或地区）助学贷款对象不仅包括全日制学生，还包含部分时间制学生。2005 年，加拿大在读全日制学生为 836000 人，其中 337256 名学生获得了助学贷款，覆盖率达 40.3%；同时，2572 名部分时间制学生也获得了总值为 460 万加元的贷款[③]。加拿大省政府在学生贷款中有效充当了立法者、监督者、协调者和服务者角色，如负责学生贷款资格认定，提供贷款经费，审查减免条件，修正某些政策条款，建立并管理数据库等。而

① Council of Ministers of Education, Canada, Report of the Pan – Canada EducationIn dicators Programme 2003. 16.

② 李文利：《从稀缺走向充足——高等教育的需求与供给研究》，教育科学出版社 2008 年版，第 218 页。

③ 吴慧平：《加拿大助学贷款体制的演变及特点》，《国家教育行政学院学报》2009 年第 12 期。

贷款的发放、管理、回收等具体操作业务则由省政府委托民间代理机构（中介组织）完成。中介组织可以充当政府管理的"缓冲器"，避免政府介入具体管理，从而抑制腐败的滋生。显然，加拿大"生源地"学生贷款比我国生源地助学贷款制度更为宽松，覆盖面更宽，市场机制也更加完善，很值得我们学习。

（三）日本的学生贷款

日本经历了经济的高增长，家庭收入相对均等，高等教育被认为是进入城市中间层的钥匙，因此在国民中保持了很强的升学需求。日本社会文化中，多数家庭习惯于聚居在一起，并靠自己的力量供孩子上大学，对助学贷款有一种传统的"厌恶感"。日本历来注重法制环境建设，因此学生贷款的金融生态良好。日本《宪法》明文规定：所有国民依其能力，拥有平等的受教育权利；《教育基本法》也规定：无论学生是否有能力，对于因经济原因而上学有困难的学生，国家及地方政府都要采取助学的方法①。日本的学生资助综合了奖、贷学金两种模式，而且有"专门化"的管理者：日本学生支援机构（JASSO），它由1943年设立的特殊法人日本育英会与其他四个从事留学生支援等活动的财团法人合并②，于2004年成为独立行政法人，这一身份可以有效抑制官僚主义的滋长。其主要职能是向大学、研究生院、高专、专修学校学生提供助学贷款。由于是专门的机构在操作，其回收在世界上是最有效率的，按时还款率在90%左右，总还款率平均达到95%。日本贷学金政策在理念上注重"雪中送炭"，即面向最需要资助的学生，在追求公共资金分配公平性的同时，对研究生也有所倾斜（见图2-8）。

日本奖贷资金来源于三个渠道：其一是政府专项拨款；其二是大藏省的借贷款，其三为回收的学生贷款。日本学生支援机构的助学贷款分无息贷款和有息贷款，无息贷款来源于政府借贷款和回收贷款；有息贷款来自政府发行债券筹措的财政融资以及该机构独自发行的债券和偿还金，利率上限为3%，可以提供给几乎所有想贷款的学生。由于市场普遍认为独立行政法人有政府背景，因此机构债券容易消化。1990年其贷款额度分别为

---

① 芝田政之：《日本的学生助学贷款制度》，王蓉、鲍威主编：《高等教育规模扩大过程中的财政体系：中日比较的视角》，教育科学出版社2008年版，第262页。

② OutlineofEstablishment［EB/OL］. http：//www. jasso. go. jp/organization/historyjassoe. html，2008-08-03.

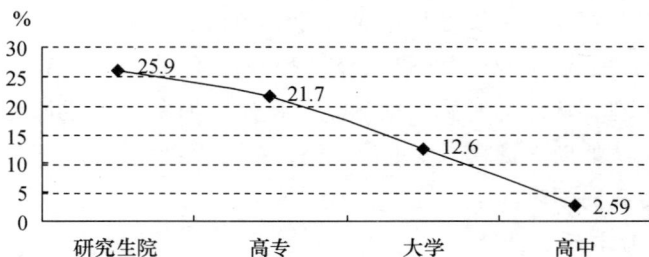

图 2－8　1995 年日本奖、贷学金覆盖率比较

资料来源：日本文部省大臣官房：《文教预算编制》，文部省，1995 年，第 88 页。

3.5 万日元和 4.8 万日元①。日本学校每年对获得贷学金的学生学业及经济状况进行检查，对学业下降或不符合贷款要求的将终止资助。所有获贷学生毕业前都要签署保证人、连带保证人证明书、借贷收据等。日本贷学金偿还期为大学毕业后 6 个月至 20 年，按年期还款的全部支付时间为 11 年，学生在校期间免除利息。

我国生源地助学贷款中，虽然也强调学生资助中心要成为"独立法人"，要"专门化"，但到目前为止，这基本上还停留于口号上。由于经费、编制等各方面对教育局的依赖性，我国县级学生资助中心仍然只是教育行政系统的附庸和边缘角色，这样就很难避免诸如中央下拨的资助经费被教育局挪用之类现象的发生。

（四）英国、中国香港、澳大利亚、韩国等地的学生贷款

英国学生贷款分"学费贷款"与"生活贷款"两种，贷款由不以盈利为目的的政策性机构经办，贷款回收通过国家税务系统直接从学生的薪水中扣除。2008—2009 学年，"学费贷款"额度不超过 3145 英镑，"生活贷款"额度不超过 6475 英镑且跟居住地有关。贷款名义利率为贷款调整率，与物价指数及通货膨胀率相关，实际利率为 0。学生毕业后年收入超过 1.5 万英镑才开始还款，年偿还额度为超过 1.5 万英镑部分的 9%，25 年仍不能还清的剩余部分由国家代偿。2010 年，由英国政府委托进行的高等教育经费与学费审查报告提出，将大学生开始偿还助学贷款的年收入门槛由 1.5 万英镑提高到 2.1 万英镑，同时提升低收入家庭学生的贷款

① 马经：《助学贷款国际比较与中国实践》，中国金融出版社 2003 年版，第 32 页。

限额等。英国学生贷款的这种分类，很好地满足了学生的个性化资助需求。

中国香港实施的学生贷款也主要有两种：免入息审查贷款和入息审查贷款。前者贷款利率较高，面向所有学生；后者贷款利率较低，主要资助家庭贫困的学生，用于支付学生生活支出。香港学生贷款的利率较低，免入息审查贷款利率"以无所损益"为原则，比发钞银行的平均最优惠贷款利率低 2%，再加 1.5% 用来抵消政府为学生提供无抵押贷款风险。2002 年，免入息审查贷款的利率是 4.625%，入息审查贷款的利率是 2.5%。2002 年免入息审查贷款个人每年最高借贷等于学费的上限，即 HK42100，入息审查贷款则是 HK33420。中国香港学生贷款还款采用按季度等额偿还的方式。免入息审查贷款按学生毕业后 10 年内还贷（分 40 个季度等额还贷）；入息审查贷款按学生毕业后 5 年内还贷（分 20 个季度等额还贷）。由于特区政府的财政支持，学生申请贷款成功的比例也较高。2000—2001 学年，有 41194 名中国香港大学生申请了本地专项学生入息审查贷款，其中 33347 人获得贷款，约占 81%，占全体学生的 53%，还有 16679 人申请了免入息审查贷款。申请学生数共占该学年中国香港全日制在校大学生总数（62827 名）的 90% 以上[①]。正因为政府的"暗补"较多，学生才踊跃申请，从而真正实现了"应贷尽贷"。

在澳大利亚，政府根据福利部的家庭收入数据确定次年需要接受贷款的学生，还将父母的受教育程度考虑在内。政府计划拨款 4.33 亿美元用于未来四年的助学贷款，特别是对 25% 家庭最为贫困的大学生提供资助；预计到 2020 年，贷款覆盖率将由目前的 15% 提高到 20% 以上[②]。在韩国，政府指定十几家金融机构向城乡学生提供低息贷款，每年两次。学生携带录取通知书或学籍证明、户口本、居民证、印章等即可向银行申请，贷款额控制在学费以内，不含生活费，在 100 万—900 万韩元，贷款年利率为 4%—5.75%。偿还期分一两年的短期贷款和两年以上的长期贷款，最长期限可达 11 年[③]。在新加坡，学费贷款（Tuition Loan Scheme，TLS）需

① 钟宇平等：《从学生视角看大学生贷款的成本—收益——香港个案研究》，《教育研究》2003 年第 6 期。

② 张安梅编译：《澳大利亚加大对贫困学生的资助》，《比较教育研究》2010 年第 5 期。

③ 朱立华：《国外助学贷款经验及启示》，《商业时代》2007 年第 21 期。

要一名 20—60 岁的人士提供担保[1]。

总之，在这些经济发达地区，一方面，市场机制相对完善，学生贷款的金融生态良好；另一方面，由于人均收入水平较高，家庭经济困难往往并非学生申请贷款的主要理由。其制度环境与贷款申请者情况与我国都有很大差别。因此，在这些地区运行良好的学生贷款制度，比如按收入比例还款，搬到我国却未必适用。

二 发展中国家的学生贷款

印度的国家学生贷款始于 1963—1964 学年度，其本金由中央政府划拨，邦政府实施管理和回收工作，学校负责发放；贷款偿还期限为 10 年，以月为单位按收入比例（1/10—1/6）偿还，每月不少于 25 卢比，还有偿还减免条件，但即使是无收入的借贷毕业生（包括家庭妇女）也必须还清本息。1988 年印度的学生贷款拖欠率高达 75%[2]，其原因之一是贷款管理上政府干预较多，市场机制缺乏；二是毕业生收入微薄，高等教育的"个人回报率"很低，致使借贷者客观上偿还能力有限；三是制度缺少"人性化关怀"，学生主观上偿还积极性不高。

南非国家学生资助计划（The National Student Financial Aid Scheme, NSFAS）只有贷款一种形式，贷款对象限于公立大学学生。其资金来源于政府、海外捐赠、第三级教育机构和私人部门。1991—2002 年，南非政府注入的资金占 78%，海外捐赠占 18%，第三级教育机构占 3.5%，余下的 0.5% 来自私人部门（R. Jackson，2002）。院校资助办公室帮助 NSFAS 机构宣传贷款信息、受理贷款申请、认定贷款资格、确定贷款额度，配合学生完成合同的填写与签订，并将合同和学生身份证等材料提交给 NSFAS 总部接受审批。审批后，合同资金拨付到院校资助办公室，然后流向学生。资助办公室的人员工资、办公场所、办公设备以及经费等由院校承担。20 世纪 90 年代南非商业性学生贷款利率平均为 23%，而 NSFAS 学生贷款利率仅为 11% 左右（NSFAS，2009）。自 2008 年 4 月 1 日起，南非学生贷款利率不再与消费物价指数联系，而是与"回购利率"（repo rate）挂钩。"回购利率"由南非国家储备银行确定，学生贷款利率为"回购利率的 80%"，再加上 2%（NSFAS，2009）。南非学生贷款也实行

---

① 李英：《亚太 3 国大学生助学贷款制度比较分析及对我国的启示》，《教育与经济》2004 年第 2 期。

② 徐东华、沈红：《学生贷款偿还制度研究》，《教育与经济》2000 年第 2 期。

按收入比例还款，还款比例随着还款人收入变化，从 3% 线性增加到 8%，当借款人年收入低于 26300 兰特时无须还款，超过 59600 兰特时还款比例一律为 8%。此外，根据课程的通过率，部分学生贷款可以转变成助学金。

泰国学生贷款要求父母或监护人提供担保，而且资助范围延伸到了高中生。泰国 1998 年出台学生贷款法律《泰国教育贷款基本法》[①]，立法的支撑从正式制度上保证了其助学贷款的可持续发展。泰国政府还设立了学生贷款计划委员会向管理机构发放贷款，其管理机构为教育部（负责高中、职院等）和大学事务部。泰国学生贷款有比较细化的条件，比如，未获得过学士学位，无全职工作，家庭年收入低于 15 万泰铢等。其贷款限额为 10 万铢（2.4 万元）/年，贷款期限 15 年，有两年的宽限期，且利率只有 1%[②]，因此毕业生的还款负担率保持在很低水平。

拉脱维亚学生贷款分为"学习贷款"（study loans）和"学生贷款"（student loans），前者针对所有高校学生，后者仅面向全日制学生，并将学费纳入个人所得税扣除范围。两种贷款资金均由商业银行提供，年利率为 5%，宽限期一般为 1 年。前者在就学期间免息，后者不免息。拉脱维亚学生贷款在 2001 年前为信用贷款，之后要求提供担保，地方政府可以作为第一担保人。但由于担保条件比较苛刻，两种贷款的覆盖率均较低，"学习贷款"为 19%，"学生贷款"仅 13%[③]。

1998 年，孟加拉国乡村银行推出针对穷人子女的高等教育贷款项目，目的是资助穷人的子女完成大学学业，进而带动其家庭脱贫。这种贷款的年利率为 5%，只有普通小额贷款利率的 1/4，额度一般为 900 美元/年，贷款学生就学期间及毕业后一年宽限期内免息。首先，孟加拉国学生贷款完全由商业银行经办，政府没有任何补贴，由于乡村银行的逐利性，这也限制了贷款发放的规模，如在 1998 年、1999 年、2001 年，贷款人数分别只有 30 人、60 人、169 人（Richard R. Hopper，2004）。在回收方面，该项目非正式的道义约束较强，如果学生还款违约，一方面会影响其本人及家庭今后在乡村银行贷款，另一方面也会受到本中心乡邻的冷落和埋怨。

---

① Rux Prompalit, Student Personal Financeand Government Student Loans: A Case Study of Thailand, pp. 38 – 40.

② 冯涛：《国家助学贷款制度研究》，上海社会科学院出版社 2009 年版，第 52 页。

③ 同上书，第 61—64 页。

其次，该贷款注重用背诵"16个决定"之类朴实的做法对贷款人进行还款理念"洗脑"，这一诚信教育措施很值得在中国同样还比较贫穷的乡村推广。

俄罗斯学生贷款必须由父母加上4个担保人负担，贷款条件不仅包括对担保人的平均月收入进行详细限定，担保人或共同签名人还要提供其月收入、财产和其他资产的证据①。马来西亚的助学贷款制度分为"可减免"和"普通"项目两种。前者的资助条件分学业和家庭经济状况两个方面，只有学业成绩稍次于奖学金获得者的贫困学生才能获得此种贷学金，在申请时还必须有两个担保人，原则上一个是家长，一个是其他人。担保人的年龄必须在49岁以下，月收入在400马元以上。由于对学生父母要求较高，这两种贷款也很类似我国的生源地助学贷款。

三　国际经验对中国的教益

通过以上比较可见，我国生源地助学贷款实际上兼有加拿大"生源地"（居留地）学生贷款、美国式"学生家长贷款"以及日本学生支援机构贷款等模式的特点。国际上相对成熟的学生贷款方案对我国生源地助学贷款具有一定的借鉴和启示意义。一是经济能力更强的学生家长（监护人）在借款契约上签字后，在法律上成为债务人，这样就提高了贷款回收的可能性；二是成立专门的学生资助管理机构并"独立法人化"，可以有效克服行政对金融的非正常干预，充分发挥市场主体的作用；三是如果市场机制充分、中介组织完善，学生贷款资产就可以通过资产证券化或出售债券的方式进入二级市场变现融资；四是政府对学生贷款的宏观参与和扶持提高了学生贷款资产的信用评级，增强了学生贷款资产的流动性，有利于学生贷款资金的循环周转；五是重视学生贷款法制环境建设，出台专门的助学贷款法规，建立起较为完善的个人信用制度，让市场机制、市场中介充分参与到学生贷款中，为学生贷款营造良好的金融生态环境，从外部条件上保证制度的可持续发展。

我国生源地助学贷款是在特定的历史条件下，顺应高等教育大众化发展需求应运而生的一种金融产品，是在市场"无形之手"牵引下自发产生的社会经济现象。各个地方生源地助学贷款政策的差异正体现了"生

---

① 何雪莲：《千呼万唤始出来：俄罗斯大学生资助系统一瞥》，《比较教育研究》2006年第5期。

源地"多元化的特点和因地制宜的原则。生源地助学贷款制度的演进主要经历了两个时期，即 2007 年以前农信社主导的时期和之后由国家开发银行主导的时期。前一个时期市场化比较充分，后一个时期政府的介入较深，补贴也较多，形成了目前国开行模式的垄断格局。在多源流分析框架下，其政策演变过程中也存在着问题源流、政策源流和政治源流，当它们汇成一条"溪流"时，新的政策窗口就得以敞开。

在全球范围已经实施学生贷款的国家中，美国、加拿大、日本、新加坡、马来西亚、俄罗斯等国也有与我国生源地助学贷款比较类似的贷款方案，如加拿大"生源地"（居留地）学生贷款、美国式"学生家长贷款"以及日本学生支援机构贷款等，但没有准确的对应关系。国际上运行良好的学生贷款方案一般贷款回收机构运转有效、市场机制相对完善、法律制度比较健全、金融生态良好，因此贷款覆盖率很高，回收也有保障，贷款制度的可持续性较强，这些都是我国开展生源地助学贷款值得学习与借鉴的。

第三章　生源地助学贷款实施现状与特征

本书的对象主要是国开行生源地助学贷款模式，但国开行在省会以下基本上没有分行，其生源地助学贷款的具体操作已经委托给了各地县级学生资助管理中心，因此县级资助中心成为主要的工作平台。为了准确地掌握生源地助学贷款的实施现状，笔者进行了广泛的实地考察。

第一节　生源地助学贷款实施现状调查

2009 年 9 月至 2010 年 1 月，笔者对湖南、湖北和甘肃三省部分县市生源地助学贷款制度运行的现状进行了实地调研，调研采取实地走访、电话访谈和问卷调查三种形式，同时通过跟踪各种媒体报道以掌握生源地助学贷款的动态发展情况。

一　调查样本地区的实施情况

（一）案例 1　湖南省

1. 省资助中心

2009 年 9 月中旬，笔者走访了湖南省学生资助管理中心，负责人比较详细地介绍了湖南省生源地助学贷款开展的基本情况。

2007 年，湖南省开始生源地助学贷款的准备工作；2008 年与国开行接触，在株洲醴陵市为 18 名贫困生发放了生源地助学贷款；2009 年计划全面推开，但由于国开行湖南省分行积极性"不是很足"，放贷意愿不强，整体推进速度非常慢。湖南省年初选择了 15 个县进行试点，其中 5 个因不符合"五有"条件（有场地、有设备、有机构、有人员、有编制）被取消试点资格。另外，申报时间延误半年的也不能试点。

按照规定，如果违约损失超过风险补偿金，国开行与县财政要各承担 50%；如没有超过，则奖励给县资助中心。但这一制度存在着明显的缺陷，一是 14 年后违约损失才会完全"浮出水面"，届时经办人员可能早已转岗或退休，激励与惩戒都已经"遥不可及"；二是如果到时真出现大面积违约，县财政一时也拿不出几十万、上百万的补偿资金。因此，湖南省资助中心要求各县财政每年拿一点出来，加上提前还款部分，奖励给县资助中心以维持日常工作。由于县级财政要承担一定责任，湖南省财政首先给试点县安排了 20 万元工作经费以激励县级政府。不过，这种"一锤子买卖"以后不可能再有了。国开行湖南省分行选择了工商银行作为代理经办行，代理行只办理结算、不承担风险，收取 4‰的代理费。此前，湖南也有信用社办理的生源地助学贷款（江永县等），属于一般的商业性助学贷款和市场行为，没有纳入政府的计划中，也没有财政贴息。

负责人特别强调湖南省目前是高校国家助学贷款和生源地助学贷款两种制度并行，前者为主，且生源地贷款不贷给考入本省高校的学生，原因是本省的学生都到高校贷，而高校助学贷款已经是"应贷尽贷"了，凡是报上来的，没有一个被他们否定的。但是，两种制度并行也带来了沟通协调方面极大的困扰，因为"与外省核实沟通特别难"。负责人还分析道，对于民办高校，由于没有国家助学贷款政策，而开展生源地助学贷款又要承担风险补偿金，他们当然不愿意，这不能强迫他们做。

2. 会同县

随后，笔者来到已经试点的会同县。2004 年该县成立"中小学救助受援捐赠中心"，2008 年更名为"会同县学生资助管理中心"，房子略显破旧，位于教育局一楼；中心形式上有 3 名成员（主任、副主任、会计），均有正式编制，主任领股长行政级别，兼任高中学业水平考试办公室主任，曾长期担任一所农村中学的校长职务，周末一般也待在乡下老家；主任的办公桌上配有比较新式的计算机，能够上网，但另两张办公桌里里外外均空空如也，并不像常有人在此办公；中心的宗旨是"全心全意服务于广大学子"，主要负责开展生源地助学贷款工作及发动、组织、接受社会各界对学生的救助和捐赠，统一安排义务教育阶段及中职学生助学金等资助工作。

2009 年 9 月中旬，正值大学新生军训期，但在会同县学生资助中心办公室，前来申请、咨询生源地助学贷款的学生家长依然络绎不绝。14日上午在资助中心办公室，笔者正好遇上来自会同县高椅乡唐洲村的 Tby、Tbz 兄弟。Tby 的女儿 Tly 考入湖南民族学院，Tbz 的儿子 Tys 考入贵州安顺学院。按照湖南省学生资助的新规定，Tly 考入本省高校，原先想通过生源地贷款上学的希望已经破灭。Tby 向笔者展示了各种生源地助学贷款的宣传材料，他说，由于在湖南民族学院得不到国家助学贷款（没开展或是名额太少），他已经借了民间高利贷 6000 元，月息 1.5%，一年光利息就得还 1080 元。另一位家长 Lmn 也遭遇了同样的烦恼，他有两个孩子上学，一个在湘潭某民办高校，一天的伙食费就要 15 元；另一个正读高三，各种学杂费、补课费、资料费、远程教育费加起来，一年将近一万，并不比读大学便宜。Lmn 种地之余，就是在外面跑"摩的"，收入不多，根本无法供给"两个大学生"的开销。当贷款申请遭到资助中心"婉拒"后，Lmn 称，还要继续上访，找上面的部门"理论"。

与哥哥相比，Tbz 是比较幸运的，儿子考到贵州高校，6000 元贷款申请已获审批。Tbz 以前在家里干活时受了伤，腿上有残疾，行走不便，各种手续都是哥哥 Tby 帮忙办理的。Tbz 务农之余，主要在村子附近做建筑小工，收入微薄，他最大的苦恼是农村"人情"太多太乱，儿子考上大学后，他并未像别人那样热热闹闹地"整学酒"，理由是如果整了酒，以后会"还得更多"。当问及"孩子大学毕业后贷款谁还"时，Tbz 的回答是，最好是孩子还，如果实在还不了，他会想办法及时还清。

3. 沅陵县

从会宁县往北走，汽车在崎岖的山路上颠簸了将近 6 个小时后，笔者终于来到另一个试点县：沅陵。沅陵县属于国家级贫困县，县资助中心前身是县教育局的"助学办"，2008 年 10 月改名为"县学生资助管理中心"，负责全县在读的贫困大学生、中职、普通中小学家庭经济困难学生的资助工作。资助中心位于县教育局二楼，有两间房子，4 名工作人员，主任也是股长级别，未兼任其他职务。主任办公桌上配置了比较新款的计算机，但还不能正常上网。

沅陵县学生资助中心自成立以来，积极宣传生源地助学贷款政策，工作开展得有声有色。2009 年 3 月，工作人员奔赴县一中、二中、六中、金山中学等高中，开展生源地助学贷款政策宣传，发放资料 640 份，现场讲解生源地助学贷款政策，给每位需要资助的学生发放了生源地助学贷款申请表，并要求各高中学校把经济困难家庭，特别是考入省外高校的学生家庭登记造册，结果共登记家庭经济困难学生 860 人。但 2009—2010 年两年时间该县仅为 205 名贫困大学生办理生源地助学贷款 123 万元，还远远不能覆盖家庭经济困难学生的需求。

调查发现，湖南省生源地助学贷款进展很慢，2009 年全省各试点县贷款人数总和仅 395 人，贷款覆盖率十分低。如会同县 2009 年有 55 人申请生源地助学贷款，初审通过 22 人；沅陵县约 1000 人申请，初审仅通过 136 人；位于湘西的泸溪县也只有 20 多人获贷。由于该省实行"本省不贷"① 政策，其余 7 个试点县获贷人数都很少。在非试点县新邵，生源地助学贷款由农信社承办，2009 年有 105 名贫困学子获得助学贷款资金 67.5 万元，规模也不大。郴州市 2011 年启动生源地助学贷款工作，在桂东、汝城、宜章、桂阳、安仁 5 个县试点，贷款金额 135 万余元，资助贫困学生 287 人，预计 2012 年将达到 1000 人次。吉首市生源地贷款从 2010 年开始，到 2011 年共有 340 名贫困大学生办理了助学贷款，贷款金额共计 198.5 万元，预计 2012 年将有 500 名贫困大学生办理贷款，贷款金额约 300 万元。

（二）案例 2 湖北省恩施自治州

湖北省有 29 个国家级和省级贫困县（市），家庭经济困难学生较多，有 30 余万人。图 3 - 1 显示，2007 年全省有 2.1 万名贫困生获得生源地助学贷款 1.1 亿元，2008 年有 4.9 万名贫困生获贷款 2.8 亿元。2009 年共有 9 万余名大学生获生源地助学贷款 5.4 亿元，4 万名学生获得高校国家助学贷款 2 亿元，助学贷款发放总量居全国第一；自 2007 年以来，湖北省生源地助学贷款已覆盖全省 113 个县（市、区）；贷款额度统一为每人每年 6000 元，省级财政共支付助学贷款贴息及风险补偿金经费 1.37 亿元。

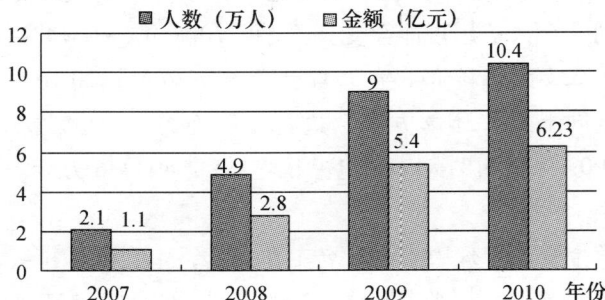

图 3 - 1 湖北省 2007—2010 年生源地信用助学贷款情况

---

① 指生源地助学贷款不贷给考入本省高校的本省学生。

湖北省恩施土家族苗族自治州辖 8 个县市：恩施市、利川市、巴东县、建始县、咸丰县、来凤县、宣恩县、鹤峰县。截至 2008 年年末，恩施自治州人口约 395.34 万，其中土家族约占 46%，汉族约 45%，苗族约 6.5%，全州普通高中毕业生 16597 人①。

1. 州资助中心

恩施州学生资助管理中心位于州教育局，以前挂靠在财务科，现已独立出来，有两名工作人员，主任是从财务科抽调过来的，属正科级，主要职能是汇总 8 个县级学生资助中心的信息，并充当向省资助中心信息传递的"二传手"，平时没有具体繁杂的学生资助事务，比较清闲。主任介绍，生源地助学贷款整个流程手续非常复杂，各县市资料汇总到省里，省里要逐个审核，工作量相当大，2008 年生源地贷款受理工作直到 2009 年 7 月才基本结束。每学年第一批贷款 12 月才会兑现，最后一批要拖到次年 7 月，因此，钱要拨到账上"才是钱"。有些高校"等得不耐烦"了，就不让欠款学生参加毕业考试，这导致不少学生纷纷放弃贷款。在恩施州学生资助中心，主任提供了近三年的相关数据以及各县市的联系方式，但笔者后来发现，主任掌握的数据资料与县级资助中心实际情况存在较大出入，对生源地助学贷款经办人员、联系方式的变动情况也未及时更新。这一方面反映了县市资助管理中心人员更迭过于频繁；另一方面也说明州学生资助中心与各县市中心平常沟通比较少。

2007 年，恩施州 8 县市均启动了生源地助学贷款，共向 1624 名学生发放贷款 8487622 元，学生资助中心办公地点一般为所在县市教育局计财科（财务科）。但贷款合同上没有细化还款方案，学生如果提前还款，意味着中断合同，个人信用可能会受到影响。2008 年，有 1427 名在校生续贷，金额 7687235 元，新贷学生 3547 人，金额 20451370 元，贷款按学制一年一贷，合同上对"还款方案"进行了明确约定，借款人也可以申请提前还款。2009 年全州约 8171 名贫困学生获贷 4902.6 万元。

2. 县市资助中心

恩施市学生资助管理中心有 3 名工作人员，主任也是科级，没有副主任，办公室比较宽敞，有 4 个座位。2009 年生源地助学贷款回执返回 925

---

① 《2008 年各县市统计公报》，恩施州统计信息网（http://www.esz.gov.cn/Html/xsj/in-dex.shtml）。

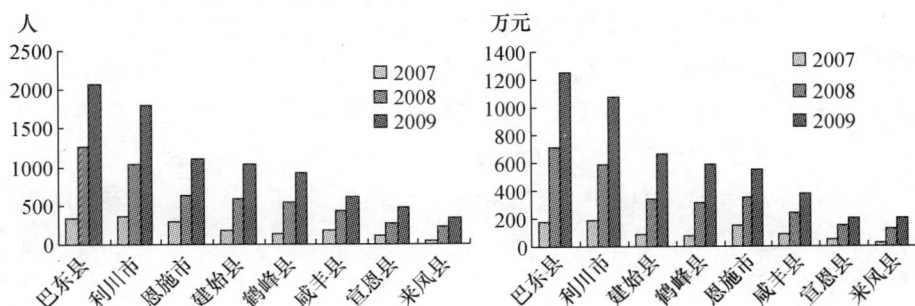

图 3 – 2　2007—2009 年恩施州生源地助学贷款人数及金额

人，金额 500 多万元。全市 3 所高中都建立了贫困生数据库，但高中没有认定贫困生的资格，工作人员平时也并未下到乡镇走访摸底；少数穿着时尚、"凭肉眼就能看出并非贫困生"（如染发、穿金戴银等）的申请者在湖北省"八贷八不贷"政策下，直接被工作人员"劝退"；一些学生申请贷款过程中存在浑水摸鱼的现象，如少数自考或成教学生也拿着盖有普通高校正式公章（"趁招生忙碌期盖了学校公章"）的表格来申请贷款，并通过初审且签订了合同，结果引起混乱，工作人员与高校反复核实后才弄清真相；还有几十个"3＋2"模式的职院学生，原本是不能贷款的，但职院老师称可以申请贷款，经办人员说这其实是招生人员出于招生目的在"忽悠"学生。以上三类学生统统被资助中心经办人员在初审过程中"枪毙"掉了。

2008 年，恩施市有 30 多名已毕业学生进入还款"缓冲期"，年底前需还 4 个月的利息。工作人员先将花名册传到省里，省开行逐个进行利息测算后，再将名册传回来，由资助中心通知学生还息。但只有"极个别"的学生会主动打电话来询问还息事宜，"95％的学生"都要工作人员一个个查找、通知，而且其中有近 20 人完全联系不上。这些学生当初留下的"有效"固定或移动电话号码要么停机，要么就是空号，而工作人员因为"贷款学生数一年年递增，工作量太大"的缘故，也没有下去"走乡串户"地催收；另外，由于每年的助学贷款"搞法"不一样，贷后管理难度相当大。贷款学生 80％都在本地院校（湖北民族学院、湖北民族学院科技学院、恩施州职业技术学院）就读，工作人员将所有进入还息缓冲期学生的信息发给相关高校资助中心，但高校反馈回来的信息对市资助中心"帮助很有限，几乎为零"。

宣恩县学生资助中心与教育股合在一起，具有独立法人资格，每年有3000元的办公经费。办公室有两名工作人员，主任2009年8月底刚从其他岗位抽调过来，另一名工作人员专门负责信息录入（含教育局其他业务）。主任说资助中心实际上并未独立，主要原因是没有经费来源，人员也只有一个半人。2009年生源地助学贷款回执返回470人，金额200余万元，进入还款期的学生已有33人。工作人员表示，由于国开行要求贷款学生必须填写固定电话号码，而农村普遍使用的"村村通"座机电话号码不能被国开行生源地助学贷款信息录入系统"认读"，许多学生只好勉强找一个甚至"编"一个号码，结果到了催还款期，出现大量空号、错号，根本无法联系到学生及其家庭。

巴东县2004年成立特困优秀高中毕业生救助协会，资金由县政府每年专项拨款10万元，其余通过向社会募捐筹集。2006年，县审计局连续3年对该协会救助基金进行审计后，县政府常务会议通过了《生源地助学贷款实施办法》，县财政贴息50%。2007年，县学生资助管理中心成立，现有两名工作人员。到2008年8月底，全县已有100人办理助学贷款手续。两年共资助1247名学子，发放贷款1252.126万元。2009年，为减轻学生及家长的经济负担，全县分片区、乡镇进行办理，分别在二中、三中、县职高和资助中心开设办理点。对有能力在贷款申请次年提前还清贷款者，建议不申请贷款。2009年生源地贷款回执返回2075人，新贷1325人，续贷750人，30多人已进入还息期，由于工作人员经常下乡走访，催收工作力度大，仅1人违约。

咸丰县学生资助管理中心只有1人，是从乡镇中心学校借调过来的，属教师编制，工资关系仍在原乡镇，正在报考学生资助中心主任岗位。由于资助中心人员变动过于频繁，使得许多工作没有延续性，甚至出现不少资料丢失现象。该工作人员2007年到资助中心工作半年，然后到其他科室工作一年，现在又回到资助中心，感觉工作有些无所适从。该县2009年生源地助学贷款回执返回共608人，金额376.2万元。7人已经进入还息期，但只有3人还款。

截至2009年10月，利川市共1794人获生源地助学贷款，1243人新贷，551人续贷。建始县生源地贷款1110人，810人新贷，300人续贷。来凤县资助中心有两名工作人员，挂靠在其他科室，2009年生源地贷款339人，金额203.4万元，进入还息期的已有30多人；由于学生所填电话不准确、不真实，催还款难度相当大。鹤峰县学生资助中心有两名工作人员，2009 年生源地助学贷款 979 人，金额 587.4 万元；由于工作疏漏，53 名预科学生也通过了初审，经办人员称将取消其贷款资格。

（三）案例 3 甘肃省

2010 年 1 月中旬，笔者对甘肃省生源地助学贷款实施情况进行了调研。具体采取了四种形式：一是按学校给甘肃省所有高校学生资助管理干部发放了调查问卷，共 39 份，回收 37 份；二是对该省高校在校生按 3% 比例抽样，共发放学生调查问卷 10000 份，回收 9091 份；三是在省资助中心的帮助下，我们实地走访了会宁、榆中等县；四是电话访谈了另外 40 多个县级资助中心。通过这些调查，笔者对甘肃省生源地助学贷款情况有了比较深入的了解。

1. 整体情况

2007 年，国开行生源地助学贷款模式在甘肃省会宁县正式启动。作为 5 个试点省（市）之一，甘肃省已成立具有独立法人资格的县级学生资助管理中心 41 个。2009 年省资助中心与国开行省分行审核通过 65576 人，实际发放贷款 84919 人，金额 41537.65 万元（其中含 2007 年已经签订合同的 19343 人）。三年来累计发放贷款 8.69 亿元，惠及全省 14 个市州、86 个县市区的 9.7 万名寒门学子，居全国第 4 位；2010 年贷款人数达到 11 万人，新增贷款 5.7 亿元。具体情况如表 3－1 和表 3－2。甘肃省生源地助学贷款主要是面向省属本科高校，高职高专贷款人数相对较少（见图 3－3）。

表 3－1　　　甘肃省 2007—2009 年生源地助学贷款整体情况

年份		贷款人数（人）		贷款金额（元）
2007		26264		125682481
2008	续贷	24497	65426	117052951
	新贷	40929		211348810
2009	续贷	19343	84919	92720270
	新贷	65576		322656245
合计		176609		869460757

表3-2　　甘肃省部分县市2007—2009年生源地助学贷款人数变化

地区	合水县			肃南县			景泰县			靖远县			白银平川区		
年份	2007	2008	2009	2007	2008	2009	2007	2008	2009	2007	2008	2009	2007	2008	2009
人数（人）	211	256	407	39	85	108	645	1702	1984	2265	2358	3104	842	1772	1709
注	孤儿、未就业学生还息难			无编制，在招生办，指标80人，7人提前还款，2人工作			指标1500人，2008年2人违约，2009年31人违约，2人工作，1台电脑			2009年417名学生毕业，302人还息，4人工作，经费难			2008年、2009年还息违约138人，2009年指标1300人，在教育股		

地区	华池县			环县			古浪县			民乐县			高台县		
年份	2007	2008	2009	2007	2008	2009	2007	2008	2009	2007	2008	2009	2007	2008	2009
人数（人）	69	430	469	260	804	1128	—	859	1360	260	—	786	—	340	450

地区	合作市			禄曲县			凉州区			安定区			通谓县		
年份	2007	2008	2009	2007	2008	2009	2007	2008	2009	2007	2008	2009	2007	2008	2009
人数（人）	109	216	264	—	112	138	373	1403	1947	—	1842	2230	—	1268	2153

地区	天祝县			武都区			康县			玛曲县			卓尼县		
年份	2007	2008	2009	2007	2008	2009	2007	2008	2009	2007	2008	2009	2007	2008	2009
人数（人）	633	1381	1557	70	91	431	59	—	223	25	—	76	163	441	330
注							没编制、没机构						教育股，1人工作		

地区	合作市			灵台县			静宁县			高台县			凉州区		
年份	2007	2008	2009	2007	2008	2009	2007	2008	2009	2007	2008	2009	2007	2008	2009
人数（人）	109	314	264	—	496	782	—	1100	1700	—	340	450	373	1403	1947

注：表中人数为获贷人数。

资料来源：电话访谈。

调查显示，甘肃省2007—2010年高校助学贷款出现大幅萎缩，就连"985"高校兰州大学也不例外，而在一些地方院校，近年来助学贷款额几乎为0；而生源地助学贷款在各个高校均呈现出连年上升的迅猛势头（见图3-4）。

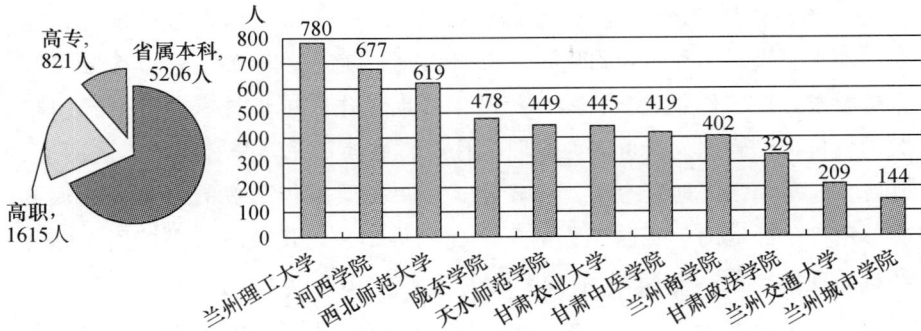

图 3 - 3　2007—2008 年度甘肃省属高校生源地信用助学贷款人数分布

资料来源：杨华玲：《甘肃生源地信用助学贷款现状调查分析》，《西部法学评论》2010 年第 6 期。

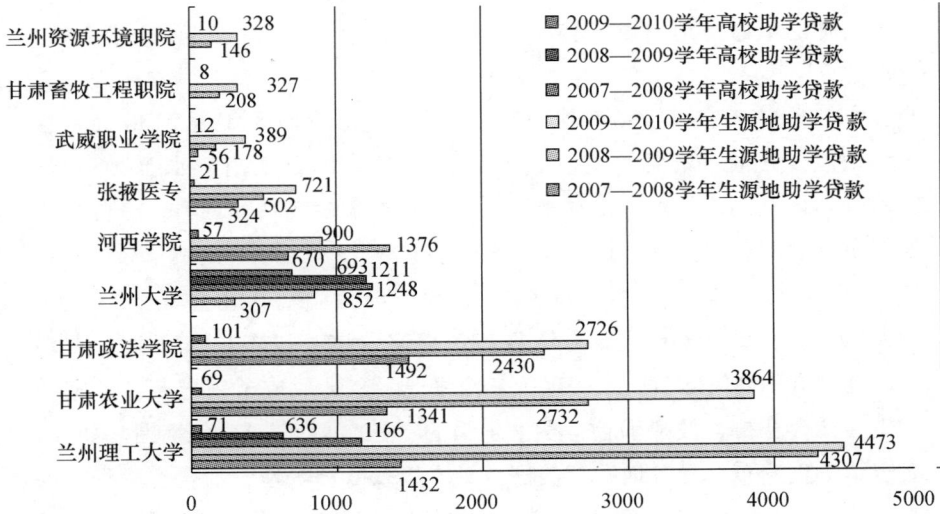

图 3 - 4　2007—2010 年甘肃省部分高校两种助学贷款比较

　　但笔者在甘肃省的调查中也发现，生源地助学贷款制度的一些深层次矛盾开始"初现端倪"，如"计划分配"色彩浓厚、县级政府不重视、机构设置不合理、人员无编制、中央下拨补贴资金挪作他用、借款学生毕业后还息违约现象严重，等等。

　　2010 年，甘肃省教育厅、财政厅、银监局及国开行省分行组成的督查组对 2009 年以来全省生源地信用助学贷款工作进行了考核评估，结果有 16 个县市区不合格。其中兰州、金昌、陇南、甘南、临夏等市州生源地助学贷款工作领导小组形同虚设，从未召开过会议，也没有研究部署过相关工作；金昌市和临夏州对所属县市区考核评估工作未进行复评；兰州、酒泉、金昌、陇南和临夏5个市州和城关区、七里河区等30个县市区未按要求开展工作、成立机构，把学生资助工作简单地挂靠在教育部门相关内设机构，管理人员也多为兼职，且经常更换；尤其是甘南州、陇南市、甘谷县、平川区等地资金管理不严格，中央财政每年下拨的以奖代补资金实际用于生源地助学贷款工作的资金比例很小，尤其被教育局挪用作办公经费的现象严重；还有18个县市区欠息率在10%以上，广河县、东乡县、碌曲县、文县等地欠息率甚至达到100%[①]。这些现象足以表明，如果不对出现的问题进行深入研究并及早治理，生源地助学贷款的未来仍然堪忧。

2. 会宁县调查

会宁县位于"苦甲天下"的甘肃中部干旱区，是中国工农红军三大主力会师的革命圣地，属于典型的"又红又穷"县。该县辖28个乡镇，有汉、回、蒙、藏、东乡、满6个民族，人口58.31万，其中农业人口占95.7%，2007年农村居民人均纯收入仅1805元，2008年为2106元。在这块近似"月球"的荒塬上，"十年九旱"，农民必须挖"水窖"存水；庄稼种到地里，几年长不出芽来；尤其在冬季缺少燃料和饲料，有些农户连烧土炕的麦秆、豆叶、树叶都没有。

但该县自古崇文修德、尊师重教，仅明清两代就有进士20人、文武举人115人、贡生396人。自恢复高考以来，该县已考出大学生6万多名，其中有1000多名博士、5000多名硕士。全县形成了领导苦抓、家长苦供、社会苦帮、教师乐教、学生乐学的"三苦两乐"教育氛围。如今，会宁籍学生遍布全国各地乃至美国、日本以及欧洲等地，为会宁赢得了西北"高考状元县"和"博士之乡"的美誉。北京中关村的"会宁现象"即指不少中高层人才都来自会宁。

2007年8月29日，经过深入调查及温家宝同志的批示，财政部、教育部和国家开发银行在会宁县举行了生源地信用助学贷款签约仪式，标志着国开行生源地助学贷款模式在我国正式启动。该年采用一次性签约方式，全县共4200人申请生源地信用助学贷款，4031人通过审核并签订合同，合同金额6359.4万元；根据回执审批贷款金额6278.1万元，当年实际发放1926.2万元，2974名新生获贷1385万元，新生获贷率高达82.43%，

---

① 魏娟：《16县市区"不及格"被限期整改》，《兰州晨报》2010年10月22日。

1057 名在校大学生获贷 541.2 万元。2008 年贷款合同开始实行"一年一签",新贷学生 4484 名,其中在校首次贷款学生 183 人,新生 4301 人获贷,新生获贷率达 77.6%,经审批后有效合同 4414 人,金额 2165 万元,2007 年续贷 3955 人,金额 1888.5 万元。2009 年 8700 人申请,审批通过 8391 人,新生 4597 人,新生获贷率 77%,在校生首贷 83 人,续贷 3711 人,金额 4158 万元,2007 年合同续贷 3126 人,金额 1503 万元。三年来共 13152 人(16836 人次)获得生源地信用助学贷款 1.1641 亿元,在全国县级单位中位居第一且遥遥领先。

会宁县成立了家庭经济困难学生助学领导小组,由县委、县政府分管领导负责。县学生资助管理中心负责日常管理,工作经费由县财政核拨,现有 5 名专职工作人员,3 台计算机,编制完整,机构健全,办公室宽敞明亮。通过科学管理,会宁县使生源地助学贷款制度能够规范运行。一是精心设计工作流程,保证贫困生认定、申请受理、合同签订、档案管理、贷后跟踪各个环节能环环相扣。二是强势宣传,通过印发助学贷款明白纸、致家长和学生的一封信、电视公告、热线电话等多种方式广泛宣传,使生源地助学贷款政策在该县家喻户晓。三是实行"多点一站式"网络化管理。助学贷款工作一直延伸到各乡镇政府、村/居委会及至村小组,在全县 28 个乡镇信用社设立代办点,加强了贷款人身份认定、政策宣传、信息传递、贷款回收等各个环节的有效衔接;在资格审查、信息录入时,全县共设立 8 个贷款办理点,合同、回执信息录入和汇总审核由县资助中心统一完成。这样就形成了一个覆盖全县的资助管理网络,既有分权又有集中,既方便了学生及家长,节约了路费,又提高了贷款受理的工作效率。四是加强高中学生感恩及诚信教育。该县教育局要求各高中每学年开设一定课时的感恩教育和诚信教育课,帮助学生树立"诚信还款"、做合格公民的思想意识。

2007—2009 年,由于各级政府在会宁县对生源地助学贷款制度的强力推动,使该县大学新生年均获贷率高达 80%,真正实现了"应贷尽贷"的资助目标。如果说全国其他县还处于生源地助学贷款的"大众化"甚至"前大众化"阶段的话,那么会宁县已经进入了"普及化"阶段,这在全国也是独一无二的。究其原因,从外部看是由于国家的重视,政府视其为"试点中的试点",因此投入多,政策执行力度大,再加上该县有较浓厚的崇文重教传统;从内部看,过于贫瘠的自然条件既构成居民的生存约束，也迫使年轻人激发出通过考学"走出去"的强烈动机，高考升学率很高，如果资助不力，反而会造成大量"因教返贫"的社会问题。

因此，在生源地助学贷款领域，会宁县颇有当年"大寨"之于中国农业的意蕴。生源地助学贷款制度在会宁的广泛开展，不仅极大地促进了教育公平，有效地解决了因教返贫问题，而且还将原本用于大学生上学的部分资金留在农村，农民得以更多地投入生产，刺激农村居民的消费需求，支持新农村建设。

二 全国面上的实施情况与比较

2009 年，全国 26 个省份开展了生源地助学贷款工作，全年共审批 62.2 万人，占国家助学贷款审批总人数的 61%，是 2008 年的 2.6 倍；审批合同金额 46.1 亿元，占总额的 53%，是 2008 年的 3.7 倍；国开行 19 家分行开展了生源地助学贷款，新增发放贷款 39 亿元，覆盖全国 1422 个县（市/区/旗），支持家庭经济困难学生约 75 万人。截至 2011 年年底，国开行累计发放高校和生源地信用助学贷款达到 300 亿元，支持家庭经济困难学生超过 560 万人次，服务范围覆盖全国 25 个省（区、市）、1695 个县（区）、2546 所高校，当年新增发放 104 亿元，占全国助学贷款的市场份额达 80% 以上。就全国范围来看，2011 年共资助学生 169.67 万人次，发放金额 97.03 亿元，占当年全部贷款发放金额的 71.1%。预计 2012 年国开行新增发放助学贷款将突破 120 亿元，支持 220 多万人次家庭经济困难学生；覆盖地区达到 1761 个县区，15 个省份达到全覆盖。累计发放助学贷款将突破 420 亿元，支持家庭经济困难学生将达 750 万人次，助学贷款主力银行地位进一步巩固。

辽宁、福建、河北等省生源地助学贷款则由省农信社开办，河北省贷款金额达到 1.0032 亿元，惠及 1.84 万名学生[1]；四川、安徽、江西等地既有国开行模式又有农信社模式；浙江省仍然沿袭着 2001 年开创的生源地财政贴息贷款模式；黑龙江省、吉林省 2010 年也启动了生源地助学贷款，黑龙江省由哈尔滨银行承办；北京市由北京银行承办。

本书在实地调研的同时，尽可能地对网络、报刊等各种媒体公布的相关信息进行了收集、整理和不完全统计。统计中发现，生源地助学贷款申

---

① 许静：《河北省发放助学贷款突破亿元 惠及 1.84 万名学生》，《燕赵都市报》2010 年 3 月 1 日。

请人数与实际获贷人数悬殊较大，贷款供给远远不能满足家庭经济困难学生的需求，而且在宣传工作力度越大的地方，虽然申请人数较多，但实际贷款发放却十分有限（见表 3-3）。

表 3-3　　　2009 年部分地区生源地助学贷款申请人数与获贷人数比较

地区	湖南会同县	江西分宜县	四川南江县	四川德阳市	湖南沅陵县	四川南充市	四川大英县	四川宜宾县	宁夏西吉县	四川宜宾市	内蒙古包头市
申请人数	55	100	81	120	1000	800	1011	508	1500	1457	1200
获贷人数	22	59	60	71	134	287	324	234	600	727	903
地区	河北石家庄	江西余江县	甘肃瓜州县	广西东兰县	贵州德江县	广西都安县	福建周宁县	巴彦淖尔市	—	海南省	云南省
申请人数	3169	139	301	500	400	1388	200	3500	—	1.3 万	3 万
获贷人数	10	59	136	150	338	345	128	1900	—	7404	2 万

我国国家助学贷款在经过 2004 年的拐点后，近年来得到较快增长，增量中主要是国开行生源地助学贷款部分。从 2007 年试点以来，国开行生源地助学贷款人数增长率每年都超过 100%（见图 3-5）。在已经实施了生源地信用助学贷款的省份，地方高校的助学贷款需求压力得到了相当程度的缓解（见图 3-6）。

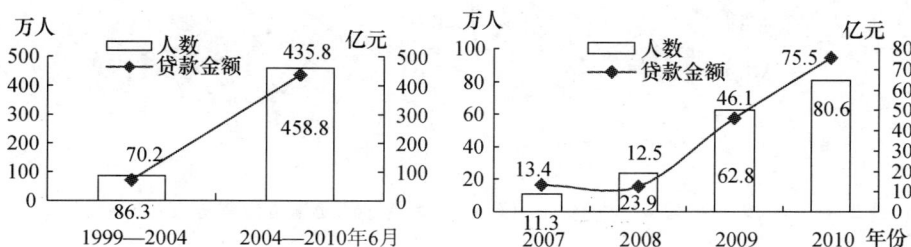

图 3-5　1999—2010 年国家助学贷款、2007—2010 年生源地信用助学贷款变化

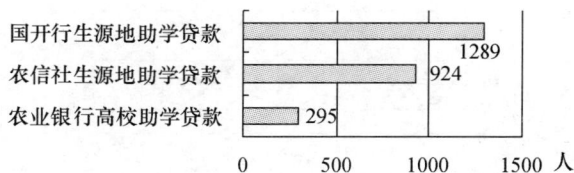

图 3-6　2010 年安徽阜阳师范学院助学贷款构成

但生源地助学贷款获贷人数地区差异十分明显,地级市样本中"极差"近千倍(见图3-7)。165个样本县(县级市/区/旗)(附录Ⅱ至附录Ⅲ)中,获贷人数在0—100人区间的有22个,占13.75%;101—500人区间的有62个,占38.75%;501—1000人区间有39个,占24.38%;1001—1500人区间有20个,占12.5%;1501—2000人区间有8个,占5%;2001—9000人区间有9个,占5.62%,近90%的县(市/区/旗)获得生源地助学贷款人数不超过1500人,52.5%的地区获贷人数少于500人(见图3-8)。

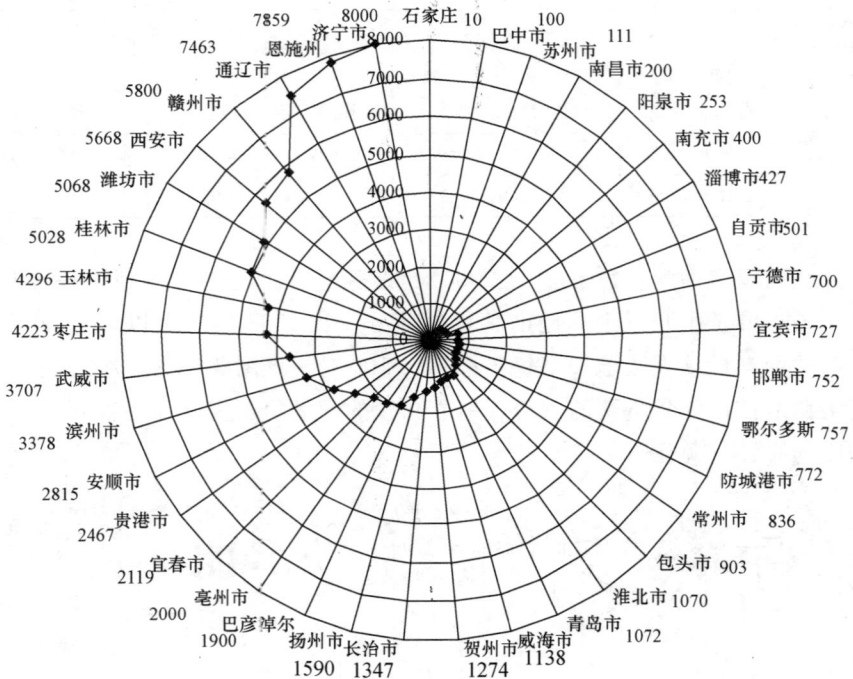

图3-7 2009年我国38个地级市(州)样本生源地助学贷款获贷人数比较(人)

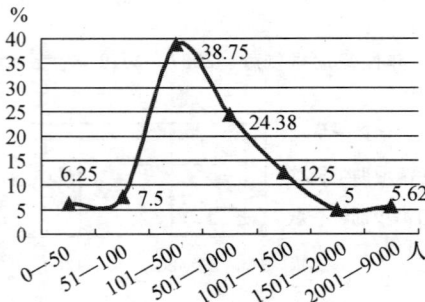

图3-8 2009年我国生源地信用助学贷款获贷人数分布

，陕西、湖北、甘肃、江苏等省份由于 2007 年先行试点，因此覆盖面较大，但其他多数省份仍然"步履蹒跚"，政策实施力度不大。数字的背后反映了我国目前生源地助学贷款开展的广泛性以及多样化的"地方"特色，但各地在领导重视程度、政策执行力度、金融机构的参与积极性等诸多方面还存在着极大差异（见表 3－4）。可见我国目前生源地助学贷款仍然是"雷声大，雨点小"，"应贷尽贷"呼声高，而实际放款少。这表明制度在实施过程中依然困难重重，各利益相关者之间的博弈还远未实现"均衡"，而生源地助学贷款制度本身也还存在不少缺陷并亟待进一步完善。

表 3－4　　　　各省（市/区）生源地助学贷款实施现状比较

省市区	生源地助学贷款开展情况
黑龙江	2010 年启动，哈尔滨银行承办，华安保险公司承保，面向考入外省地方高校及本省民办高校的学生，按一次申请、分年度审批和发放，最高限额 5000 元。累计向 9.2 万名学生发放（校园地、生源地）助学贷款 8.46 亿元
吉林	2010 年启动，贷款对象为考入外省地方高校和民办大学的学生，以"支付宝"为支付平台
辽宁	面向考入省属或市属普通高校（高职高专）的学生。2007 年由省农信社在阜新蒙古族自治县和彰武县试点，2008 年扩大至康平县、义县、昌图县等 17 个县（市），采取信用或担保贷款方式，担保为近亲属或其他有担保能力的自然人；申请信用贷款者，农信社根据借款人的信用记录和实际偿债能力确定贷款额度
内蒙古	一种是 2006 年开始，由农信社办理的财政贴息助学贷款；另一种是从 2009 年开始的国开行生源地助学贷款。2009 年共贷出助学贷款 1.64 亿元，助学 3.2 万人
山西	2008 年选择 11 个县进行试点。县级教育行政部门和高校分别负责新生和在校学生申请资格的认定，各县级教育行政部门督促所属高中成立相应机构，定期对毕业班学生家庭经济状况进行调查摸底。各高校也成立学生信用和贷款资格评议小组，审核在校学生家庭经济状况。发放对象限省属普通高校，今后高校助学贷款仅面向未开展生源地信用助学贷款的外省学生。2008 年、2009 年共发放 4904 万元，9431 人
山东	2004 年，省农信社开始承办，贷款期限最长为 10 年。2004—2010 年，农信社生源地助学贷款余额达 5.2 亿元，惠及 6.04 万学子。2008 年 12 月推行国开行模式，由县级资助中心审查，学生通过审查后到当地金融机构办理贷款。市属高校（含民办高校）学生的风险补偿金由省财政和生源地市级财政按比例分担。其中，济南、淄博、东营、烟台、威海五市，省与市分担比例为 4:6；潍坊、济宁、泰安、日照、莱芜五市为 6:4；枣庄、临沂、德州、聊城、滨州、菏泽六市为 8:2。贷款贴息和风险补偿金，按照"先支付、后核实"的原则，统一由省学生资助中心负责归集，不再由省、市学生资助中心分别归集

省市区	生源地助学贷款开展情况
河北	省农信社开办，县级资助中心负责收集、整理、汇总高校新生和在校生的家庭经济状况、贷款需求等信息并提供给农信社，并跟踪了解贷款学生的家庭经济状况变化，定期报送贷款学生的有关信息。当出现下列情况之一时，农信社将终止并提前收回贷款：未按合同规定用途使用贷款；学生中途退学、被开除、失踪、死亡；学生出国（境）留学或定居；出现其他不符合贷款申请条件者
新疆	2009 年在新疆昌吉回族自治州玛纳斯县和呼图壁县启动
青海	2008 年仅有 1418 名学生申请贷款；2009 年为 10655 名学生发放贷款 5261.75 万元，获贷人数占当年考入高校新生的 35% 以上。省内高校获得贷款的学生约为 7600 人（含外省籍获得当地贷款的学生），获得各类助学贷款的学生累计达 1.2 万人，占在校生总数的 35%。2010 年，全省共受理申请贷款学生 20418 人
甘肃	省财政从中央财政助学贷款奖补资金中专门为各级资助中心安排经费，实行"多点一站式"服务，减轻贫困家庭办理贷款的经济负担。建立起省、市、县和学校四级管理体系和领导工作机制。形成省级统筹领导，市（州）积极配合，县（区）认真实施，学校全面落实的生源地信用助学贷款工作管理模式和运行机制
陕西	新生贷款资格由中学认定，省内在校生由高校认定，外省在校大学生的贷款资格由户籍所在地民政部门认定。资助中心对高中毕业生家庭经济困难情况进行调查摸底，建立贫困学生档案。近年来，吴堡县农信社利用支农再贷款累计给 2256 人发放助学贷款 8900 万元，利率在基准利率上浮动 1.74 倍
四川	国开行、省农村信用社开办，至 2010 年，累计向 7.53 万名贫困学生发放贷款 4.4 亿元，全省农村信用社的助学贷款余额 1.12 亿元，其中生源地助学贷款 0.53 亿元。2010 年全省农信社各项贷款规模居全省第一位，以占全省同业 14% 的资金来源，发放了占全省 71% 以上的生源地助学贷款，约 4 万人。生源地助学贷款下放到乡镇中心学校审核，县学生资助管理中心把关，乡镇信用社发放贷款
云南	2011 年，生源地助学贷款已成为该省高校学生资助的主渠道。国开行云南省分行共为近 8.96 万名家庭经济困难学生办理了生源地信用助学贷款，贷款金额为 5.1 亿元，金额已达全省前 3 年累计贷款总和。2012 年，全省生源地信用助学贷款预计贷款金额达 6 亿元，资助近 10 万人
湖北	统一贷款额度为 6000 元，合同一年一签。为防止"骗贷"，出台"七不贷"政策：家庭拥有小车、装修豪华楼房、拥有或使用高档通信工具的；购买或长期租用高配置、高价格电脑（特殊专业除外）的；购买高档娱乐电器、高档时装、首饰或高档化妆品等奢侈品的；经常出入酒店进餐，节假日经常外出旅游的；在校期间校外租房或经常出入营业性网吧的；有其他高消费行为或奢侈消费行为的；家庭经济年收入明显能供给学生缴纳学费的，新贷学生在邮政储蓄银行办理

续表

省市区	生源地助学贷款开展情况
安徽	国开行生源地助学贷款（邮储开户）和农信社生源地助学贷款并行。国开行模式受理考入省外高校和中央部属高校的学生；考上本省全日制普通本专科高校（含高职、硕士研究生、第二学士学位）的学生既可以就近在家门口的农村信用社办理助学贷款，也可以办理国开行助学贷款。借款人一次申请，一次性签订借款合同，分学年发放；高校国家助学贷款因合作银行于2008年合同期满，不再受理新的申请。从2008年开始学生只能申请生源地助学贷款；到2010年，累计发放生源地助学贷款9.18万人次，金额5.1亿元
湖南	2011年全省共发放高校国家助学贷款1.46亿元，贷款学生26040名；发放生源地信用助学贷款5147万元，贷款学生8685名。从2012年开始，该省高校除了没有开展生源地助学贷款的省市的学生外，高校助学贷款将全面停止，而全部转为生源地信用助学贷款
江苏	所有高中均成立"学生信用和生源地贷款资格评议小组"，由评议小组确定可以贷款学生的名单，由邮储银行办理结算。2008年共发放贷款3亿元，获贷学生6万人。计划思维仍在沿袭，如南京市高淳县贷款有限额，按照生均5500元/年，上面分配给高淳县100个新生指标，经争取，增加了10%，全县5所高中，毕业生3000多人，只能由学校事先审核，并按照学生人数来分配。2010年全省发放国家助学贷款6.4亿元，获贷学生12.07万人。截至2011年年末，开行在江苏地区已累计发放助学贷款21亿元，惠及家庭经济困难学生39.7万人次，在全省范围内实现了所有市县全覆盖和所有贫困学子助学贷款应贷尽贷目标
浙江	农村生源在当地农信社办理，城市居民向工、农、中、建等银行申请，年贷款金额不超过1学年的学费和生活费用，贷款上限6000元，地方财政贴息50%，贷款期限控制在规定的学制年限以内，毕业后3—5年内还清，不超过6年，采用第三方信用担保。象山县大专生贷款上限6000元/年、本科生上限10000元/年。全省高校奖助学金覆盖率已经达到全省在校大学生的20%
江西	国开行和省农信社经办，国开行承担赣州、宜春、新余、抚州和南昌5个辖区市、50多个县（市），省农信社负责上饶、九江、景德镇、吉安、萍乡、鹰潭市6地（江西财大课题组，2010）。建立高中学生家庭贫困库，每县（市、区）派高校志愿服务者1人，帮助各县级管理中心启动贷款工作
福建	由农信社承办，实行"一次申请、一次授信、一次签约、分年发放、专款专用、按期偿还"，申请助学贷款后，次年起借款学生所就读高校要出具借款学生品行证明材料，作为次年贷款发放的依据。实行"执行国家基准利率和按年计收贷款利息"的贷款利率，使贷款学生享受30%以上的利息优惠。2004—2009年6年间省级财政每年安排的贴息及风险补偿金约1300万元。2010年净增财政贴息及风险补偿金预算近3000万元

省市区	生源地助学贷款开展情况
广西	由国家开发银行提供贷款资金，中国农业银行代理结算业务。2011 年签订借款合同学生达 18.3 万人，合同金额 10.8 亿元，合同人数及金额均为全国第二，实现 14 个地市 100% 贷款全覆盖，40% 左右的广西籍新生领到了生源地助学贷款，而校园地助学贷款金额仅 1 亿多元
广东	①东莞市：本地户籍、家庭人均月收入低于 1000 元者可申请；无宽限期；担保人应是本地村股份经济联合社或具有本市户籍、有一定偿还能力的当地村（居）民；贷款上限为 15000 元/年，一次申请，一次签订借款合同；利率按法定利率下调 10%；毕业后 6 年内还清；贷款损失由市财政部门和承办银行（东莞银行或农村商业银行）按 5：5 的比例分担，财政部分损失由市、镇（街）按 7：3 的比例分担。 ②中山市：2005 年起推出"大学通"助学项目，一是"生源地助学贷款"，二是助学金；前者每人每年可在交通银行申请总额不超过 1 万元的贴息贷款，市财政贴息，毕业后自付本息，2005—2010 共资助 4759 人次，金额 2147 万元，2010 年 119.9 万元。经济困难标准为：家庭人均月收入低于 330 元，村民家庭人均月收入低于 310 元，以及因突发性灾祸而致贫的家庭等
北京或上海	本市生源考入外地高校者可申请，北京市由北京银行承办。上海市从 2004 年开始探索生源地助学贷款，鼓励学生报考外地院校，期限 10 年，由市学生事务中心受理。贷款的学生在大学就读期间，每年可获得由工商银行徐汇支行发放的 6000 元的国家全额贴息助学贷款，学生毕业后 6 年内还清

第二节　生源地助学贷款的特征与优势

高校国家助学贷款制度自 1999 年启动以来，使数百万寒门学子受益于低息贷款，但诚信危机、道德风险及地方高校学生贷款难等问题始终困扰着这项制度，让它从诞生伊始就遭遇坎坷，尤其在 2003 年，众多商业银行甚至一度停贷。2006 年，国家开发银行在河南、广东等省探索出了省属高校的助学贷款新模式。国开行生源地助学贷款作为一种贷款新产品，自 2007 年在我国 5 省（市）试点以来，正在全国范围快速推进。相比高校助学贷款，生源地助学贷款进行了多方面的制度创新（见表 3 - 5）。

表 3 – 5　　　　　　　高校助学贷款与生源地助学贷款制度差异比较

	高校助学贷款	生源地助学贷款
贷款属性	由商业银行承办，属于商业性贷款	国开行是政府的开发性金融机构，具有执行政府政策的属性
借/还款主体	学生（以部属高校为主）	学生和家长（或共同借款人）
借款人数	不超过在校生的20%	不限
风险补偿金	财政和普通高校各承担50%	考入中央高校或跨省就读的学生由中央财政承担；在本省就读的由中央和地方分担
贷款年限	最长10年	最长14年
借款方式	一次申请，一次签订数年合同	按年申请、签订合同
高校范围	与银行签约的公办高校	所有全日制普通高校
受理机构	高校学生资助管理中心	生源地县级学生资助管理中心

金融属性包括衍生性、融资工具（风险管理工具和投资媒介）、投机工具、资产类别（投资获利、对冲美元贬值避险、对抗通货膨胀保值）等，指能利用金融杠杆来进行投机运作的市场特性。笔者在甘肃省的调查显示，相对高校助学贷款，生源地助学贷款的覆盖面、申贷手续的方便程度、贷款回收的可能性、资助有效性以及贫困认定的准确程度都有大幅提高（见图 3 – 9）。因此，生源地助学贷款更符合金融属性，可持续性明显增强。

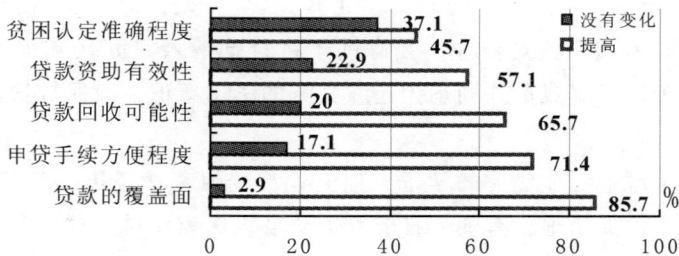

图 3 – 9　生源地助学贷款相对高校助学贷款的优势

一　信息更对称，贷前、贷后管理得到改善

生源地助学贷款的显著特点是采取就近原则，实行属地化管理，借贷

双方信息更对称，从而降低了学生申请贷款的交易成本。实践证明，高校在贫困生认定上存在很大困难。有的学生貌似贫寒，生活却并不俭朴；有的学生家境确实艰难，但"穷人自扰"，羞于"露贫"；也有的学生反而把学校的资助或兼职收入寄回家补贴家用。生源地助学贷款将助学贷款服务平台前移至生源地，为实地考察认定、根据当地贫困标准确定贷款资格提供了可能，使真正的贫困生能获得助学贷款，从而减少"逆向选择"现象。对于大学新生的贷款资格，许多地方都由所在高中初步认定。由于空间上更接近学生家庭，学生在校几年的学习经历使学校对学生家庭状况有相当程度的了解，相关信息更充分，对贫困学生的资格审查具有很大可行性，获得资料比较真实。如在江苏省，所有高中均成立了"学生信用和生源地贷款资格评议小组"，由评议小组确定可以贷款学生的名单[1]。江苏省还明文规定，资助对象疏漏或不符合条件的学生通过审核的，县级教育行政部门和高校须承担相应责任[2]。由于经办网点在地理上广泛分布，能够有效地分散助学贷款的工作量，提高贷款审批、发放速度，缓解高校较集中的城市金融机构的风险，减轻集中借贷的压力。因此，实行生源地助学贷款也能大面积分散贷款风险。

中国家庭历来整体意识较强，借债意愿、还贷意识、对债务的承担能力都比学生个体要强。贷款发生在生源地，学生家庭的住址相对固定，跟踪、追讨拖欠贷款就有了"抓手"，比原有高校助学贷款安全系数更高，这样学生贷款的监控难题将得到有效缓解，在一定程度上防范了借款人的道德风险。在"望子成龙"的强烈预期下，一般的家庭也有信心并愿意充当贷款主体。将学生及其家庭"捆绑"组成的共同借款人这一概念旨在强化"生源地"的职责，尤其是学生家长的责任，使得承贷主体多元化，增强贷款安全性，并有助于将贷款纳入家庭共同债务进行管理，从而提高家庭成员共同承担还款义务的法律意识，确保贷款工作良性发展。

对于生源地学业优秀的学子，他们大都梦想着挣脱传统环境的约束，跳出农门、出人头地，有朝一日能衣锦还乡。作为乡村为数不多的大学生之一，贷款学生在情感上一般不愿意拖累作为共同借款人的父母或亲属。

---

① 陈瑞昌：《江苏今年将发放4亿生源地贷款》，《中国教育报》2008年8月18日。

② 江苏省人民政府：《转发省教育厅等部门关于江苏省生源地信用助学贷款工作意见的通知》，2008年。

倘若贷款不还、恶意拖欠，不但令父老乡亲信用受损，更要付出很高的声誉成本。因为在这种乡土情结的非正式约束下，不履约将来就很可能"无颜见江东父老"。学生为了父母和自己在家乡的名誉，往往不愿冒背信弃义之"大不韪"、恶意拖欠而连累父母。

此外，如果风险补偿金少于相应贷款损失，各级财政将负担 50% 的损失，这一制度安排将生源地政府也"卷入"风险约束中，其催还款的决心和力度会理性地得到强化。在当地教育行政部门的协调下，关键的信用约束得以改善。在地方政府的压力下，县级资助中心要兼顾贷款申请和贷后管理，使违约率最小化。而且生源地助学贷款按年贷款，也便于及时了解和发现贷款违约风险的苗头，降低不良贷款率。

二　资助覆盖面拓宽，贫困生负担减轻

其一，生源地助学贷款不再歧视省属地方院校、高职高专、民办高校、独立学院学生。以往的高校助学贷款重部属院校，轻省属院校，对民办高校、独立学院学生则完全不贷。而生源地助学贷款范围扩展到全日制普通本科高校、高职高专（含民办高校和独立学院），圆了更多贫困生的大学梦，维护并促进了教育公平和社会公正。从笔者对甘肃省高校调查的结果来看，60% 的调查者认为，生源地助学贷款"明显提高"了贫困生贷款需求的满足程度，34.3% 的调查者回答"有所提高"。

其二，从操作流程看，贷款操作变"一贷多年"为"一年一贷"。"一年一贷"政策使大学"老生"也可利用假期回家申请生源地助学贷款。学生在家乡贷款，贷款期限延长，手续办理简化。2010 年，国开行生源地助学贷款申请全部在网上进行，资金拨付由以前代理改为采用"支付宝"方式。"支付宝"的使用，有效地解决了贷款拨付时间过长的问题，并为今后到期还款提供了方便，且不需要手续费，尤其是山区学生的贷款手续将因此便利许多。而且，由国开行承办生源地助学贷款，在申请风险补偿和贴息资金时，其省分行可直接向国家财政和省级财政申请，避免了以往农信社相关资金迟迟难以到位的局面。

其三，贫困生的经济、精神负担大为减轻。少数贫困新生入学前，可能不了解生源地助学贷款，因而家庭背负着沉重的学费负担。生源地助学贷款 14 年的还款期限大大缓解了贷款学生家庭的还款压力，降低了借款人的还款负担。在高校助学贷款中，贫困生需经班级、院系、学校的重重审核，并将贫困生名单进行公示，这对于一些自尊心较强的贫困生来说，承受了较大的思想和精神压力①。而生源地助学贷款在家乡办理，既缓解了大学生的燃眉之急，又保护了学生隐私。学生按时交清学费，彼此间的家境差异不会在同学面前完全暴露，思想包袱和心理压力小。学生顺利到校报到入学，也容易以平常心态与同学和谐相处，避免产生心理压力和"低人一等"的感觉，维护其自尊心，促进学生的身心健康成长。

三 有利于高校回归本位

高校助学贷款通常都集中在学校所在地，学生开学期间，大规模的助学贷款申请集中办理，往往造成银行人员不够，工作效率很低，同时还会因贷款把关不严而带来潜在风险。而开展生源地助学贷款就有充足的时间把此项工作做细、做好，还能够严格审批程序，减少风险隐患②。近年，由于高校助学贷款覆盖面窄，各高校均采取了让学生缓交或拖欠学费的措施，结果导致学生大量欠费，严重影响了高校的正常运行。一些学生毕业后不能及时偿还所欠学费，或者"人间蒸发"，学校不得不耗费人力物力到处"追债"。生源地助学贷款实施后，一方面学生欠费大幅减少，如江西省自2009年实施生源地贷款以来，南昌大学拖欠学费和住宿费的学生减少了20%以上③；另一方面，高校不再作为贷款的具体操作者，工作压力大为减轻。高校从烦琐的"分外"贷款业务中得以解脱，其"债主"的尴尬角色逐渐淡化后，可以集中精力办学，吸引生源，提高办学质量。

四 促进县域经济可持续发展

资金是县域经济运行的血液，如何融资、何处融资是各地财政共同面临的难题。对于贫困县，资金尤其紧张。如甘肃省会宁县2007—2009年生源地助学贷款累计达1.1641亿元，相当于该县2008年全年的一般性财政收入。在中央财政承担了生源地助学贷款贴息与风险补偿金的大部分后，地方政府的财政压力大为减轻④。生源地助学贷款政策的推进，使地方经济中的资金得以部分截流，实际上，让县域经济多了一条低成本的融资渠道，增加了地方经济运行中的血液——资金供给，间接地促进了县域经济的发展。而且，金融机构的"隐形资产"也会增值，如企业社会责

---

① 颜小婕：《加大生源地信用助学贷款的可行性分析》，《惠州学院学报》（社会科学版）2009年第4期。

② 李中坚等：《对欠发达地区开展生源地助学贷款的思考》，《甘肃金融》2003年第8期。

③ 张绪鸿：《2万余名大学生申请生源地贷款》，《江西日报》2009年10月16日。

④ 廖波：《每年数百名大学生成被告》，《贵州都市报》2009年11月25日。

任、潜在客户群、政府扶持等。据中国人民银行兰州中心支行统计，截至2009 年年底，甘肃省金融机构实现人民币各项贷款余额 3512.84 亿元，同比增长 30.72%。其中生源地助学贷款的发放"助长"了消费贷款新的增长；11 月，生源地助学贷款新增 4.12 亿元，环比和同比分别增加 4.16 亿元和 0.89 亿元，占 2009 年助学贷款新增额的 96%。从长远来看，在经济欠发达地区"未开发"的弱势群体中广泛发掘金融通道，培育金融和信用理念，还能促进信用社会的生成与发展。

第三节 生源地助学贷款的困境与问题

生源地助学贷款主要面向广大乡村，发放对象多数是寒门子女，贷款以学生家庭相对不易变动为前提。然而，中国当下农村剩余劳动力转移正日益加快，"人走楼空"现象在农村已经非常普遍，加上生源地助学贷款制度本身还存在不少缺陷和短板，随着还贷期逐渐来临，其风险究竟有多大，还有待时间的检验。

一 生源地"土政策"的掣肘

我国当前教育资源配置主要依靠地方政府，这也给教育打上了政府治理方式"地方化"的烙印。地方各级财政一般实行"分灶吃饭"，在教育经费预算总量没有相应增加的情况下，如果增加贷款贴息、风险补偿资金支出，必将挤占日常教育经费开支。在经济欠发达地区，县级财政很难负担贷款贴息和风险补偿等专项资金的开支。由于财政负担加重，各地政府对生源地助学贷款态度不一，规定参差不齐、实施细则各异，导致很多真正贫困的学生在生源地根本贷不到款。

笔者在湖南省实地调研发现，2009 年上半年 10 个试点县生源地助学贷款宣传工作紧锣密鼓，各县学生资助管理中心积极性很高，如沅陵县就抽调工作人员，跋山涉水，深入乡镇甚至村组进行摸底、调查，宣传"应贷尽贷"的好政策，资助中心当时的口号是："读书的事情交给你，家中的事情留给我"，这点燃了众多经济困难家庭的希望。然而，9 月上旬，省学生资助中心却临时下发紧急通知："考入本省、河南省及部属高校的学生均不得申请生源地助学贷款"，致使大多数学生（家长）一场"空欢喜"。笔者在会同县学生资助中心走访，采集了由学生（家长）亲笔填写的"生源地信用助学贷款欲贷人员初步摸底表",共 55 人申请,其中考入规定可贷款范围之外的 23 人(湖南大学、南京农业大学、兰州大学、河南师范学院各 1 人,湖南省属高校 19 人),结果仅剩下 22 人有贷款资格。

2010 年甘肃省教育厅、财政厅、银监局及国开行甘肃省分行组成专门的督查组,对 2009 年以来各地区生源地信用助学贷款工作进行考核评估,结果显示,一些市州、县(市/区)"思想认识不到位、机构建设问题多、资金管理不严格、部分县(市/区)欠息率较高"。如兰州、金昌、陇南、甘南、临夏等市州生源地信用助学贷款工作领导小组形同虚设,从未召开过会议,没有研究部署过相关工作;兰州、酒泉、金昌、陇南、临夏 5 个市州和城关区、七里河区等 30 个县(市)区未按照要求开展工作、成立机构,把学生资助工作简单地挂靠在教育部门相关内设机构下,管理人员多为兼职且经常更换,严重影响了工作的正常开展。尤其是甘南州、陇南市、甘谷县等地甚至把中央财政下拨的以奖代补资金挪作他用,以"弥补教育局办公经费不足"①,导致学生资助中心建设明显滞后。

其他地方"土政策"的掣肘现象也比比皆是。如北京市规定,北京籍考入京外普通高校的学生方可申请生源地助学贷款②,上海市、湖南省也是如此;吉林省、黑龙江省的生源地助学贷款 2010 年才"姗姗来迟",但同样把贷款对象限定为考入外省地方高校和本省民办高校的学生③,且贷款最高限额只有 5000 元④;云南省从 2009 年开始实施生源地信用助学贷款(贷款上限 6000 元/年,期限 14 年),然而,承担该业务的云南省农信社官方网站公布的生源地贷款额度和期限却是:"每年 2000 元,最长 5 年"⑤;四川省达州市生源地助学贷款由市农信社承办,贷款采用传统的担保方式,借款人需提供经办行认可的、有相当经济实力的保证人的担保并承担连带清偿责任,贷款期限最长不超过 12 年,由于担保的困难,2010 年 1—8 月仅有 44 人办理了生源地助学贷款;2008 年,河北省栾城

---

① 魏娟:《16 县市区"不及格"被限期整改》,《兰州晨报》2010 年 10 月 22 日。

② 李文蕊、陈宇:《北京启动生源地助学贷款 全面拦击因贫辍学》,《人民日报》(海外版)2009 年 8 月 4 日。

③ 孙淼:《考入外省高校的困难学生开学前可申请助学贷款》,《新文化报》2010 年 6 月 5 日。

④ 郭萍:《黑龙江民办学校可办生源地信用助学贷款》,《中国教育报》2010 年 10 月 11 日。

⑤ 《云南省农村信用社个人金融产品介绍》,[EB/OL]. http://www.ynrcc.com/NewsItem. asp? SelID = 2IV%5B,2008 - 12 - 23。

县 290 人从农信社获得生源地助学贷款后，由于财政贴息不到位，一直是自己支付利息；内蒙古赤峰市林西县信用联社因为"政府贴息始终没有返还给信用社"，也要求在校学生提前偿还本息；2010 年安徽省生源地助学贷款有 12 个县（市/区）存在拖"后腿"现象：一是没有及时更新合同；二是一些地区未填报或填报不准确；三是违反合同文本管理规定，私下调剂合同文本，等等。

一些地方规定，当地银行一次性最高只能贷给贫困学生固定金额，而且只给当年考上大学的新生发放；一些地方教育局为了防止优质生源外流，便规定"就读中学也应在本县"者方能贷款[①]；一些高校因学生生源地助学贷款未到位，便实行歧视性催费，比如不让学生参加四、六级考试、期末考试等，限制学生拿毕业证、学位证等；一些地方随意扩大贷款范围，如陕西省部分县市就随意将贷款范围扩大到自考生、成人教育生、短期培训学生[②]；一些地方还擅自增加贷款条件、提高贷款难度，金融机构也私设"门槛"，结果引起混乱局面。

生源地助学贷款中，因为县级财政要承担违约损失中的 50%，县级政府"理性"的选择就是尽量少贷甚至不贷。在江西省，少数县级政府为了规避财政风险，迟迟不愿签订合作协议[③]。甘肃省徽县有 4.6 万农户家庭和近 8000 名在读大学生，2007—2008 年累计发放助学贷款仅 86 笔，金额 36.24 万元[④]。南京市高淳县共 5 所高中，2009 年毕业生 3000 多人，生源地信用助学贷款"配额"却只有 110 个新生指标，且生均每年只能贷 5500 元[⑤]，多数符合贷款条件的贫困生难以获贷，更遑论"应贷尽贷"。

二　制度本身的缺陷与问题

（一）贫困生认定依然模糊

"谁有资格获得贷款？"是生源地助学贷款中首要的问题。由于"家庭经济困难"没有细化和量化的标准，各地操作尺度不一，逆向选择现象很容易发生。甘肃省高校 9091 份学生样本中，7215 人（80%）申请过

① 耿彦红：《生源地助学贷款政策为何遭质疑》，《中国改革报》2008 年 9 月 16 日。

② 司文、刘尧英：《高校生源地信用助学贷款不可扩大范围》，《西安日报》2010 年 9 月 15 日。

③ 张武明、黄金：《让求学之路更平坦——生源地助学贷款惠及贫困学子》，《江西日报》2009 年 8 月 26 日。

④ 郑彩琴：《对农村信用社生源地助学贷款的现状分析》，《甘肃金融》2009 年第 6 期。

⑤ 俞巧云：《生源地助学贷款期盼"应贷尽贷"》，《新华日报》2009 年 8 月 19 日。

助学贷款，其中82%申请的是生源地助学贷款；但64%的申请者认为贷款手续烦琐，58%的学生认为贷款的关键是要能开到贫困证明；申请者中3644人（40%）未获得批准，申请失败的主要原因是"名额有限"（70%），其次为"需要关系才能贷到款"（36.8%）和资助中心要求太苛刻（34.7%）（见图3－10）。

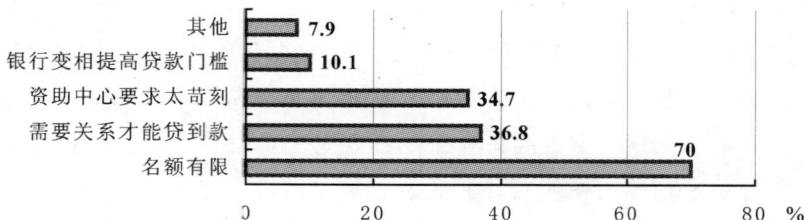

图3－10　申请助学贷款失败的主要原因

　　笔者调研还发现，省资助中心一般会根据各地高考上线人数对贷款名额进行计划分配。应该说，学生在生源地贷款，当地银行比较容易调查学生家庭经济情况，操作比较方便，成本较低。但事实上，县级学生资助中心往往被"边缘化"，1—3个人管理一个县（市、区、旗），所面对的仍然是"陌生人社会"。由于人力、物力限制，对贫困生信息搜集难度大，资助中心很难真正去走访调查学生家庭。对父母在外打工的、户口迁走的困难学生，共同借款人的确定尤其困难。

　　而在生源地开具贫困证明早已是"国民待遇"，"人人可开"，只要村里（街道办事处）盖章，乡里（居委会）、县里都会接着盖章。因为生源地基层组织主观上都希望地方多出大学生，在并不增加自身任何成本的前提下，开具贫困证明普遍被当作一种对村（居）民的福利，随意性很大。在生源地的"熟人社会圈"里，基层组织单位都有一种提供贫困证明的利益驱动，以致证明的真实性大打折扣，资助工作人员很难作出取舍，只好向上面争取更多名额，然后再分配到各高中。因此，获得助学贷款的标准已从"贫困原则"异化为"能力原则"，高考能力越强者获得助学贷款的机会越多。由于信息不对称、权力寻租以及贷款配套管理没有跟上等因素，一些学生家里并不贫困，却通过关系钻了"政策空子"，开得贫困证明，领到助学贷款，从而挤占了家庭经济真正困难者的名额；一些真正贫困的家庭由于各种原因并未纳入民政低保和救助范围，反而无法取得贷款申请资格。

如江苏省沭阳县，2007 年人均 GRP 8262 元，农村居民人均纯收入 4828 元。县农村合作银行 2007 年共为 2439 名学生发放生源地信用助学贷款，占当年新生的 30%。这一比例与该县的经济发展水平极不相称，大约有 25% 的学生家庭不是真正的贫困户。但是，由于他们均从民政部门开出了贫困证明材料，符合办理助学贷款条件，于是顺利地领到了贷款。因为调查不力，一些地方还出现了借用学生的录取通知书骗取贷款，搞其他经营的情况。2006 年内蒙古巴林左旗贷款学生中查无此人者有 38 人，占直属高校贷款学生的 9.48%[①]。而假贫困生获得贷款的结果往往是去换新手机、买高级计算机、进高档餐厅、泡网吧，等等，这必然使助学贷款的效率大打折扣，既浪费了有限的贷款资源，又违背了公共财政资助"雪中送炭"的初衷。

在一些地方，贫困生认定还存在绝对化思维的"陷阱"[②]。如湖北省规定 8 种情况不能申请生源地贷款，包括购买高配置、高价格的手机或电脑；购买高档娱乐电器、在校外租房等情形。为防止"假贫困"，的确有必要进行一系列精细化的认定，但有贫困证明未必一定贫困，拥有笔记本电脑也未必不贫困，单项指标很难衡量一个学生的家庭经济状况，同时指标越具体，调查难度必然越大，认定工作也就可能因此"不了了之"，以致细化的条款终究形同虚设。

（二）还款期限偏短，个性化资助效果不彰

目前生源地助学贷款对象包括普通高校本科生、高职高专学生及研究生。由于硕士生学费一般较高，更可能求助于贷款，尤其是直接读研的应届本科生。一项针对 2010 年毕业生起薪情况的调查显示，专科、本科、硕士、博士毕业生的起薪平均水平分别为 1644 元、2116 元、3393 元、5399 元[③]。设毕业生年收入以 10% 的速度增长，生均借款额为 6000 元/年，专科、本科、硕士学制分别为 2 年、4 年和 3 年，贷款利率为 7%，还款采用"等额本金偿还法"，毕业后两年内为宽限期，只还利息。借款学生的还款负担率 RBR = 年还款额/预期年收入（Ziderman，1999）。则可测算出生源地助学贷款借款学生毕业后 10 年内的还款负担率（见表 3 - 6）。

①　萧志玲等：《生源地助学贷款发放后带来的相关问题应予关注》，《内蒙古金融研究》2008 年第 5 期。

②　王亮：《教育决策须防思维"陷阱"》，《中国教育报》2009 年 7 月 27 日。

③　刘黎霞等：《中国薪酬白皮书发布》（2010），《南方都市报》2010 年 4 月 28 日。

表 3 – 6 高校毕业生 10 年内的还款负担率 RBR

单位:%

t（年）	1	2	3	4	5	6	7	8	9	10
专科	4.3	3.9	9.8	8.5	7.4	6.4	5.5	4.7	4.0	3.5
本科$_1$	6.6	6.0	15.2	13.2	11.5	9.9	8.5	7.3	6.3	5.4
本科$_2$	6.6	6.0	12	10	9.1	8	6.9	6	5.2	4.5
硕士$_0$	3.1	2.8	7.1	6.2	5.4	4.6	4.0	3.4	2.9	2.5
硕士$_1$	7.2	6.6	23	19.8	17	14.6	12.5	—	—	—
硕士$_2$	7.2	6.6	14	12.7	11	9.5	8.3	7.1	6.2	5.3

注：t：毕业后时间；本科$_1$：10 年还清；本科$_2$：12 年还清；硕士$_0$：以前未贷款；硕士$_1$：7 年贷款者，毕业后 7 年还清；硕士$_2$：7 年贷款者，毕业后 12 年还清。

国际上助学贷款还款负担率一般低于 10%（Woodhall，1987）。如果按现行生源地助学贷款制度统一 14 年内还清贷款，那么本科生毕业后 3—5 年还款负担率均超过 10%；对于贷款达到"极限"（7 年，42000 元）的硕士研究生来说情况更糟，其毕业后 3—5 年内的还款负担率将近 20%。因此，如果要与国际标准"接轨"，必须将本科生的还款期限从 14 年延长到 18—20 年。

"雪中送炭"是学生资助的基本理念，应根据学生家庭经济困难程度采取相应的资助方式和力度，实现资助边际效用的最大化，达到个性化资助的目的。但根据甘肃省 9091 份学生问卷的反馈，58% 的学生认为，其经济来源不能满足基本的学习和生活支出，同时，学生对目前的生源地助学贷款资助工作整体满意程度较低，尤其对贷款手续、分配方法、评选结果、津贴额度及县级资助中心不太满意（见图 3 – 11）。

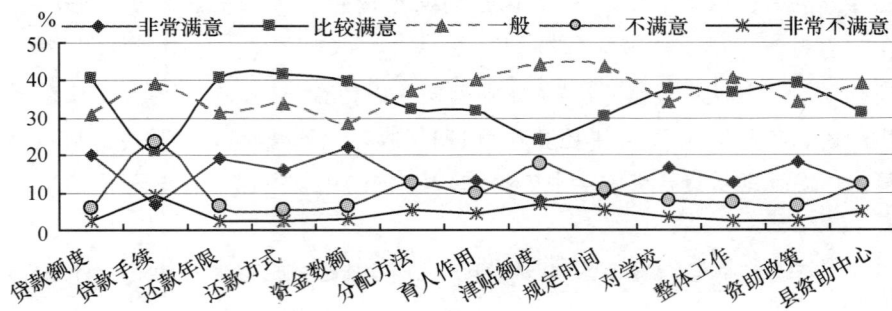

图 3 – 11 9091 份样本中对目前生源地助学贷款资助工作的满意度

（三）多元主体间沟通难度大、成本高

生源地助学贷款"链条"涉及村/居委会、民政部门、各级学生资助中心、学生就读高中、高校、国开行省分行等多个环节，多元主体间价值取向、利益目标都不一致，导致信息沟通难度大、成本高，造成高校开学很长一段时间后，贷款仍然迟迟不能到位。笔者对甘肃全省高校资助干部的问卷调查显示，认为本校与各县级学生资助管理中心沟通合作比较顺畅的占57.1%，不顺畅的占40%，沟通困难的原因主要是机制不健全，其次为人员不足（见图3-12）。部分高校对生源地助学贷款合同不认可，出具的证明、回执单等自行印制，不符合规定；部分高校办理贷款的账号不统一，甚至提供的账号到转账时已经注销，严重影响了学生贷款的按时审批和划拨；由于回执迟交或未交，会宁县每年有一二百人虽然办了手续，却最终贷不到款。

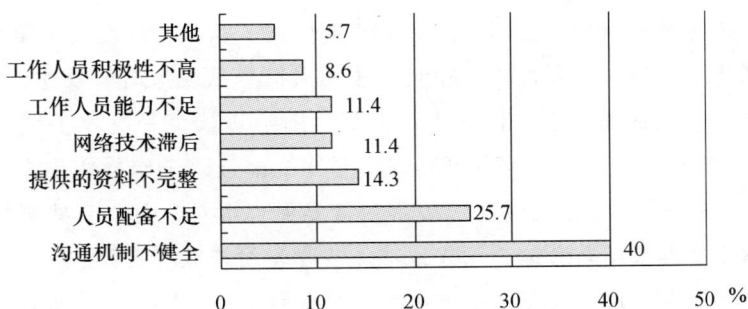

图3-12　高校与县级学生资助中心沟通困难的原因

湖南省学生资助中心负责人认为，生源地助学贷款不贷给考入本省高校的学生，原因是本省的都到高校贷，而高校助学贷款已经是"应贷尽贷"了，凡是报上来的，没有一个被他们否定的。但是，两种贷款制度并行也带来了沟通上极大的困难，因为"与外省核实沟通特别难"。生源地助学贷款业务政策性强，涉及家庭、高中、高校、银行、财政、民政、教育行政等多个部门，各参与主体都承担了相应的职责，沟通难度大、成本高，容易出现相互推诿现象。如在青岛市，由于国开行青岛市分行与省内16地市无业务关系，政府贷款贴息和风险补偿金的归集问题很难解决，导致该行迟迟不与这16地市及该市签订贷款合作协议，因此在省内16地市市属高校就读的青岛籍学生和在青岛市市属高校就读的省内 16 地市户籍学生的贷款申请工作难以受理[①]。在青海省，外地部分高校填写回执单不认真、不留存学生生源地信用助学贷款证、一些高校不认可贷款回执单等一些瓶颈问题依然制约着生源地助学贷款的良性发展[②]。现行的生源地助学贷款流程中，新生在得到资助中心批准后须向高校相关职能部门递交回执单，并由校方填写汇款账号及加盖公章。生源地开发银行分行审核省级资助管理中心报送的回执单及学生材料，审核通过后，再逐一将贷款发放到学生所在学校。在整个流程中，高校仅处于收发信息和接受贷款的被动状态，并没有积极主动地发挥其作为连接银行和学生的桥梁作用。这种被动状态置高校于"局外人"角色，并未真正融入生源地助学贷款的制度中来。

多部门主体间沟通与合作不仅难度大，而且还直接导致政策的部分失效。在具体操作中，由于监督机制不够健全、各承办部门对政策理解有异、审核标准不统一、部门之间业务相关性强、职责重复性大、操作过程不够细化等，导致相互扯皮、相互推诿和人情贷款现象时有发生[③]。湖北省恩施州学生资助中心主任认为，生源地助学贷款整个流程手续"非常复杂"，各县市资料汇总到省里，省里要逐个审核，工作量相当大，每学年第一批贷款 12 月才会兑现，最后一批要拖到次年 7 月，有些高校就不让欠款学生参加毕业考试，这导致"不少学生纷纷放弃贷款"。

办理生源地助学贷款的成本偏高，是导致资助中心工作积极性不高的重要原因。我国地域辽阔，县域行政区域较宽，对于生源地助学贷款业务，无论是贫困生认定、放贷，还是贷款回收，都要花费相当的交通、食宿费用。这直接导致办理成本偏高。

2010 年 8 月，教育部出台的《关于普通高校协助做好生源地信用助学贷款有关工作的通知》指出，国开行在办理贷款过程中也出现了一些问题，比如，高校、县级学生资助机构和经办银行之间信息沟通不够顺畅、配合不够密切；有的高校不能及时按要求填写回执，确认学生注册、

---

① 刘雪莲：《生源地助学贷款有"盲区" 16 地市高校暂不录取》，《半岛都市报》2009 年 8 月 22 日。

② 《生源地助学贷款外地遇瓶颈信息不畅学生心里添堵》，［EB/OL］．http：//www.ctbn. com. cn/News/ShowInfoqk. aspx？ID=798795，2009－11－24。

③ 李琦瑶：《生源地贷款——近水解远渴》，《教育与职业》2008 年第 31 期。

高校收款账户等信息；有的高校寄送纸质回执出现丢失现象等。上述种种问题直接影响了生源地助学贷款工作的有序开展。

（四）贷款风险管理主体错位

甘肃调查问卷显示，85.7%的高校资助干部、48.5%的高校学生均认为农信社最适合经办生源地助学贷款，其次为国开行（干部认同率63%、学生44.8%，见图3-13）。

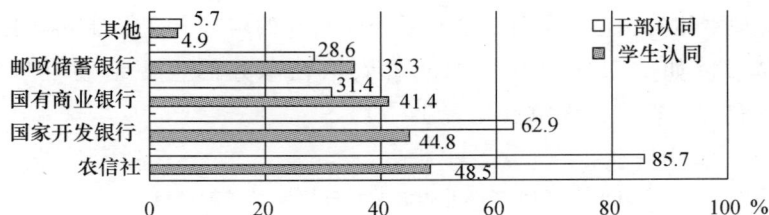

图3-13　最适合经办生源地助学贷款的金融机构

国开行由于国家的全额注资及中央银行的流动性支持，所发行的开发性金融债券已成为具有国家信用的"准国债"，因而资金充足率很高。但国开行目前在全国仅设有32家分行和4家代表处，只在青海、甘肃和湖北等5个省建立了村镇银行。因此，要承办遍布全国的生源地助学贷款，也只有委托基层政府职能部门，自己主要以"遥控"方式来管理贷款风险。国开行与教育部"折中"的办法是在县级教育局设立学生资助中心，以便总揽全县的"两免一补"、中职补助、生源地助学贷款以及社会资助等业务。这一机构的设立体现了"以人为本"、"儿童中心"的教育理念，很有必要也十分合理。然而"教育系统办金融"，县级资助中心的信贷专业知识和风险管理能力是值得怀疑的。因为县级资助中心自身在运作过程中还面临诸多实际困难。

在目前中国的金融版图上，最贴近"生源地"的金融机构无疑是信用社和邮政储蓄银行。它们既有遍布城乡的网络，又有多年风险管理的经验，对辖区内的居民一般都"知根知底"，调查走访也是可行的。如2010年8—9月间，河北迁安市联社开展家庭状况调查680户，走访生源地助学贷款 130 笔[①]。信用社一般在所处农村社区都有丰厚的社会资源，居民潜意识里对信用社及其追债行为认同度较高，信贷员与居民之间存在稳定的社会关系网络，依靠这种网络获取信息不但及时充分、真实可靠，而且成本低廉。而县级学生资助中心取代信用社难免造成这种资源优势的丧失。从 2010 年开始，由于"支付宝"在生源地助学贷款中广泛推行，农信社、邮储行已经完全被"闲置"。而相对缺乏信贷知识与社会网络资源的中小学教师[②]则承担起管理生源地助学贷款的艰巨任务，由此造成贷款风险管理主体的错位。另外，农信社由于自身的劣势，又很难承办生源地助学贷款。如 2005—2010 年湖北省农信社承办的生源地助学贷款仅0.1425 亿元，覆盖面太窄（见表 3 - 7）。

表 3 - 7　　　　　2005—2010 年湖北省农信社开展助学贷款细目

业务类型	生源地助学贷款	农村小额助学贷款	城区商业助学贷款	代理结算
金额（亿元）	0.1425	2.7	1.75	6.6

资料来源：《湖北省农村信用社社会责任报告》，《湖北日报》2010 年 11 月 8 日。

　　生源地助学贷款业务政策性和公共产品属性强，且属于零售业务，数额小、分布广、催收难、流动性差，难以产生规模经营效益。对借款人有利，而对金融机构未必有利，金融机构很难容忍其对主业资金的过多挤占。生源地助学贷款主要散落在广大的农村地区，按照正常程序进行调查、审查、核保，银行成本太高；按照现行客户资信审查指标，则属于缺乏还款能力的"次级"客户，与商业银行积极拓展优质客户、追求经济效益的经营理念相悖。成本收益、受益对象均不对称。农信社要消化历史包袱，追求利润最大化、风险最小化，与生源地助学贷款本身所具有的风险大、利润小、管理难和手续复杂等特点相矛盾。加上农信社放贷受季节性和从紧的货币政策影响，其开展生源地助学贷款更多是出于完成"政治任务"，而非自愿为之。

　　"三农"的弱质性决定了农村金融机构收益较低，农村金融仍然是整

[①] 《河北迁安市联社"农信进万家"情暖贫困学子》，[EB/OL]. http://www.qa114.com/news/html/2010/1021/20619.html。

[②] 笔者调研发现，90% 以上的受访资助工作人员都是从中小学抽调过来的，其追债也是通过乡镇中心学校。

个金融体系中的软肋。1994—2002 年，四大商业银行以及农信社在农村地区的营业机构呈现萎缩态势。一项对全国 11 个省 100 个县的调查显示，金融机构总数减少 1945 个，年均减少 243.1 个，其中农信社年均减少 35.2 个，农业银行减少 134.1 个，工商银行、农业银行和建设银行三家银行减少 79.6 个[①]。由于农村地区银行机构缩减，消费信贷支持领域金融主体单一，农信社在开发专门的农村消费信贷产品方面显得有心无力[②]。农信社在农村金融市场上形成垄断，金融工具种类单一，市场化程度低，金融创新能力不足，业务品种缺乏，服务方式单一，结算手段落后，难以满足多元化的金融服务需求。目前农信社为企业或个人发放一笔贷款，执行利率最高可上浮 130%，5 年期以上贷款利率为 14%，而对生源地助学贷款要实行优惠政策，利率没有上浮空间，只能执行基准利率，5 年期以上贷款利率为 6.12%，低了 8%[③]。即使有财政贴息，国家负担呆坏账核销，也同样需要占用其大量资金。而在中国农村，资金弥足珍贵。在储蓄存款分流、银行筹资困难的背景下，占用大量信贷资金发放助学贷款，对生源地金融部门（农信社为主）来说可能是"咽得下而吐不出的苦酒"。由于生源地助学贷款"看起来很好，做起来很难，需求够大，供给紧张"[④]，信贷人员对办理这项贷款往往心有余悸，或者是无所适从，陷入进退两难的尴尬境地。因此，"助学贷款工作既无雷声、更无雨意，生源地贷款呈现停摆状态"[⑤]。

总之，由于农信社相对政府的"弱势地位"，对政府行为缺乏有效的协调和制衡手段，国家又没有出台相应的强制性政策规定，在财政资金比较紧张的情况下，很容易造成贴息资金不到位或长时间拖延的问题，结果增加了贷款经营成本。正因为农村金融机构在信贷资金供给上能力严重不足，在与政府的沟通中明显"弱势"，在利润目标上又不可能实现最大化，所以，很难成为生源地助学贷款的经办行。

（五）信息不对称，道德风险依旧

生源地助学贷款中，借款学生及共同借款人信息变化仍然较大，学生

---

① 李光：《我国农村投资金融体制的问题与对策》，《经济要参》2003 年第 73 期。

② 孙秋生：《如何满足农村消费信贷需求》，《金融时报》2009 年 9 月 1 日。

③ 王震宇、周洁：《生源地信用助学贷款缘何难以助学：问题及建议》，《中国金融》2007 年第 17 期。

④ 方舒峰：《关于生源地助学贷款的思考》，《福建论坛》（社会科学教育版）2007 年第 4 期。

⑤ 余地文：《生源地助学贷款为何叫好不叫座》，《教育》2006 年第 16 期。

毕业去向不明，新的单位信息不确定，致使银行和资助中心催还款难度很大。中国乡村目前户口与居住地相分离的现象十分普遍，相当一部分农户举家外出打工，既造成较高的贷款交易成本，甚至使部分人失去贷款机会，同时也形成贷后管理难、追踪难的隐忧。2008/2009 年进入还息缓冲期的部分贷款学生已出现违约迹象，而这一迹象主要发生于外出打工者家庭。由于在"生源地"找不到"家长"，学生电话变动频繁，目前县级资助中心面临极大困扰。

在市场经济中，信息不对称是指市场参与者对有关信息的了解存在差异，信息掌握充分者往往处于比较主动的有利地位。笔者在湖北省恩施市学生资助中心了解到，2008 年，已有 30 多名毕业学生进入还款的"两年宽限期"，年底前需还 4 个月的利息，但只有"极个别"学生会主动打电话来询问还息事宜，"95% 的学生"都要工作人员一个个查找、通知，而且其中有近 20 人完全联系不上。这些学生当初留下的"有效"电话号码要么停机，要么就是空号，而工作人员因为"贷款学生数一年年递增，工作量太大"的缘故，也没有下去"走乡串户"地催收。贷款学生 80%都在本地三所院校就读，工作人员将所有进入还息缓冲期学生的信息发给相关高校资助中心，但高校反馈的信息对市资助中心"帮助几乎为零"。在另一个试点省甘肃，到 2009 年年初，生源地助学贷款欠息率约48.5%；2010 年上半年该省的专项考核评估显示，有 18 个县市区欠息率在 10% 以上，广河县、东乡县、碌曲县、文县等地欠息率竟然高达100%[①]。在生源地助学贷款操作中，借款者容易了解到贷款银行和资助中心的信息，但银行和资助中心却很难弄清学生的真实信息和准确评估学生的信用，使得助学贷款借贷双方信息不对称。目前，个人征信体系依然缺失，由此强化了贷款者恶意逃债的侥幸心理，导致生源地助学贷款的道德风险加大。

信息不对称还表现在参与者对有关信息的缺乏上。笔者调查发现，为了专心应付高考，有相当多的高三学生和教师对大学资助政策和措施知之甚少。此外，贷款者中还普遍存在着"免还"预期。农业税费的免除以及曾经有过的扶贫贷款由国家偿还给部分家庭的一种误导：生源地助学贷款今后也会"免还"，目前的助学贷款仍然是国家的"扶贫贷款"。许多

---

① 魏娟：《16 县市区"不及格"被限期整改》，《兰州晨报》2010 年 10 月 22 日。

家长及学生意识不到助学贷款是来自别人的存款，是必须到期偿还的，否则势必引起金融秩序的混乱。另外，较长的贷款期限也容易引起信息不对称问题。在生源地助学贷款 14 年的还款期中，银行仍面临学生家庭转移、家庭重大变故、贷款者丧失偿还能力等各种意外情况。

"道德风险"是指人们享有自己行为的收益而将成本转嫁给别人，从而造成他人损失的可能性。道德风险必然会增加信贷风险、减少银行收益。制度约束缺失也会加剧道德风险。虽然诚信归根结底是一种道德上的义务，但道德义务的实现并不单纯依赖于道德本身的力量，而是需要有一个外在的约束机制来调整和控制这种道德价值的取向。生源地助学贷款道德风险主要体现在恶意逃债上。如果失信者并未受到应有惩戒和有效制裁，就会产生"羊群效应"，出现更多的获贷后从不问津、贷款本息多年不还、工作地变迁不与银行联系、信息变化不及时到银行更新等恶意拖欠行为，从而使道德风险放大。一旦借款人毕业后找不到理想工作或得不到稳定收入，缺乏还贷的资金来源，即使借款人具有较高的道德修养，贷款也必然受损。

（六）贷款供给不足，覆盖面十分有限

目前，我国学生贷款的覆盖率还很低。一项调查显示，2008 年北京市高校 16058 名学生中，仅 1.25% 获得学生贷款，11.5% 的"985"高校学生获得了学生贷款，获得贷款的高职高专学生为 3.6%[1]，学生贷款的平均覆盖率仅 8.6%（见图 3-14）。

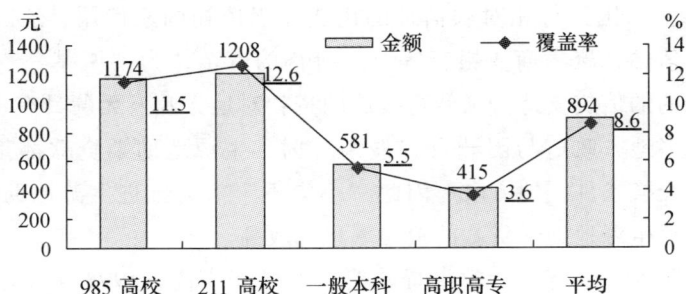

图 3-14　2008 年北京市以院校类型划分的学生贷款覆盖率

---

① 　杨钋：《高校学生资助影响因素的多水平分析》，《教育学报》2009 年第 6 期。

据甘肃省高校 9091 份学生调查问卷显示，80% 的学生来自农村或乡镇，82.3% 的学生认为自己家庭处于"中下或低收入水平"；而根据该省 37 所高校学生资助干部问卷反馈，2009—2010 学年 37 所高校平均本专科学生数 9361 人，农村生源比例为 71.5%，贫困生比例 44%，贫困生中农村生源占 77.7%，特困生比例达 20.2%，特困生中农村生源比例为 79%。2009 年，甘肃省实际发放生源地助学贷款 84919 人，设省内高校占 80%，则校均 1742 人获贷，生源地助学贷款覆盖率达 18.6%，还有占总数 25.4% 的贫困生未能获得贷款。

人民银行乌鲁木齐中心支行 2011 年对新疆 14 个地、州、市金融机构与家庭居民进行了调查，发现生源地助学贷款的覆盖面比较低[①]。一是贷款发放量很低。到 2011 年 9 月末，样本地区累计发放生源地助学贷款 119 万元，收回生源地助学贷款 20 万元，贷款余额 89 万元，仅占样本地区全部贷款余额的 0.0003%。二是申请并获得生源地助学贷款的学生比例较少。样本地区在校大学生 15.6 万人，申请生源地助学贷款的只有 240 人，申请率仅有 0.15%。同时，问卷调查也表明，申请但未获得贷款的人数占比高达 70%。

2009 年我国普通高等教育在校生（含研究生）约 2300 万人，全年国家助学贷款审批总人数 102 万，"毛覆盖率"仅 4.4%，国开行发放生源地助学贷款 39 亿元。国开行全年新增人民币贷款 6350 亿元，向文化教育事业、自主创新和灾后重建等"6 + 1"领域新增贷款 4813 亿元，占比 75.8%[②]。其中 39 亿元生源地助学贷款仅占新增贷款总额的 0.6%，可谓"九牛一毛"。国开行相对农信社的优势在于依托国家信用，通过市场化发行金融债券，聚集商业银行等金融机构的资金，为"两基一支"提供大额、长期的信贷支持。国开行投放的贷款对地方政府无疑具有极大的吸引力。很多地方政府与国开行"谈判"时，生源地助学贷款都是作为一种附带的交换条件，地方政府因此"不得不"大力推进生源地助学贷款。因此国开行生源地助学贷款的覆盖率也比较高。

在一些发达经济体，学生贷款覆盖率已相当高。1998 年日本文部省对日本学生生活的调查显示，本科生、硕士生、博士生享受育英贷学金的

---

① 张银山：《边疆生源地助学贷款执行难》，《中国金融》2011 年第 24 期。
② 蒋超良：《国家开发银行 2009 年年度报告》，《中国财经报》2010 年 6 月 8 日。

比例分别为 80.6% 、85.2% 、91.4%①；中国香港成功申请入息审查贷款的人数约占总申请学生数的 81%②；澳大利亚的大学生则可以有两种选择：一种是提前缴费，给予优惠；另一种是延缓或部分延缓缴费，有80% 的学生选择第二种方式；2000 年美国 64% 的学生是依靠贷款上大学的，目前美国大约 2/3 的毕业生背负着学生贷款，学生人均贷款额超过2.3 万美元③。2008 年美国本科生实际获得资助 1067 亿美元，其中 65%直接来自于联邦资助项目，41% 为联邦贷款（见图 2 - 6）。

三 贷款学生（家长）存在的问题

学生贷款的批评者认为，由于低收入学生是风险厌恶者（risk a-verse），贷款在鼓励低收入学生接受教育方面不如助学金有效④。申请助学贷款无疑可以有效地缓解家庭经济压力。但中国传统文化注重节俭和储蓄，而不习惯贷款消费，2008 年我国高校学生贷款申请率仅 11.2% 即可见一斑。在经济落后的边远地区，受传统观念影响，部分家长宁愿卖粮或向亲友借钱，也不愿给孩子和家庭贴上"贷款"的标签。因为在他们眼里，借钱消费"不光彩"。尤其生源地助学贷款在学生家乡申请，部分家长（特别是独生子女家庭）可能认为贷款供子女上学"很没面子"，因而迟迟不愿申请助学贷款；一些学生对自己的贷款也可能"讳莫如深"，成为校园"隐贷族"；一些家庭也可能对将来的还贷能力缺乏信心，以致心存顾虑而不去申请贷款；一些独立性太强的学生则又可能不愿再拖累父母，宁肯通过自己的努力来完成大学学业，因此也不会选择"以父母为共同借款人"的生源地助学贷款；一些家长由于有"扶贫贷款"的经验，受惯性思维影响，对教育投资和公共产品的认识不到位，以为上大学也是"免费的午餐"，"搭便车"心理严重，从而造成"免还"预期；一些学生则存在"羊群效应"，只要有学生通过"机会主义"路径获得了成功，其他申请者就可能争相效仿，从而造成违约的集中爆发。

---

① 郭雯雯：《日本贷学金资助模式》，《学位与研究生教育》2001 年第 Z2 期。

② 沈伟基、张宇：《完善我国高校助学贷款制度的思考——中外比较视角》，《杭州金融研修学院学报》2005 年第 5 期。

③ Making College More Affordable ［EB/OL］. http：//www. whitehouse. gov/issues/education/higher - education，2010 - 04 - 01.

④ 伍德霍尔：《学生贷款》，Martin Carnoy：《教育经济学国际百科全书》，高等教育出版社2000 年版，第 540—548 页。

此外，如何使用生源地助学贷款也是一个问题。生源地助学贷款的具体工作大多由家长操作，许多学生对此知之甚少，他们来校时带一纸合约即可报到，其他手续一概不知，甚至连返还贷款银行的手续都不办理；到校后认为一切都合情合理，自己无任何经济负担和精神压力，许多学生在校花钱大手大脚，致使学生认为国家提供贷款上学天经地义①。据报道，某职院学生，父母都是农民，三年学费全靠生源地助学贷款；但一个生日就花掉 1200 元，具体包括：生日蛋糕 100 多元，请客吃饭 400 元，K 歌 200 多元，买零食近 100 元，给朋友付车费 200 元，买衣服近 200 元②。可见，如果贷款学生对自身行为缺乏约束，生源地助学贷款同样难以实现资助目标。

诚信是一个社会良性运转的基础。但随着时代变迁，多种消极因素冲击着人们的诚信"底线"，使其日益淡化。其原因有三：一是厚重历史积淀的惯性和残余严重影响着大学生，诚信意识出现了扭曲。二是失信的"代际传递"，作为启蒙老师，学生父母的言传身教对孩子的性格、心理等都有重要影响，但许多家长自己就不注重诚信，对子女也往往只关心其学习成绩，而忽视了道德品质方面的正确引导。三是环境的熏陶，在市场经济的残缺阶段，法制体系很不完善，失信违约的现象大量存在，致使部分大学生"见怪不怪"，诚信的观念自然逐渐淡化。

四　资助中心面临的困境

笔者通过对湖南、湖北、甘肃三省县级资助管理中心的实地调查与访谈，发现这一机构同样面临诸多实际困难。

第一，人力不足，管理幅度太大，信息收集能力较弱，风险管理水平不高，工作人员面对的仍然是"陌生人社会"。目前国开行常驻各地的信贷人员都是每县区一人，县级资助中心的信息源主要是各地中心学校，1—3 人要管理一个县（市/区/旗）的各类学生资助事务，其信息收集能力、工作效率可以想见。一些县名义上成立了资助中心，实际上只是把这项工作委托给招办、教育股或财务科，工作人员均为兼职，属于教育系统内部调剂或借调的人员，没有编制，本身也就缺乏归属感。如江西省大部分县就是通过教育部门内部调剂，临时抽调两名左右非专职人员从事这项

①　杜萍：《生源地助学贷款的实践与完善》，《发展》2011 年第 6 期。
②　柯美杰、岳坤峰：《贫困大学生过生日一天花光三个月生活费》，《长江商报》2010 年 10 月 15 日。

工作①。在贷款规模较大的甘肃省会宁县资助中心，专职工作人员也只有4名，在每年申请贷款的高峰期，都得抽调大量中学教师进行"突击"，直接影响了教师的正常休假。此外，工作人员贷款回收、贷后管理、信息网络技术等方面的知识都还需要"补课"。

第二，经费严重不足。许多资助中心仅有一间仓库式的办公室，工作人员加班没有补助，下乡走访没有车辆，工作电话要用自己手机，因此工作缺乏积极性。如江西省到2010年仅20个县设立了学生资助中心，只有10个县级政府安排了少量的启动资金，基本上无工作经费安排预算②。生源地助学贷款规定风险补偿金的"剩余部分"奖励给县级资助中心，但14年的还款结算周期很难调动工作人员的积极性。

此外，县级资助中心普遍反映生源地助学贷款的财政贴息资金不能足额及时到位。人民银行乌鲁木齐中心支行2011年对新疆14地金融机构与家庭居民的调查显示，52.3%的金融机构反映生源地助学贷款的贴息不能足额到位，认为能到位的仅占23.3%③。例如，伊犁地区自2007年第三季度至2008年第一季度7家农村信用社仅一次性收到贴息资金1.2万元，2008年第一季度以后贴息资金均未到位，最长的贷款拖欠利息已达4年之久，造成长期欠息挂账。

第三，"虚拟"的独立法人资格。由于地方财力有限，编制紧张，许多县级学生资助中心机构迟迟不能建立，成为制约生源地助学贷款发放的瓶颈。各地已经成立的县级资助中心身处教育行政机构的边缘位置，有的根本就没有"名分"。这势必造成工作人员不愿下去调查，甚至不想踏实搞好工作的心态，从而严重影响了助学贷款工作的正常开展。笔者在湖南、湖北、甘肃三省调查发现，不少县级学生资助机构尚未取得独立法人资格，无法开设生源地助学贷款专用账户。在山东省，至2009年年底，还有18个县（市、区）未建立资助中心，两个县没有签资助协议，本地学生无法贷款；已经成立机构的部分市、县专职人员到位率不足，缺乏必要的办公场所和设备，有些地方的学生资助工作人员积极性不高、业务很不熟练；有的地方管理机构不健全，兼职人员刚刚熟悉业务，又被调配到

---

① 高翔、邓小红：《我国生源地信用助学贷款现状分析》，《南昌航空大学学报》（社会科学版）2010年第2期。

② 同上。

③ 张银山：《边疆生源地助学贷款执行难》，《中国金融》2011年第24期。

其他岗位上，再让完全不懂的人员替代；有的地方没有专门存放档案的档案柜，一旦有火灾等意外事故，生源地助学贷款信息就有可能遭到毁坏。可见，这种所谓的"独立法人"与日本学生支援机构等成熟的资助组织比较，的确还相去甚远。

总之，目前生源地助学贷款在我国已广泛开展起来，国开行成为主要的承办者。笔者通过对湖南、湖北、甘肃三省部分县市的实地调研发现，生源地助学贷款一方面具有多样化的地方特色，相比高校助学贷款，生源地助学贷款也进行了多方面的制度创新，优势比较明显，比如信息更对称，贫困认定更准确，资助覆盖面拓宽，贫困生负担减轻，信用约束、贷后管理得到改善，并有利于高校回归本位和县域经济可持续发展等。

但是，各地在领导重视程度、政策执行力度、金融机构的参与积极性等诸多方面也存在着极大差异。目前，生源地助学贷款供求矛盾仍然相当突出，贷款申请人数与实际获贷人数悬殊较大，"应贷尽贷"的呼声高，而实际放款少，贷款供给远远不能满足家庭经济困难学生的需求，制度在实施过程中依然困难重重，制度的可持续发展面临着挑战。这既有制度本身的原因，也有外部环境的制约与影响。如贫困生认定模糊，还款期限偏短，个性化资助效果不彰，生源地"土政策"掣肘较多，多元主体间沟通困难，贷款风险管理主体错位，信息不对称导致道德风险，等等。

第四章 生源地助学贷款可持续发展的外因

生源地助学贷款主要面向农村尤其是中西部边远地区农村。米格代尔指出："要想理解国家中心，你必须首先研究偏远的农村。"[1] 费孝通先生用"乡土中国"来形容中国，认为中国骨子里依然是一个乡土社会。2009年，我国乡村人口71288万，占53.4%，可见中国社会结构的重心仍然偏向农村[2]，但城镇化的步伐正在加快。

在质的研究中，扎根理论主要是从资料的基础上建立理论，研究者在研究开始前没有理论假设，直接从实际观察入手，从资料中归纳出经验概括，然后上升到理论[3]。因此，本书首先回到原点：生源地，并从时间维度去考察它在一个较长的时期所发生的变迁；然后，从空间维度延伸到县、市、省乃至全国。本书采取田野调查方法，以30年的时间跨度，深入考察了西部山区一个少数民族村落的生产生活状况和社会环境，以社会学视野观察那些影响"生源地"主体行为的因素渗入其社会环境以及造成"生源地"现状的过程。本书尝试以案例形式对高校生源地社会经济环境进行深度考察，然后结合调查数据得出的定量结果进行综合分析，从而使定性研究和定量研究相得益彰。

第一节 生源地助学贷款外部影响因素探析

为了探讨影响生源地助学贷款持续开展的可能因素，本书将贷款实际发放的人数作为因变量，而忽略了贷款金额，原因是绝大多数学生贷款都会达到6000元/年的上限，笔者将样本县贷款人数与贷款金额进行相关性

---

① 米格代尔：《农民、政治与革命》，中央编译出版社1996年版，第2页。
② 2011年中国大陆乡村人口比重降至48.7%。参见《2011年国民经济和社会发展统计公报》。
③ 陈向明：《教师如何作质的研究》，教育科学出版社2001年版，第202—203页。

检验，结果相关系数高达 0.887，因此两者实际上是一个变量。而自变量只能在摸索中选取，本书尝试从经济环境、社会制度、文化背景等维度寻找可能的影响因素。

在调查点的选取方面，本书先后选择了 2007 年开始试点的甘肃省和湖北省以及 2008—2009 年才开始试点的湖南省和安徽省。四省都位于中西部地区，生源地助学贷款需求很大。我们首先与当地政府职能部门取得联系，以获得支持和帮助，然后深入县级学生资助中心、高中及高校进行实地走访调查。

本书建立的学生样本包括 9091 名在校大学生，其中既有获得过生源地助学贷款的学生，也有从未申请过该贷款者；选取高校学生资助管理干部样本 37 个。两者均覆盖了从"985"院校到高职高专、民办院校等各种类型高校；已经实施生源地助学贷款的样本地区包括 165 个县级单位（市/县/区/旗）、32 个地级市（州）、20 个省（市/区）；具体的生源地样本选择了中西部山区一个少数民族村落。

一　生源地考察

V 村是一个自然村落，四面环山，中间一块平地。平地是村民主要的责任田。西北面山坡上一层层梯田一直延伸到半山腰，这是 30 年前生产队"农业学大寨"开垦荒山的结果，迄今仍有人耕种。但近年来由于野猪肆虐，靠近山顶的已经抛荒，要么种上了零星的板栗树，算是"退耕还林"，年底乡政府给村民一定的现金补贴。V 村的农作物主要有玉米、水稻、洋芋、红薯、油菜、黄豆等，在"生产队"时代曾种过小麦，但都是广种薄收，后来逐渐就不种了。由于离集市较远，养猪成为村民将农作物换成现金的主要手段。现在 V 村电视、沼气、自来水、村级水泥路基本上都有了，少数家庭还用上了冰箱和太阳能热水器。

（一）V 村现象扫描

常住 V 村的主要是妇女、老人、单身汉和小孩。除了极少数老人还有在头上系"帕子"（土家族头巾）的习惯外，少数民族服装在 30 年前就"不兴"穿了，土家语也几乎绝迹，偶尔会乍现于方言中。大多数当家的男人长年在外打工，如挖城井、挖煤、采矿、做泥瓦工、干建筑活等，用苦力、血汗甚至生命换回微薄的收入，支撑着一家老小的生活。妇女是典型的"阡陌独舞"者：一人在家种地、喂猪、照顾老小。V 村农民人均年收入在 2000 元左右，一般家庭年收入 6000—8000 元。

1. 现象一：刀耕火种，人去楼空

V村居民大多是文盲半文盲，由于土地不多，村民们几乎不使用机械化耕作，而是沿用传统的牛耕制，三五户人家共用一头耕牛，轮流喂养。村子四周山大人稀，时常有野猪出没侵犯庄稼甚至人畜。每到冬季，"靠山吃山，砍柴烧炭"（见图4-1）还是一些农民重要的现金收入来源；即便平日里，不出门打工的农民一有空闲，也会带上锋利的镰刀进山砍柴。因为多数农户家里虽然修了沼气池，但不会日常管理，沼气根本不够用，而煤炭又太贵，所以山上的树木柴火仍然是他们一年四季烧饭、煮猪食、取暖的主要燃料来源。

30年前，X_1家石墙刷得雪白，是V村最靓的房子之一，由于户主双双病逝，女儿远嫁，儿子又遭婚姻破裂，结果就是人走楼空（见图4-2）。

图4-1　刀耕火种

2. 现象二：半边户与单身汉

半边户是V村比较典型的现象。X_2、X_3家都是教师"半边户"旧址（见图4-2）。

X_1舍　　　　X_2舍　　　　X_3舍

图4-2　人去楼空

X₄舍是 V 村硕果仅存的"古建筑"，四面倒角的天井，千年的风车、石磨、木梯，发黑的板壁屋，典型的民国富农家居（见图 4-3）。然而"富不过三代"，自新中国成立后，它一直就是 V 村最贫穷的一家子。30年前，Xₖ离世，其三个儿子（Xₐ、X_b、X_c）、两个堂侄（X_d、X_e）全是文盲，分别居住在天井的四角厢房。Xₐ是光棍，一直与三弟 X_c 家生活在一起，X_b、X_c、X_e 共有 10 个儿子（见图 4-4），但 10 兄弟都没有读完小学，仅 3 人娶到媳妇，其余全是单身。其中一个媳妇熬不住穷苦的日子，终于跑了。因为远，男人也没打算去找。X₄舍现在共 15 人，其中就有 8 人单身，其年龄分布于 30—70 岁。

图 4-3　X₄舍：百年老屋

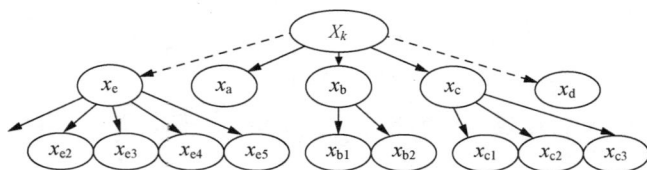

图 4-4　x₄舍人员关系

男子单身并非 X₄家特有的现象，V 村 40 户人家中，已到婚配年龄而一直未娶的就有 18 人，被媳妇"抛弃"的另有 4 人。这 22 人中，到外省打工的有 5 人，其余单身汉由于文化程度太低，只能就近做建筑小工或在家种地。对 V 村"阡陌独舞"的妇女来说，这一群体既是其日常田间劳作的依赖对象，同时又必须小心"提防"。

3. 现象三：辍学与苦供

现在 V 村的吃已经不是问题，桌子上摆的都是自己种的粮食和时令蔬菜。养猪是重要的现金流来源，养鸡则主要是生蛋，招待客人用，或者上街卖掉换个"小用钱"。村民的劳动时间大都花在养猪上，如果喂3头猪，杀掉一头熏成腊肉后能保证一年的荤油，余下两头可以卖掉，土地多的家庭也可以直接卖些粮食。

三十年前，Ds是读过初中的，但因"成分"不好没能继续升学，在使用粮票和布票的时代，夫妻均做过裁缝。但Ds的两个儿子由于成绩太差都没有读完初中，辍学时还与Ds写下保证书："自愿放弃读书，以后如后悔不怪父母。"问题是，Ds出于经济上减负的考虑，并未坚持让年幼的孩子读完初中。如今大儿子在城里一家餐馆配菜，总算娶妻生子了，但收入很低；快三十岁的小儿子还是孑然一身，辍学后虽然学过兽医、驾驶，也只能跟着Ds四处打工。Ds家现在已经有了摩托车、冰柜、彩电和洗衣机，但房舍过于破旧，尤其是卫生条件很差。

贫困与疾病往往结伴而行。Ds的两个堂兄Da、Db从未踏进过学校门槛，求生计的门路少，家里更加困难；既不懂卫生知识，也不讲究营养卫生条件。结果，Da的媳妇Tb、Db的女儿Yy前两年先后死于脑溢血；Yy走时才36岁，留下一双儿女，儿子已上初中，而女儿还不到3岁。

Yx的父亲与Ds是同母异父的兄弟，但是，当初在供孩子上学时态度截然不同。20世纪90年代末，Yx考上电大读法律专业，妹妹读卫校，当时正是学生贷款的"空白岁月"，没有国家助学贷款，但高校收费已经不低。父母含辛茹苦、多方周转，供Yx兄妹俩上学，兄妹俩也很懂事，在上学期间还开过餐馆。Yx毕业后又不断努力，终于考上律师，现在年收入已超过10万元，很快就在E市城郊修了新房，买了新车，媳妇是大学刚毕业的医师，并把父母接到新居，实现了"教育移民"。与尚在V村曾"惜供"孩子上学的兄弟Ds家相比，已经有了"天壤之别"。Yx说，由于环境影响，普通话一直讲不好，他想就待在E市发展。Yx虽然只考上电大，但电大教育至少唤醒了其"自我意识"，使他开阔了眼界，形成了一种积极进取的精神，从而找到了今后努力的方向，高等教育的引路和"筛选"作用不言而喻。

4. 现象四：离乡不离土

盖房子是V村农民一生主要的奋斗目标。如果孩子读书成绩差，升学无望，家长一般会"理性"地说服子女尽早辍学。同时节衣缩食，四处打工，一点一点积蓄钱财，然后盖新房准备婚事，以便完成"劳动力的再生产"。一栋两层新房要花 5 万—10 万元,如果"财运"不错,每年积攒一点,大约要 10 年工夫才能住进新房。

新一代农民一般离乡不离土,农忙季节在家种地,农闲时采取就近原则,在城镇包工头手里揽一些活干。但包工头经常会拖欠工资,往往要等工程付款后才会兑现。出远门打工的村民常会传来工伤甚至遇难的坏消息,但相应的赔偿并不多。

看电视是村民平日里主要的消遣,在绚丽的电视画面前,那些衣裳不整甚至蓬头垢面的庄稼人多少显得有些不协调。村民们农闲时会互相串门聊天,困难时求助亲友。现在,无税一身轻的新一代农民容易沉浸于赌博娱乐中。由于家有妻室儿女,新一代农民多了一份责任和归宿感,其内心比单身汉要平和得多。实际上,能修一幢两层的平房,在村里安居乐业,他们平生的梦想就已经实现一多半了。新房盖好后,他们的那种"成就感"明显地溢于言表。当然,他们现在还年轻,有一身的力气,在"民工荒"中,他们似乎有很多的选择,一点也不愁找不到活干,然而一旦岁月催人老,一旦生命的活力不再,几亩薄地仍然是他们养老的终极依靠。

(二)"教育移民"

E 市普通高中仅 3 所,每年都有大量初中毕业生因为"学无所教"而出门打工。1980—2010 年,V 村的人家和人口都已经明显减少,常住人口更少,其中读过中专的 15 人(中师 4 人,卫校 4 人,农校 1 人,技校 6 人),读过大专的 10 人,普通本科以上的仅 2 人。三十年前,V 村所在乡镇曾有过"半农半学"形式的高中,因而 V 村曾经有不少"高中生",但如今上高中却是多数农村孩子的奢望。2009—2010 学年,V 村上学人数如表 4 - 1 所示。随着外出务工人员将孩子带出去上学的情况越来越多,适龄入学儿童日益减少,V 村小学的生源逐年缩减。目前大专以上在读学生 3 人,但 V 村居民对生源地助学贷款政策的知悉率几乎为 0,也没人申请生源地助学贷款。

表 4 - 1　　　　　　　　　　V 村上学人数

	学前班	一	二	三	四	五	六	初中	高中	大专以上
人数	24	10	16	22	20	20	23	15	6	3

交谈中,80% 的村民认为:"其实读不读书,对干农活、打工并无多大影响。"一些孩子读完初中,仍然可能回家种地,听从只有小学以下文

化的父母指导生产，或者跟没上过学的伙伴一起出门打工，而且由于读了9年书，"手上功夫"耽搁了，往往干加工活的速度还不如人家。

当然，也有重视读书的人家，其前提是子女的确"读得书"。Cd、Xz两家比邻而居，在V村算是宅基地最宽的，而且一家考出了一个博士。这在偏僻的山区是十分罕见的事。三十年前V村曾是"农科站"，云集了不少下乡知青，没有学校就实行"开门办学"。Cd、Xz家就曾是"农科站"的小学：院坝当操场，堂屋作教室，黑板就放在棺材上。Cd的父亲曾是生产队长，Cd民办教师出身，后转为公办小学教师，Cd的大姐Cz是村里的第一位大专生，她师专毕业后教初中英语，儿子则考上WH大学且本硕博连读，毕业后去了三峡电站工作。

Xz家也是"半边户"，父亲原先在县国营煤矿干活，国营煤矿改制后回乡种地，其退休金慢慢涨到了1000元。在高校收费前的1987—1994年，Xz每月可以收到父亲寄来的30—50元汇款，因此Xz尚能勉力接受完高中和高等教育，并成为村里的第一个本科生。后来，Xz也坚持读到了博士阶段。

在Xz看来，生源地犹如重力场，在土地关系、户籍关系、语言、习俗等因素的影响下，多数人都逃不出这一环境的束缚。Xz说，小时候，不少下乡知青给他们上过课，所以他"发蒙"较早，自幼就喜欢读书；因为父亲常年不在家，到小学四五年级时Xz就成了家中的劳动力，挑水、砍柴、推磨、打猪草、种地、收割等，样样都得干；上初中后，与V村不一样的世界让Xz意识到努力读书或许可以改变其卑微的处境；中考后Xz考上E市所在自治州最好的高中，这时Xz意识到，有些东西是本该在V村时就习得的，因为要劳作，都耽误了；高考后，由于经济压力，Xz最终只能读E市的ES大学，而班上考出去读大学的同学，毕业后多半也回到了E市，他们虽然跳出了农门，却很难走出E市。ES大学主要为本地培养师范、农林、特产等专业人才，和多数毕业生一样，四年后Xz被分配到一所农村中学，"从农村来，到农村去"；而少数有背景的学生留在了城市。

山坡上的Rb家原先也是"半边户"，父亲在城里放电影。Rb高中毕业考上ES大学，读数学专科，毕业后回乡镇中学当了教师，媳妇也在该校。Hk是独生子，1990年考上了ES大学的化学专科。其父母都是地道的农民，夫妇俩在这个荒凉的峡谷里单家独户地生活了许多年，含辛茹苦，供儿子上学，但凡地里能长出什么，他们就到集市去卖什么。虽然那还是在高校收费以前，但从高中到大学，每个月总需要 40—50 元生活费开支，而当时山区教师的月工资不到 100 元，还经常出现拖欠。Hk 大专毕业后回到本乡中学当了化学老师，也在学校教师中找到了媳妇。与 Rb 一样，Hk 告别了大多数农村教师面临的"半边户"家庭模式。十年前，山区教师工资略有提高，Hk 便在镇上买了幢二手房子，将父母都接过去"享福了"。Hk、Rb 说，他俩在镇中学教书快 20 年了，也想有机会调进城区，但调动"成本"很高，如果没有过硬的关系，就算几万元砸进去，结果也不会有什么动静。他们已经走出了 V 村，但很难走进 E 市城区，"从农村来，到农村去"仍然是他们的宿命。

（三）V 村调查反思

第一，教育移民的真实性。作为中西部山村的一个缩影，V 村尚处于社会发展的"器物"层面，人们的生活逡巡于仅满足了衣、食、住等基本需求的"生存"阶段，相当比例的村民孤寡无后，相应的，这些个体也就会被社会淘汰，这是自然选择的法则。由于信息闭塞，经济、教育发展水平很低，村民的生活质量也相当低，整个村子俨然"世外桃源"，乡土情结较深，家庭迁徙率较低，大多数村民被锁定在这一"次要劳动力市场"，并不知道可以有另一种所谓"现代"的生活。托尔斯泰在《安娜·卡列尼娜》中有句名言："幸福的家庭都是相似的，不幸的家庭却各有各的不幸。"纵观 V 村三十年来的变化，幸福家庭的相似之处就在于重视子女教育，让孩子通过教育融入"主要劳动力市场"，"娃儿读到哪，父母供到哪，不惜一切代价"，尽管要过几年或十几年的紧日子，但终究一切都会好起来。而子女成才的结果是，父母将随其转移到城镇，实现"教育移民"，从而告别山区农民那种"刀耕火种，老无所依"的悲苦命运。

第二，生源地环境：挥之不去的"重力场"。诺斯指出，路径依赖有两种形式：一是人们过去的选择决定了他们现在可能的选择，沿着既定的路径，制度的变化可能进入良性循环的轨道，迅速优化；二是顺着原来错误的路径往下滑，甚至被锁定在某种无效率的状态下而停滞不前①。制度变迁一旦进入了锁定状态，要脱身而出就会变得十分困难，因此，路径依

————————

① 道·诺斯：《制度变迁理论纲要——经济学与中国经济改革》，上海人民出版社 1995 年版，第 52—56 页。

赖对制度变迁具有极强的制约作用。

社会的良性循环在于人的自由发展与自由流动，但在中国，生源地环境仿佛地球的重力场，对任何试图从这一场域中逃逸的人都有很强的牵引作用。老一辈的村民几乎不识字，土地就是他们日常生计的全部，一些人几乎一生都不曾走出过村口，不少人由于娶不到媳妇，在"自然选择"的进化机制下被无情地筛选甚至淘汰掉；新一代农民虽然读过几年书，通过四处打工也有一定收入，但只有土地和家园才是他们稳固的后方和养老的终极依靠；即便是已经跳出农门的学子，生源地家庭背景、儿童教育缺失、语言障碍、惯习约束等因素也在他们身上打上了深深的烙印，而这些烙印会伴随并影响其一生的行为。其中多数人也只能在乡镇工作，进城的机会不大。这犹如重力场之于人类，即习惯的生存环境和既有的社会关系网络使人产生了天然的路径依赖与向心力，要摆脱这一"引力场"的约束，对多数人而言都是困难的。此外，相对城镇学生来说，目前重点大学中的农村生源分布更少。农村偶尔考上几个大学生，也多半是沉淀于中国高校金字塔的"中下层"。大学毕业后，他们中的多数还得回到乡镇工作，乡村成为限制其流动的"引力场"。

第三，农村学生艰难的抉择。在欠发达的广大乡村，对十多岁的中学毕业生来说，3万—5万元的高中费用、6万—10万元的大学费用确实是一笔巨大开支，是打工挣钱还是上学花钱对很多学生和家庭都是一个艰难的抉择。由于农村生源中职生均可领到1500元/年的助学金，目前农村学生有了相对多样化的选择。但是，很多有潜质的学生在初中毕业时也可能"懵懵懂懂"地选择了中职学校，这难免造成了人才的不合理分流甚至流失的隐忧。

图4-5　农村学生艰难的抉择

二　描述统计分析

2010年1月，我们研究小组在甘肃省高校按3%比例抽样，共发放学生调查问卷 1 万份，学生资助管理干部问卷 39 份，问卷发放实现了对单个省份的全覆盖，同时也得到了甘肃省学生资助管理中心以及高校学生资助管理干部的大力支持与配合，截至 2010 年 5 月，问卷回收率分别达到 91%、95%。

表 4－2 甘肃高校问卷收发情况

时间	学生问卷			干部问卷		
	发放数	回收数	回收率（%）	发放高校数	回收数	回收率（%）
2010 年 1—5 月	10000	9091	91	39	37	95

（一）样本情况

在 9091 份学生调查样本中，男生占 49.2%，女生占 50.8%，性别比例基本持平；大一、大二学生占 86.7%（见图 4－6），工科专业学生占 37%（见图 4－7），80% 的调查对象来自农村或乡镇（见图 4－8）；85.4% 的学生来自本省。而根据高校学生资助干部问卷反馈，2009—2010 学年 37 所高校平均本专科学生数 9361 人，农村生源比例为 71.5%（接近图中的 67.8%），贫困生比例 44%，贫困生中农村生源占 77.7%，特困生比例达 20.2%，特困生中农村生源比例为 79%。

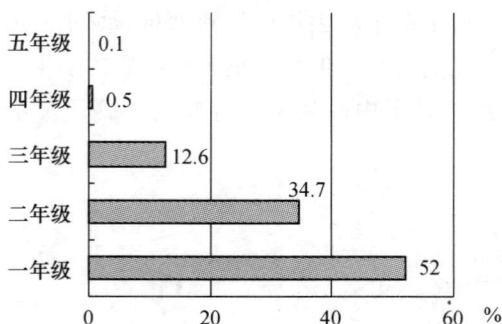

图 4－6 学生所在年级分布

37 份高校学生资助管理干部样本则涵盖了从"985"高校到民办高校各个层次高校的学生工作人员，他们一般都有较长时间的高校学生资助工作或其他学生事务工作经验，对生源地助学贷款也有较多的体验和长期的思考。

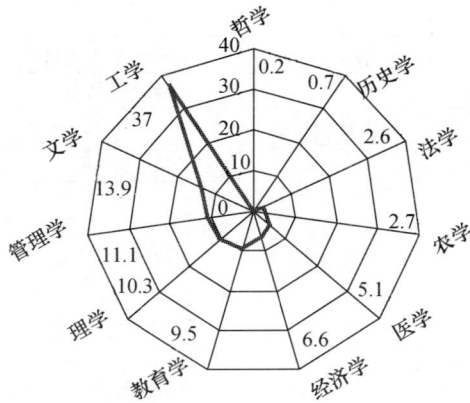

图 4 - 7 学生所读专业分布（%）

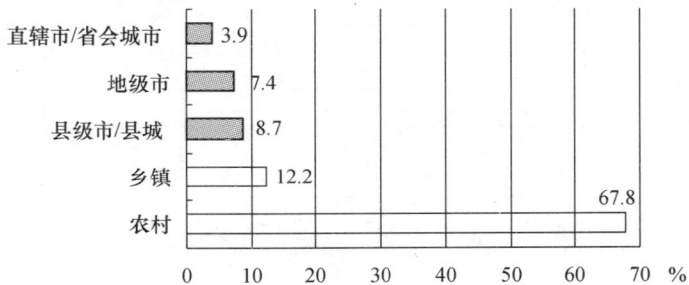

图 4 - 8 学生来源分布

（二）学生家庭经济状况

中国的组织文化介于个人主义与集体主义文化之间，属于小团体的"家的文化"，人们的家庭观念十分浓厚，"家"的利益高于一切，因而"乡土诚信"一直受到推崇。由于"聚族而居"观念的深远影响，中国农村家庭迁徙率比较低，学生对父母的依赖性很强，但家庭规模正在收缩，劳动力人口逐渐减少。

调查样本中，77%的学生家庭人口不超过 5 人，88%的学生家庭劳动力人口不超过 2 人（见图 4 - 9），82.3%的学生认为自己家庭处于"中下或低收入水平"（见图 4 - 10）。学生的这种主观判断当然不能排除有向学校争取资助的倾向，但自己上大学给家庭带来的沉重负担溢于言表，应该说信度是比较高的。

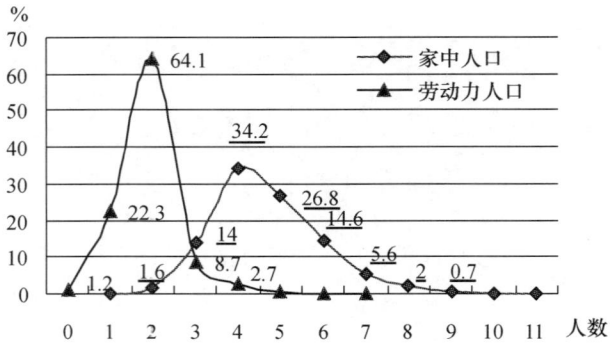

图 4 - 9　学生家中人口、家庭劳动力人口分布

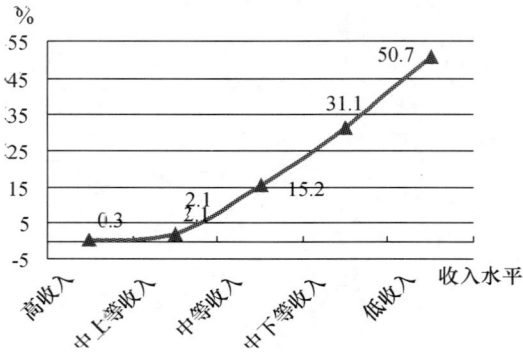

图 4 - 10　学生家庭收入水平自我评估

　　根据常识，父母工作类型、收入高低直接决定学生的家庭经济状况。在中国，农民、农民工和城乡失业或半失业者是当下社会中默认的弱势群体，个体户、企业管理层、公务员、大学教师、律师、医生等中间阶层正在兴起，但整体规模依然不大。调查发现，82.6% 的学生回答其父亲的职业属于农民、农民工和城乡失业（无业或半失业）者这一阶层，而回答母亲属于这一范畴的更高，为 87.1%（见图 4 - 11）。调查对象父亲学历在初中以下的占 62.3%，母亲文化程度在初中以下的高达 80%，父亲为高中学历的有 27.8%，母亲为高中学历的只有 14.3%（见图 4 - 12），可见在学生家庭中，父亲的文化程度明显高于母亲。

失业或半失业者　8.2　67.4
农民　7.8　75.7
农民工　3.2　7.4
个体工商户　2.9　7.2
企业管理人员　0.1　4.3
服务业员工　1.2　3.8
工人　4.5　0.8
机关或事业单位职员　3.4　0.7
私营企业主　0.2　0.4
技工或自由职业者　0.5　0.3

母亲职业
父亲职业

0　20　40　60　80 %

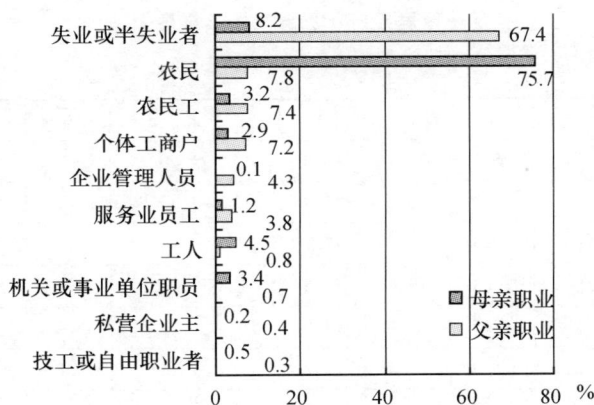

图 4-11　学生父母职业情况

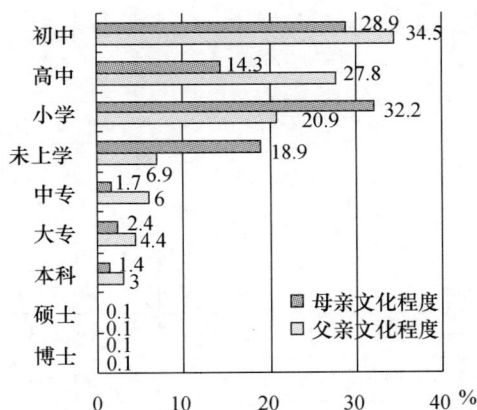

初中　28.9　34.5
高中　14.3　27.8
小学　20.9　32.2
未上学　18.9　6.9
中专　1.7　6
大专　2.4　4.4
本科　1.4　3
硕士　0.1
博士　0.1　0.1

母亲文化程度
父亲文化程度

0　10　20　30　40 %

图 4-12　学生父母文化程度

　　表 4-3 是受调查学生对家庭经济状况影响因素的排序，也是一个矩阵，主对角线可以反映各种因素影响程度的大小。父母工作类型、家庭所在地、家中上学人数、家庭劳动力人数等因素对家庭经济状况的影响比较明显，而父母学历、天灾人祸的影响并不明显，其原因可能是父母学历普遍较低，因此样本同质性较大，而天灾人祸只是小概率事件。

　　（三）学生经济来源

　　表 4-4 显示了调查学生样本的"财政"收入结构，其中父母供给的均值为 5086.3 元/年，占 47%；生源地助学贷款均值为 2271.4 元/年，占

表4-3   家庭经济状况影响因素排序

单位:%

排序	1	2	3	4	5	6	7	8
父母工作类型	25.7	24.7	15.4	12.7	9.3	7.3	3.7	1.0
家庭所在地	20.0	8.4	11.7	14.3	15.9	15.3	15.7	4.0
家中上学人数	19.3	13.4	17.7	16.8	15.1	9.0	7.4	2.1
家庭劳动力人数	10.3	19.4	22.3	21.8	14.0	7.8	4.8	1.1
父母学历	5.5	9.1	13.9	12.1	16.9	18.2	17.8	4.8
有重大疾病患者	11.0	11.3	11.2	11.2	13.7	19.8	13.2	3.8
遭遇突发事件	6.8	5.9	7.0	9.7	12.8	19.4	30.9	5.2
其他	1.2	0.5	0.6	1.2	2.2	2.8	6.2	77.3

表4-4   学生"财政"结构（One-Sample Test）

单位：元

	Test Value = 0					
					95% Confidence Interval of the Difference	
	t	df	Sig.	Mean Dif.	Lower	Upper
父母供给	80.307	7627	0	5086.31	4962.1504	5210.4626
生源地助学贷款	55.502	6039	0	2271.35	2191.1264	2351.5763
亲友资助	39.836	5868	0	903.60	859.1355	948.0708
国家助学金	60.994	6044	0	806.94	781.0067	832.8772
高校助学贷款	11.246	4390	0	487.82	402.7879	572.8662
学校补助	2.339	5640	0.019	415.03	67.156	762.9043
励志奖学金	17.52	4995	0	274.31	243.619	305.0099
兼职收入	22.951	5141	0	175.03	160.0829	189.9844
其他奖学金	22.198	5139	0	151.88	138.4709	165.2988
困难补助	19.686	5046	0	132.29	118.881	145.1776
国家奖学金	9.153	4923	0	79.95	62.8272	97.0753
勤工助学津贴	9.027	4859	0	54.75	42.8626	66.6464
学费减免	7.927	4914	0	47.30	35.6036	59.0011
一般商业助学贷款	4.694	4757	0	39.32	22.8965	55.742
其他	7.066	2722	0.000	137.39	99.2676	175.5153

22%；然后是亲友资助（8%）、国家助学金（7%）；高校助学贷款均值仅487.8元/年，所占比重只有4%，其他资助合计占12%。对于经济来源的充足性，57.5%的调查者认为难以满足其基本学习和生活支出，4440名回答者反映出的短缺均值为2277元/年（见表4-5）。

表4-5 学生经济来源的短缺值（One-Sample Test）

	Test Value = 0					
	t	df	Sig.（2-tailed）	Mean Difference	95% Confidence Interval of the Difference	
					Lower	Upper
短缺	18.987	4440	0.000	2277.28338	2042.1417	2512.4250

（四）影响贷款规模的主要因素

在调查中，80%的高校学生资助管理干部认为，首先银行放贷意愿是决定生源地助学贷款规模的最主要因素，其次为学生家庭经济状况和资助中心工作状况（见图4-13）。而根据9091份学生调查问卷，7215人（80%）申请过助学贷款，其中82%申请的是生源地助学贷款，18%的学生申请过高校助学贷款。但申请者中3644人（40%）未获得批准，申请失败的主要原因是"名额有限"（70%）（见图4-14）。笔者在各级资助中心访谈也发现，目前生源地助学贷款名额基本上是由省资助中心根据各地高考上线人数按计划进行分配的，贷款审批发放的"计划色彩"十分明显。

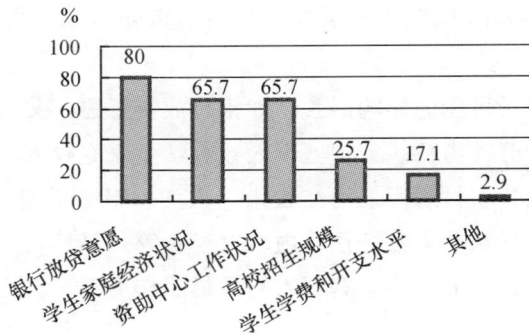

图4-13 影响生源地助学贷款规模的主要因素

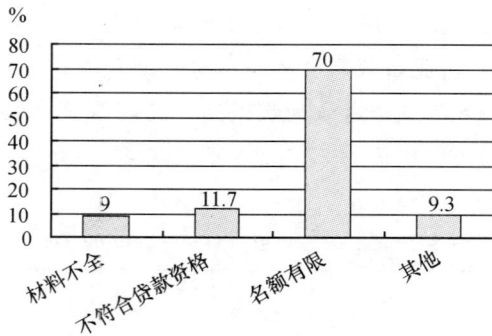

图 4 – 14　申请贷款失败的主要原因

三　相关性与回归分析

以上描述统计主要基于调查对象的主观判断，其真实性还有待检验，多变量相关性分析及多元回归分析有助于解决这一问题，但相关性的强弱会根据其他变量的受控程度而异。

设因变量 y 表示生源地助学贷款获贷人数，x_i（$i = 1$，$\cdots$，n）表示预测变量，其中 n 为预测变量的个数，y 与 x_1，x_2，$\cdots$，x_n 的真实关系可由回归模型近似刻画：

$$y = f（x_1，x_2，\cdots，x_n）+ \varepsilon$$

式中，ε 是随机误差，它是模型不能精确拟合数据的原因。

最简单的是线性回归模型：

$$y = \sum \beta_i x_i + \varepsilon$$

式中，β_i 称为回归参数或系数，它们是未知常数，可通过观测数据来估计。

预测变量包括可能的影响因素，如银行放贷意愿、父母工作类型、家庭所在地、家庭劳动力数、家中上学人数、学生家庭收入、资助中心工作状况、计划思维、农村居民人均纯收入、人均 GRP、普通中学毕业人数、生源地人口、乡村从业人数、预算内教育经费等。显然，这些预测变量之间并非相互独立，比如学生家庭收入与父母工作类型、家庭劳动力人数之间就是高度相关的。

本书中因变量唯一，而预测变量很多，属于单变量多元回归。线性回归模型：

表 4 – 6　　　　　　　　　　　　　变量定义

	因变量 y	自变量 x_i
定义	生源地助学贷款获贷人数	银行放贷意愿、学生父母工作类型、学生家庭所在地、普通中学毕业人数、家庭劳动力人数、人均 GRP、计划思维、家中上学人数、农民人均纯收入、生源地人口……

$$y = \beta_0 + \sum_{i=1}^{n} \beta_i x_i + \varepsilon$$

式中，误差项 ε 不包含已含于 x_i 中的有关 y 的系统信息。

设 $\forall$（x_1，x_2，…，x_n）（固定且落在数据范围内），较好地描述了 y 与 x_1，x_2，…，x_n 的真实关系。

（一）安徽省 2008—2009 学年农信社生源地信用助学贷款

以安徽省为例，考察其 2008—2009 学年度农信社生源地信用助学贷款规模与环境因素的相关性（见附录Ⅰ）。因为样本是同一个省的地级市，其他变量容易控制。利用 SPSS17.0 进行双变量相关性分析，结果如表 4 – 7 所示。

表 4 – 7　　　　安徽省生源地助学贷款人数与环境因素的相关性

	贷款人数				
	Spearman's rho	Sig.（2 – tailed）	Pearson Correlation	Sig.（2 – tailed）	N
人均 GRP	0.801 **	0.000	00.525 *	0.031	
农村居民人均纯收入	00.806 **	0.000	00.668 *	0.003	
普通中学毕业生数	0.875 **	0.000	0.849 **	0.000	17
生源地人口	0.873 **	0.000	0.788 **	0.000	
乡村从业人数	0.841 **	0.000	0.792 **	0.000	
预算内教育经费	0.735 **	0.001	0.742 **	0.001	

注：＊＊ Correlation is significant at the 0.01 level（2 – tailed）；＊ Correlation is significant at the 0.05 level（2 – tailed）。

表 4 – 7 显示，生源地助学贷款规模与普通中学毕业人数、生源地人口、乡村从业人数以及预算内教育经费均有十分显著的正相关关系，与农村居民人均纯收入和人均 GRP 则呈显著的负相关关系。

设因变量 y 为贷款人数，预测变量包括：预算内教育经费 x_1，农村居民人均纯收入 x_2，乡村从业人数 x_3，年底总人口 x_4，人均 GRPx_5，普通

中学毕业生数 x_6。回归结果如表 4－8 至表 4－10，得回归方程：

$$y = 589.801 + 19.449x_1 - 0.26x_2 + 7.207x_3 - 9.591x_4 + 0.02x_5 + 351.547x_6$$

表 4－8　　　　　　　　　　输出结果 Model Summary

Model	R	R^2	调整的 R^2	估计标准误差
1	0.906[a]	0.821	0.713	483.71351

注：a. Predictors：（常量），普通中学毕业生数、人均 GRP、农村居民人均纯收入、预算内教育经费、乡村从业人数、人口。

复相关系数 R = 0.906，决定系数 R^2 = 0.821，可见回归方程高度显著。

表 4－9　　　　　　　　　　　　方差分析[b]

模型		平方和	df	均值平方	F	Sig.
1	Regression	1.071E7	6	1784623.692	7.627	0.003[a]
	Residual	2339787.610	10	233978.761		
	Total	1.305E7	16			

注：a. Predictors：（常量），普通中学毕业生数、人均 GRP、农村居民人均纯收入、预算内教育经费、乡村从业人数、人口；b. Dependent Variable：人数。

下面进行 F 检验。方差分析表中，F = 7.627，Sig. 为显著性 P 值 = 0.003，表明回归方程高度显著，说明 x_1—x_6 整体上对 y 有高度显著的线性影响。

对于单个变量，x_6 的 P 值 = 0.031，比较显著；其余自变量的 P 值均 > 0.05，在取显著性水平 P = 0.05 时也通不过显著性检验（见表 4－10）。

（二）165 个县级单位（地区）生源地助学贷款情况

下面对随机得到的全国 165 个县级地区（县/市/区/旗）（见附录Ⅱ至附录Ⅲ）2009 年生源地助学贷款人数与其 2007 年的人均 GRP、农村居民人均纯收入和年底总人口进行比较。年份的不一致是因为数据的获得存在困难。相关性分析结果如表 4－11 所示。

表 4 - 10   系数[a]

模型		Unstandardized Coefficients		Standardized Coefficients	t	Sig.
		B	标准误差	β		
1	（Constant）	589. 801	1319. 028		0. 447	0. 664
	预算内教育经费	19. 449	76. 995	0. 125	0. 253	0. 806
	农村居民人均纯收入	0. 260	0. 358	0. 252	0. 727	0. 484
	乡村从业人数	7. 207	8. 651	1. 000	0. 833	0. 424
	人口	- 9. 591	5. 450	- 2. 603	-1. 760	0. 109
	人均 GRP	0. 020	0. 024	0. 244	0. 839	0. 421
	普通中学毕业生数	351. 547	139. 751	2. 293	2. 516	0. 031

注：a. Dependent Variable：人数。

表 4 - 11　　获贷人数与人均 GRP、农村居民人均纯收入和人口的相关性

	生源地助学贷款人数				
	Spearman's rho	Sig. （2 - tailed）	Pearson Correlation	Sig. （2 - tailed）	N
人均 GRP	0. 409[**]	0. 000	0. 256[**]	0. 001	165
农村居民人均纯收入	- . 368[**]	0. 000	0. 167[*]	0. 042	148
人口	0. 312[**]	0. 000	0. 285[**]	0. 000	146

注：** Correlation is significant at the 0. 01 level （2 - tailed）；* Correlation is significant at the 0. 05 level （2 - tailed）。

　　由于样本来自全国不同地区，地方政策、金融生态等因素干扰较大，所以相关性减弱。统计显示，生源地助学贷款人数与区域人均 GRP、农村居民人均纯收入仍然呈显著的负相关关系，与人口数正相关，即经济发展水平越低、人口越多的地区贷款人数越多。个别县市出现反常，但并不影响统计结果。总的看来，中西部地区贷款人数远远高于东部发达地区。

　　设因变量 y 为贷款人数，预测变量包括：年底总人口 x_1，人均 GRP x_2，农村居民人均纯收入 x_3，则有 $y = \beta_0 + \sum_{i=1}^{3} \beta_i x_i + \varepsilon$。回归结果如表4 - 12 至表4 - 14。

表 4 - 12   模型汇总

模型	R	R^2	调整的 R^2	标准估计的误差
1	0. 429[a]	0. 184	0. 167	860. 81984

注：a. 预测变量：（常量）、农村居民人均纯收入、人均 GRP 和年底总人口。

表 4 – 13 中，F = 10. 657，Sig. 为显著性 P 值 0. 000（近似值），可知其回归方程十分显著，即能以 99. 9% 以上的概率断言自变量 x_1—x_3 全体对因变量 y 产生显著线性影响。

表 4 – 13   方差分析[b]

模型		平方和	df	均方	F	双尾检验
	回归	2. 369E7	3	7897208. 636	10. 657	0. 000a
1	残差	1. 052E8	142	741010. 797		
	总计	1. 289E8	145			

注：a. 预测变量：（常量）、农村居民人均纯收入、人均 GRP、年底总人口；b. 因变量：贷款人数。

表 4 – 14 中，x_1 的 P 值 = 0. 000，十分显著；x_3 的 P 值 = 0. 001，也很显著。

表 4 – 14   系数[a]

模型		非标准化系数		标准误差	t	双尾检验
		B	标准误差	试用版		
	（常量）	545. 532	151. 518		3. 600	0. 000
1	年底总人口	0. 001	0. 000	0. 316	3. 946	0. 000
	人均 GRP	0. 012	0. 005	0. 200	- 2. 589	0. 011
	农村居民人均纯收入	0. 012	0. 004	0. 255	- 3. 242	0. 001

注：a. 因变量：贷款人数。

（三）20 个省（市/区）及 32 个地级市（州）情况

下面对 20 个省（市/区）及 32 个地级市（州）生源地助学贷款情况进行分析（见附录Ⅳ至附录Ⅴ），考察 2009 年获贷人数与地级、省际人均 GRP、农村居民人均纯收入等预测变量的相关性，结果在地级以上层面相关性均不显著（见表 4 – 15）。

将 2009 年我国 20 个省（市、区）生源地助学贷款获贷人数与 2007年区域经济情况比较，相关分析的结果均不显著。

表4-15 地级地区相关系数与相关性

		农业贷款	人均GRP	金融机构存款	金融机构贷款	城乡居民存款
获贷人数	Spearman 的 rho	0.159	-0.140	-0.045	0.041	-0.035
	Sig.（双侧）	0.429	0.478	0.818	0.836	0.860
	Pearson 相关性	0.056	-0.288	-0.062	-0.091	-0.019
	显著性（双侧）	0.781	0.137	0.755	0.644	0.922
	N	27	28	28	28	28

2007年生源地信用助学贷款在甘肃、陕西、湖北等五省市率先试点，然后逐步波及全国，主要由国开行承办，其他国有商业银行都没有参与。这一事件本身是一种政府行为，并非根据各省市自身的经济、金融状况和市场需求来供给生源地助学贷款。因此，在省市、地级市层面，贷款规模与人均GRP、城乡居民存款、农业贷款、金融机构存款、金融机构贷款等出现弱相关现象。

下面考察贷款人数 y 与人均GRP、农村居民人均纯收入、人口等预测变量之间的关系。设 $y = \beta_0 + \sum_{i=1}^{9} \beta_i x_i + \varepsilon$，通过 SPSS 软件计算得到回归方程并不显著。

表4-16 模型汇总

模型	R	R^2	调整的 R^2	标准估计的误差
1	0.578[a]	0.334	0.209	30417.91993

注：a. Predictors：（常量）、人口、人均GRP、农村居民人均纯收入。

表4-17中，F=2.677，P值=0.082（近似值），可知其回归方程比较显著。

表4-17 方差分析[b]

Model		Sum of Squares	df	均方	F	Sig.
1	Regression	7.430E9	3	2.477E9	2.677	0.082[a]
	Residual	1.480E10	16	9.252E8		
	Total	2.223E10	19			

注：a. Predictors：（常量）、人口、人均GRP、农村居民人均纯收入；b. Dependent Variable：贷款人数。

对于单个变量，x_1 的 P 值 = 0.101，不显著；x_3 的 P 值 = 0.023，比较显著。

表 4 - 18   系数^a

模型		Unstandardized Coefficients		Standardized Coefficients	t	Sig.
		B	标准误差	β		
1	（常量）	52617.016	24272.460		2.168	0.046
	人均 GRP	3.879	2.226	1.296	1.743	0.101
	农村居民人均纯收入	-30.282	15.236	-1.484	-1.988	0.064
	人口	7.540	3.010	0.548	2.505	0.023

注：a. Dependent Variable：贷款人数。

以随机得到的 2009 年开展生源地助学贷款的 32 个地级市（州）和 20 个省（市、区）作为样本，与各地区 2007 年相应的普通中学学校数、普通中学毕业生数、普通高校数、普通高校招生数、普通高校毕业生数、公共图书馆数、公共图书馆藏书数（万册）以及电视覆盖率进行比较（见附录 V）。然后对生源地助学贷款获贷人数和其他变量的相关性进行分析，结果如表 4 - 19 所示。

表 4 - 19   区域教育文化与贷款人数

		普通中学毕业生数	电视覆盖率	普通高校数	普通高校招生数	普通高校毕业生数	普通中学学校数
助学贷款人数	Pearson 相关性	0.361*	-0.281	-0.095	-0.217	-0.159	0.225
	Sig.（双侧）	0.042	0.120	0.653	0.278	0.458	0.215
	Spearman 的 rho	0.328	-0.388*	-0.023	-0.205	-0.165	0.165
	Sig.（双侧）	0.067	0.028	0.913	0.305	0.440	0.367
	N	32	32	25	27	24	32

注：* 在置信度（双侧）为 0.05 时，相关性是显著的。

由于样本选取的局限性，32 个地级市（州）生源地助学贷款获贷人数与各地区 2007 年相应的普通中学学校数、普通高校数、普通高校招生数、普通高校毕业生数均无显著的相关性，但与普通中学毕业生数、电视覆盖率具有显著的相关性。

表 4 - 20　　　　　　　　　　　　模型汇总

模型	R	R^2	调整的 R^2	标准估计的误差
1	0.529[a]	0.280	0.230	2136.30240

注：a. Predictors：（常量）、电视覆盖率、普通中学毕业生数。

表 4 - 21 中，F = 5.637，P 值 = 0.009，可知回归方程十分显著。

表 4 - 21　　　　　　　　　　　　方差分析[b]

模型		Sum of Squares	df	均方	F	Sig.
1	Regression	5.145E7	2	2.573E7	5.637	0.009[a]
	Residual	1.323E8	29	4563787.934		
	Total	1.838E8	31			

注：a. Predictors：（常量）、电视覆盖率、普通中学毕业生数；b. Dependent Variable：贷款人数。

对于单个变量，x_1 的 P 值 = 0.008，十分显著；x_2 的 P 值小于 0.05，也显著相关。

下面对 2009 年 20 个开展生源地助学贷款的省（市/区）进行比较（见附录Ⅵ）。

表 4 - 22　　　　　　　　　　　　系数[a]

模型		Unstandardized Coefficients		Standardized Coefficients	t	Sig.
		B	标准误差	β		
1	（常量）	33850.833	13482.095		2.511	0.018
	普通中学毕业生数	206.664	72.598	0.464	2.847	0.008
	电视覆盖率	- 345.663	140.977	- 0.400	- 2.452	0.020

注：a. Dependent Variable：贷款人数。

对生源地助学贷款获贷人数和其他变量的相关性进行分析，结果如表 4 - 23 所示。

可见，贷款规模与普通中学毕业生数、普通高校招生数甚至公共图书馆藏书量（实际上可以等价于各省市高校的图书馆藏量）都有显著相关

表 4 - 23 相关性与相关系数

助学贷款人数	N = 20	普通中学学校数	普通中学毕业生数	普通高校数	普通高校招生数	普通高校毕业生数	公共图书馆数	公共图书馆藏书数	电视覆盖率
	Pearson 相关性	0.32	0.485*	0.319	0.484*	0.480*	0.288	0.521*	-0.101
	显著性（双侧）	0.169	0.030	0.170	0.030	0.032	0.218	0.018	0.673
	Spearman 的 rho	0.317	0.481*	0.202	0.329	0.350	0.242	0.209	-0.240
	Sig.（双侧）	0.173	0.032	0.394	0.156	0.130	0.303	0.376	0.308

性。可以看出，生源地信用助学贷款尚有政府计划分配的痕迹，省级资助中心分配贷款指标的依据仍然是高考上线人数，而并未反映出经济困难家庭的实际需求。

表 4 - 24 模型汇总

Model	R	R^2	调整的 R^2	标准估计的误差
1	0.853[a]	0.727	0.529	23767.78515

注：a. Predictors：（常量）、普通中学学校数、公共图书馆藏书数、电视覆盖率、公共图书馆数、普通高校毕业生数、普通高校数、普通中学毕业生数、普通高校招生数。

表 4 - 25 显示，F = 3.667，P 值 = 0.025，可知回归方程整体显著。

表 4 - 25 方差分析[b]

	模型	Sum of Squares	df	均方	F	Sig.
1	Regression	1.657E10	8	2.072E9	3.667	0.025a
	Residual	6.214E9	11	5.649E8		
	Total	2.279E10	19			

注：a. Predictors：（常量）、普通中学学校数、公共图书馆藏书数、电视覆盖率、公共图书馆数、普通高校毕业生数、普通高校数、普通中学毕业生数、普通高校招生数；b. Dependent Variable：贷款人数。

就单个变量而言，P 值均超过 0.05，并不显著。同理，考察省市区的情况（见附录Ⅶ）。可以发现，生源地助学贷款人数只与地区一般公共服务支出、财政性教育经费、普通高校本专科学生数、文体与传媒支出、社保和就业支出、农林水事务支出以及环保支出等有弱相关性，与其他变量则没有显著的相关性。

四 研究结论

在目前中国，农民、农民工和城乡失业（无业或半失业）人员之间界限已十分模糊，单纯的"农民"越来越少。多数农村大学生的母亲守望于乡村，学生的父亲则如候鸟般迁徙于城乡之间。这印证了"离乡不离土"是当今中国农村最普遍的现象。而且，绝大部分劳动力人口（尤其是妇女）文化素质仍然偏低，受教育年限偏短。这些文化素质低下和谋生技能缺乏的劳动力，还会直接影响下一代的教育，教育滞后形成一种精神文化贫乏的累积效应和代际传递。目前我国人力资源结构只能勉强适应"制造业大国"的需要，高层次人力资源和技术人才十分稀缺，人力资源的深度开发依然任重而道远。这一现实也给生源地助学贷款、学生资助乃至整个国家教育工作的大力发展提出了现实而紧迫的要求。

在某种意义上，生源地家庭背景、儿童教育缺失、语言障碍、惯习约束等因素形成的生源地环境成为限制农村学生流动的"重力场"，也是一种客观存在的"次要劳动力市场"。要摆脱这一"引力场"的约束，对多数人而言都是十分困难的。

在学生接受高等教育的经济来源中，生源地助学贷款日益成为学生的"第二财政"。由于高校助学贷款在一些地方院校本来就没有开展，其发放对象主要集中于少数重点大学，因此对学生的整体资助力度较小，甚至还不如国家助学金。学校补助、励志奖学金、兼职收入、其他奖学金、困难补助、国家奖学金、勤工助学津贴、学费减免等在高校学生财政结构中所占份额依次递减，尤其是一般商业助学贷款对学生的资助力度微乎其微。

生源地助学贷款规模与普通中学毕业人数、生源地人口、乡村从业人数以及预算内教育经费均有十分显著的正相关关系，与农村居民人均纯收入和人均 GRP 则呈显著的负相关关系，即经济发展水平越低、人口越多的地区贷款人数越多。但是，银行放贷意愿仍是决定生源地助学贷款规模的最主要因素。

调查发现，目前生源地助学贷款名额基本上是由省资助中心根据各地高考上线人数按计划进行分配的，贷款审批发放的"计划色彩"十分浓厚。由于"计划思维"的回归与助学贷款资源配置的行政干预，生源地助学贷款资金在各地的分布严重失衡，并未反映贫困生的真实需求。"权力决定贷款资格"的消极影响和负激励效应可能造成不必要的社会矛盾和冲突，逆市场化的制度性缺陷也容易加大资助中心的寻租空间，从而导致腐败和公共资源的浪费。

第二节　生源地助学贷款的金融生态环境

生态（ecology）一词源于希腊语 oikos，其意指"住所"或"栖息地"。海克尔（Ernst Haeckel，1869）最早将生态学界定为研究动物与有机物及无机环境相互关系的科学。坦斯利（A. Tansley，1935）提出了生态系统概念，把生物与其环境之间的关系作为一个整体进行研究[①]。威廉·福格特（1949）进一步提出生态平衡的概念[②]。但生态这一概念有着丰富的内涵，它很快超越了自然科学范畴，在社会科学中同样得到广泛使用。生态学提供了一种思考问题的方法[③]。马歇尔就曾指出，经济学家必须学习生物学研究的经验，"达尔文对生物学的深刻研究有力地解释了我们当前的困难"[④]。

温家宝总理在 2007 年政府工作报告中指出："我国经济可持续发展，必须深化金融改革，改善金融生态环境是关键。"金融生态主要指金融系统中不良资产形成的外部原因，是金融运行的外部环境，如经济环境、法制环境、行政体制、信用环境、公众风险意识、市场环境、传统习惯、文化背景等。

阿伦（Allen et al.，2005）采用 LLSV 法律指标研究中国的法律体系，认为中国的法律体系是不完善的；在中国，法律对金融发展所起的作用很有限。中国人民银行调统司（2003）一项对我国不良资产形成原因的调查结果也显示：形成巨额不良资产和金融风险的原因不仅来自金融部门自身，还广泛地来自非金融部门以及金融交易主体运行的外部环境，而且来

---

① 任文伟、郑师章：《人类生态学》，中国环境科学出版社 2004 年版，第 1 页。

② 曹凑贵主编：《生态学概论》，高等教育出版社 2002 年版。

③ 保罗·霍肯：《商业生态学：可持续发展的宣言》，夏善晨等译，上海译文出版社 2007 年版，第 191 页。

④ 马歇尔：《经济学原理》，中国改革出版社 2005 年版。

自后者的因素占据主导地位。

中国社会科学院金融研究所通过对经济基础、金融发展、政府治理、制度文化等指标进行单因素数据筛选分析，构建了中国地区金融生态环境的多因素评价模型，得出 30 个省份金融生态环境的综合评价结果[①]（见图4－15）。有学者还对影响我国金融生态环境的经济、技术水平，政府职能，信用、法律和中介体系六个因素进行层次分析，得出对金融生态影响程度由高到低的排序为：政府职能＞信用体系＞法律体系＞经济水平＞技术水平＞中介体系[②]（见图 4－16）。

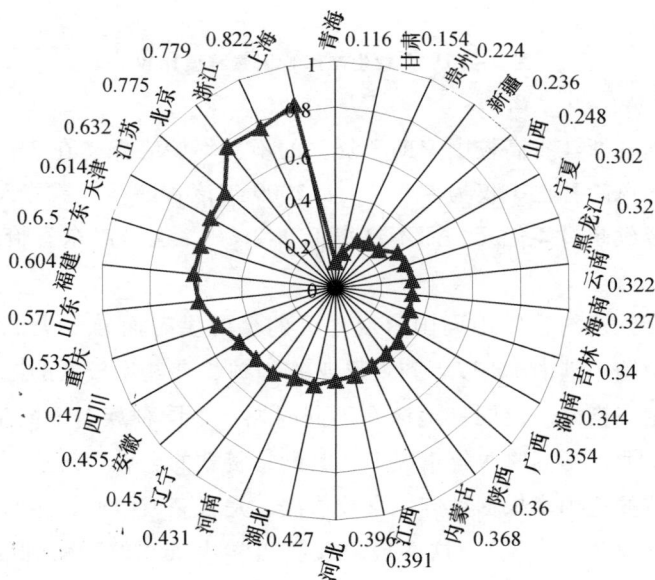

图 4－15 2008 年中国地区金融生态环境差异

从图 4－15 可以看出，中国东部沿海地区金融生态环境综合评分要显著高于中西部欠发达地区，尤其浙江省的金融生态环境表现突出。该省良好的金融生态同时也带来较低的助学贷款违约率。据工商银行浙江省分行

---

① 中国社会科学院金融研究所：《2008—2009 年度中国地区金融生态环境评价》，《中国金融》2009 年第 16 期。
② 向敏、全晶晶：《影响我国金融生态环境的相关因素分析及重建构想》，《中国市场》2010 年第 9 期。

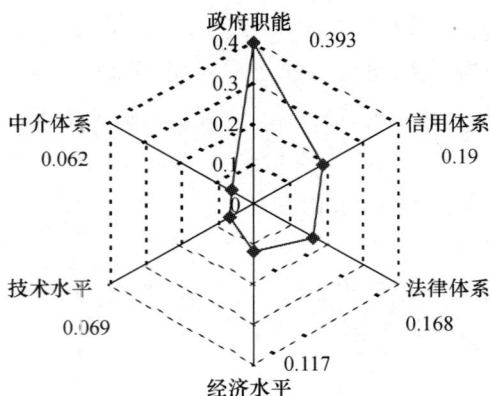

图 4-16 金融生态影响因素程度比较

提供的数据，浙江省高校国家助学贷款的不良率始终保持在 2% 以内，同时，浙江的风险补偿率仅为 4.9%。如 2009 年该省助学贷款总人数为 2.5 万人，总金额超过 2 亿元，而不良率低于 2%[①]。这与广东省恰好形成鲜明的对比。

学生贷款违约率因不同国家或地区的金融生态而异（见表 4-26），从瑞典、中国香港的 1% 以下到肯尼亚的 81%，违约率较低的国家或地区一般金融生态良好。但同一地区在不同时期、不同种族、不同学校层次、是否完成学业、不同收入等情况下，其助学贷款的金融生态也不一样。美国学生贷款的违约率根据种族、学校层次、是否完成学业、年收入等出现显著差异（见表 4-27）。这些现象反映出学生贷款的确受到经济环境、社会制度和文化背景等多方面因素的影响。

表 4-26   20 世纪 80 年代部分国家/地区学生贷款违约情况

国家/地区	中国香港	瑞典	以色列	日本	丹麦	哥伦比亚	美国	牙买加	智利	肯尼亚
违约率	<1.0	1.0	2.0	2.3	<10.0	12.0	17.0	38.8	40.0	81.0
年份	1988	1988	1980	1985	1987	1985	1987	1985	1989	1987

资料来源：Albrecht, D. and Ziderman A., 1991, p. 17.

---

① 蒋萍、吴禄婵：《浙江：银行将有权叫停助学贷款业务》，《文汇报》2010 年 9 月 29 日。

表 4－27	美国学生贷款违约者的分布（拖欠率）							单位：%	
按种族			按学校层次			按是否完成学业		按年收入（万元）	
非裔	西班牙裔	白人	私立营利	社区学院	大学	辍学	完成学业	≥2.5	≤1.5
56	37	20	31.5	25.6	10.2	47	24	7.3	2.5

资料来源：洪成文等：《美国大学生学习贷款借款违约者特点透析》，《比较教育研究》1995年第 3 期。

　　在金融生态中，生源地助学贷款不过是很小的"物种"之一，其生命力与脆弱性同在。为了便于讨论，本书认为，影响生源地助学贷款的金融生态环境可以分成三个层面：一是经济环境，包括地区人均 GRP、人均年收入、学生家庭收入、毕业学生收入水平、家庭所在地、家中劳动力人口、家中上学人数、市场环境等。二是社会制度层面的行政体制、法制环境、信用制度等。三是文化层面的传统习惯、文化背景、公众风险意识、信用文化等（见图 4－17）。

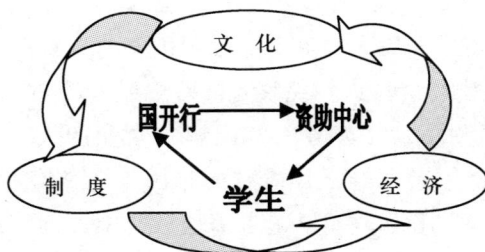

图 4－17　生源地助学贷款的金融生态环境

　　根据笔者调查，银行放贷意愿是决定生源地助学贷款规模的最主要因素（80%），其次为学生家庭经济状况（65.7%）和资助中心工作状况（65.7%）。即有 $\sum x_i = f(e, \sum y_i, g)$（$e$ 表示银行的放贷意愿；y_i 表示学生家庭经济状况；x_i 表示学生 i 的贷款金额；g 表示政府资助力度）。其中 e 对应银行的贷款供给，y 表示为学生贷款的需求，g 表示政府在生源地助学贷款这一民生领域的总投入。而这些相对微观的变量又是由其背后宏观的经济、社会、文化和政治环境决定的。

　　生源地助学贷款的可持续发展，在需求上主要由学生家庭经济状况决定，在供给上则取决于银行等承办机构的金融支持，银行的放贷意愿

（惜贷程度）决定了生源地助学贷款的供给量。由于资金流动的"洼地效应"，金融的支持与金融生态环境的优化须臾不离，金融生态是影响贷款供给的重要因素。因为金融生态的好坏直接关系到银行贷款的意愿、质量和金融风险的大小。银行内部一般都建立了有针对性的区域信用评级体系，并以此决定本行资金的跨区域流向。如果一个地区金融生态良好，商业银行的内部评级就高，在内部资金调度、规划信贷规模或授权授信时，必然对这个地区给予倾斜，这样就会有更多的信贷资金向这个地方流动，形成"洼地效应"。反之，信贷资金则犹如"惊弓之鸟"，纷纷"逃逸"。如前面所述，生源地助学贷款的金融生态主要包括经济环境、社会制度和文化背景三方面因素。

一　经济环境

经济环境可以用家庭经济状况、人均 GRP、农村居民人均纯收入、生源地人口、乡村从业人数等来衡量。通过前面的相关性和回归分析可以发现，生源地助学贷款规模与地区经济发展水平具有显著的负相关关系，尤其在人口多、收入少的县市贷款需求"旺盛"。

2007 年我国城镇居民人均可支配收入极差约 2.4 倍（甘肃 10012 元，上海 23623 元），农村居民人均纯收入极差达到 4.3 倍（甘肃 2329 元，上海 10222 元）。据测算，江苏省因贫困影响学业的大学生只占在校生的 10% 左右，而根据笔者调查，甘肃省的贫困生比例高达 44%。2009 年，我国城乡居民收入之比为 3.33∶1，东部地区与中西部地区人均 GRP 之比为 2.2∶1，城乡和区域结构不合理问题十分严重，"不仅关系到内需扩大和发展空间拓展，也关系到社会和谐稳定"[1]。正是基于这一现实，2007 年生源地信用助学贷款试点的启动仪式选择了甘肃的会宁县。

生源地助学贷款最初是在经济发展水平较高、金融生态相对优良的江浙一带起步的。2001 年，浙江省制定了《生源地财政贴息助学贷款管理规定》，推出生源地财政贴息助学贷款，到次年 5 月共放贷 2984 万元，占学生贷款总数的 26%，资助 3801 人[2]。接着，江苏省也开始在生源地农信社发放国家助学贷款，由省财政贴息 50%，一年一贷，期限 8 年，贷款收效良好，获贷率和实贷率均远远高于高校国家助学贷款[3]。截至 2005

---

①　李克强：《关于调整经济结构促进持续发展的几个问题》，《求是》2010 年第 11 期。

②　李庆豪、沈红：《生源地助学贷款：现状、问题与前景》，《教育与经济》2005 年第 3 期。

③　孙勤海等：《论实施生源地国家助学贷款的必要性》，《南通职业大学学报》2004 年第 3 期。

年年底，江苏、浙江、辽宁、河北、贵州、云南等省共 29524 人次获贷 1.5918 亿元，其中，江苏省约 1.27 万人次获贷 6568 万元①，实际发放量最多。

由于我国各地经济发展水平极不平衡，经济发达地区金融机构资金比较充裕，对助学贷款可提供更多的支持；贫困地区金融机构普遍存在资金短缺问题，其发放助学贷款的额度也就十分有限。2010 年全国 318 个地市州盟中 42 个相对富裕地区的排名显示，经济相对发达地区在东部沿海呈网状分布，在其他地区呈点状分布；中国先富起来的地区集中在珠三角、长三角、环渤海、省会城市以及少数资源富裕地区，而其余绝大多数地区依然相对贫困（见图 4－18）。极少数富裕地区甚至已经开始尝试免费教育。如在"首富"广东省东莞市的石排镇，2010 年正式启动 25 年免费教育，补贴标准为：全日制大专生 4000 元/年；本科生 6000 元/年；硕士生 8000 元/年；博士生 10000 元/年②。但是在经济欠发达地区，大学毕业生回到生源地工作，有的还很难解决温饱问题。如 2003—2005 年，甘肃省漳县每年毕业返回本县的大学生中，30% 以上当年不能实现就业，教育系统当年实现就业的大学生，试用期内每月工资只有 200 元③。

（一）"次要劳动力市场"的成因

贫穷是一种人们缺少基本生存手段的状况。V 村在我国并非个别现象。从经济地理环境来看，我国中西部农村的贫穷落后是一个历史性存在。其主要成因是人与自然关系的深层矛盾。笔者在甘肃省一些县市调研中发现，很多农民家里都有"水窖"，原因是在这片广袤的黄土高原上，最稀缺的就是水。而早在农耕文明与自然经济发展时期，这里的有效资源就已经随着社会人口能量需求的增长在大范围地衰变。我国中西部原本贫瘠脆弱的自然地理区域，早就难以负荷日益增长的人口发展需求与单纯的索取型生产开发。如今恶劣的生态环境还在继续蔓延，沙尘暴、干旱、冻雨等恶劣天气越来越多，局部地区甚至已经不适宜于人类居住。

经过三十多年的改革开放，中国正从一个以温饱为目标的生存型社会向以人的自身发展为目标的发展型社会蜕变，社会成员的基本公共需求快速增长，社会突出的矛盾表现为公共产品短缺。与此同时，利益主体和利

---

① 方舒峰：《关于生源地助学贷款的思考》，《福建论坛》（社会科学教育版）2007 年第 4 期。

② 褚朝新：《东莞石排推 25 年免费教育》，《新京报》2010 年 8 月 25 日。

③ 罗欣、梁炜：《高校不得对贫困生歧视性催费》，《楚天都市报》2009 年 12 月 30 日。

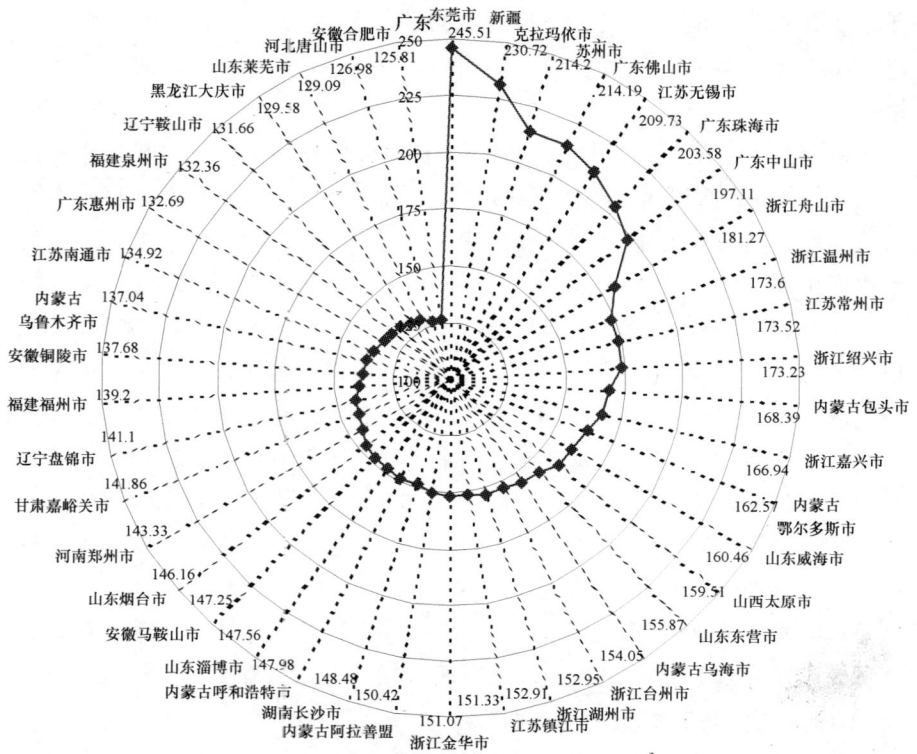

图 4-18　2010 年中国地市州盟相对富裕指数排名

资料来源：中国经济网（http://district.ce.cn/zg/201012/16/t20101216_22054105.shtml）。

益关系趋于稳定，利益博弈成为常态，社会矛盾和社会危机因素不断增加，发展不平衡、不协调、不可持续的问题日益显现。尤其是城镇化进展缓慢、中西部地区发展滞后、城乡和区域之间生活条件和基本公共服务差距较大。广大农民、农民工与社会福利保障基本上无缘，而且一直游离于"主要劳动力市场"的外围，经过数千年集权社会的濡染，在宗亲文化和经济水平低下等因素制约下，他们成为政治生活天然的麻木者。

由于"二元结构"造成的巨大城乡差别，在农村，考上大学就意味着将会跳出"农门"。在"光宗耀祖"信念的支撑下，不少家长支持子女年复一年地向跳出"农门"的独木桥冲击。在广袤而落后的中西部，科举取士和尊儒重教传统因闭塞而保存，又因贫穷而兴盛。长期以来，教育被押以重注，成为改变寒门命运的出路和调节贫富悬殊的杠杆①。但对于家庭经济困难的学生来说，高昂的学杂费给贫困农村家庭带来沉重的经济负担，同时大量农村大学生毕业即失业，长期举债供养学生的农村家庭血本无归，"因教返贫"案例层出不穷。

"次要劳动力市场"的成因可用缪尔达尔（Gunnar Myrdal）提出的"循环累积因果关系"理论加以解释：由于人均收入水平很低，导致生活水平低下，医疗卫生状况恶化，教育水平很低，从而使人口质量下降，劳动力素质不高，就业困难；劳动力素质不高又导致劳动生产率难以提高，进而引起产出增长停滞或下降，最终低产出又导致低收入，低收入进一步恶化了贫困经济，因此低收入与贫困形成恶性循环。

贫困不单指物质上的匮乏，还有精神层面的贫瘠、教育和知识准备不足、健康状况不佳，以及面临风险时的脆弱性等。贫困的表象是经济问题，实质则是劳动力所掌握的知识技能欠缺和精神贫困，而精神的贫困往往比物质的贫困更为可怕。我国中西部农村地区之所以贫穷落后，其结构表层是生态脆弱，生存的自然环境恶劣；中层是由于三十年前"多生超生"现象使得人口自然增长率较高，人均占有耕地少，剩余劳动力多，人均收入低；深层则是由于学龄人口普遍"学无所教"造成劳动力受教育年限偏短，劳动力素质低、能力弱，农村单身汉现象越来越多，人力资源的潜能未能充分开发。

阿马蒂亚·森认为，贫困是指对人类基本能力和权利的剥夺，而不仅仅是收入低下，贫困的实质是能力的缺乏，要理解普遍存在的贫困，必须关注其背后的因素，认真思考生产方式、经济等级结构以及它们之间的相互关系②。他主张通过重建个人能力来避免和消除贫困。在欠发达地区，各种公共投资中，教育投资的扶贫效果最显著，同时对农业、非农业以及对整个农村经济增长的回报率也很高，增加教育投资对缩小地区差距的作用最大③。显然，只有加大公共教育投入，重建个人能力，使更多的农村居民实现"教育移民"，才能从根本上改变中西部的落后面貌。

---

① 叶伟民、何谦：《从"读书改变命运"到"求学负债累累"》，《南方周末》2010年1月28日。

② 阿马蒂亚·森：《贫困与饥荒》，商务印书馆2001年版。

③ 樊胜根等：《经济增长、地区差距与贫困中国农村公共投资研究》，中国农业出版社2002年版。

（二）需求视角

需求是经济学研究的基本范畴之一，凯恩斯主义尤其重视需求管理。需求是从消费者的角度来分析问题，需求分析也是经济分析的起点。一种商品的需求是指在一定时期内，在各个可能的价格水平，消费者愿意并且能够购买的该商品的数量。需求必须具备两个条件：一是购买意愿；二是购买能力。缺少这两个条件中任何一个都不能算作需求，而只是潜在需求。需求函数由商品价格 p、消费者收入 y、相关商品（互补品或替代品）价格 p_r、消费偏好 p_f、消费者价格预期 p_e 等因素决定。

大学生对其家庭的依赖性，在不同的文化背景下是不一样的。美国近 $2/3$ 的大学生都有学生贷款，其原因绝非贫困生比例占到了 $2/3$，而是学生在经济上相对家庭的独立性较强，不愿靠父母的"施舍"完成高等教育，而宁愿用自己未来的收入支付学费。因此，美国学生贷款的需求与家庭经济状况关系不大。但是在中国，"富二代"是不屑申请助学贷款的，学生贷款需求与家庭经济状况变得高度相关。

一般情况下，价格是影响需求的主要因素。但在生源地助学贷款中，价格（贷款利率 r）相对固定，消费者收入尚不确定，替代品（高校助学贷款）的价格更高使消费者对生源地助学贷款产生较强偏好，家庭环境（经济状态）E_f 成为决定学生贷款需求的主要因素，如家庭所在地、父母工作类型、家中上学人数、家中劳动力人口等，家庭所在地显然受地区经济发展水平（E）的制约，而父母的工作类型、家庭劳动力人口决定着家庭的收入。笔者调查发现，82.3% 的学生认为自己家庭处于"中下或低收入水平"，82.6% 的学生回答其父亲的职业属于农民、农民工和城乡失业者（无业或半失业者），而回答母亲属于这一阶层的更是高达 87.1%。这些贫困家庭现金收入微薄、单一且不稳定，一般都要举家庭乃至家族之力来供子女上大学，甚至把整个家庭的希望都"押"在孩子身上。因此，学生（家庭）对生源地助学贷款的需求才会如此强烈。

于是需求函数可表示为

$$Q^d = f(E_f, E, r, y, p_r, p_f, p_e, \cdots) \qquad (4-1)$$

安徽省 2008—2009 学年农信社生源地信用助学贷款情况表明，贷款规模与生源地人口、乡村从业人数均是十分显著的正相关关系，与农村居民人均纯收入和人均 GRP 则呈显著的负相关关系。全国 165 个县级地区的统计结果也显示，生源地助学贷款获贷人数与区域人均 GRP、农村居民人均纯收入仍然呈显著的负相关关系，与农村人口数正相关，即经济发展水平越低、农村人口越多的地区贷款人数越多。

在发达国家，学生贷款的消费者家庭经济未必困难，如美国就有 2/3 的大学生申请贷款，日本有 1/3 的大学生申请贷款。生源地助学贷款作为我国一种特殊的金融产品，其资金来源是稀缺和有限的，不可能满足所有学生的需要或欲望（want），因此其消费者被限定为家庭经济困难学生。实际上，对于家境宽裕的学生来说，尽管国家助学贷款有优惠的贴息政策，但因为手续麻烦、自己贷款消费的观念较弱等原因，他们直接向父母伸手会更方便，因此对助学贷款的消费偏好不强烈。

在中国先富起来的上海、北京、广东、浙江等沿海富裕地区，生源地助学贷款的需求很低。如北京市 2009 年仅 268 人申请；上海市 2004—2009 年的 6 年间只有约 580 名学生申请了本地生源地助学贷款；在北师大珠海分校，一个有 60 名学生的班里 2010 年仅 1 名学生申请了助学贷款[①]；2010 年广东省东莞市出台的《生源地助学贷款管理暂行办法》规定，只要家庭人均月收入 1000 元以下的东莞籍学生均可申请最高额度为每人每学年 1.5 万元的助学贷款，但是，在东莞理工学院的新生中却没有学生申请，反应冷清，90% 的东莞籍学生认为本地户籍同学均无贷款需求[②]；中山市 2005 年起就有由交通银行承办的每人每年可申请 1 万元以下的生源地贴息助学贷款，但是，在居民收入普遍较高的人际环境中，申请生源地助学贷款是"很没面子"的事，因而该贷款项目也一直"遇冷"[③]；2010 年浙江省象山县启动生源地助学贷款，规定大专生贷款上限为 6000 元/年、本科生上限 1 万元/年，结果仅有 8 人签订贷款合同，贷款金额 7 万元[④]。

生源地助学贷款是作为高校助学贷款的替代品出现的，自从生源地信用助学贷款实施以来，高校助学贷款的需求量在迅速缩减，而生源地助学贷款已经成为学生的消费偏好。另外，在经济较发达的沿海地区，生源地助学贷款自身的替代品也开始出现。如浙江省衢州市针对低收入农户推出

---

① 吴建登：《申贷人少　新生易获助学贷款》，《南方都市报》2010 年 9 月 9 日。

② 张颖妍、张晓嘉：《5500 多名大一新生报到生源地助学贷款无人问津》，《广州日报》2010 年 9 月 6 日。

③ 王青草：《广东中山"大学通"助学申请遇冷》，《南方日报》2010 年 8 月 18 日。

④ 颜小平：《象山资助学生近千万》，《东南商报》2010 年 12 月 18 日。

的贴息贷款可以用来就业、消费、建房、为子女解决一部分学费等，这使得该市生源地助学贷款①申请者逐年减少，2010 年贷款人数仅 195 人，金额 170 万元，相比前几年 700 多万元的生源地助学贷款额明显减少②。可见，随着经济形势好转，居民可支配收入提高，尤其是有了更便利的替代品后，一般的家庭就不会申请生源地助学贷款了。

从消费者收入（y）因素来看，"就业难"或"就业质量不高"的确是大学生无力偿还助学贷款的首要原因。即便就业了，由于试用期太长，收入水平过低，社会保障缺乏，一些毕业生也无力顾及诚信记录。因此，许多不还款的学生并非不愿意还款，而是根本还不起款。根据麦可思公司发布的《2009 届大学毕业生就业跟踪月度报告》，全国大学本科生平均签约薪资为 2007 元，北京、上海分别为 2472 元、2415 元，居全国前两位。中国社会科学院发布的《人口与劳动绿皮书》（2009）则称，21 岁和 22 岁的大学毕业生与同龄的青年农民工的工资都分布在 1000—2000 元，而且青年农民工的平均工资水平还要略高于大学毕业生。可见，助学贷款的消费者收入过低已经成为制约贷款制度可持续发展的重要因素。

（三）供给视角

亚当·斯密很早就指出，为了增加财富，一要增加生产劳动，二要提高劳动生产率。凯恩斯主义强调有效需求，而供给（生产）学派则是从生产要素供给方面考察经济现状。供给指在一定时期内，对应于各个可能的价格水平，生产者愿意并且能够提供的某种商品的数量。供给由价格 p、生产成本 c、生产技术水平 t、相关商品的价格 p_r、生产者价格预期 p_e 等因素综合决定。

萨伊定律指出，在一个完全自由的市场经济中，供给会创造自己的需求，因而社会的总需求等于总供给。萨伊定律关心各个生产者的动机和刺激，使他们从专心于分配和需求转过来，并再次集中于生产手段③。供给学派重拾萨伊定律，从供给的角度观察宏观经济，认为在市场机制充分的条件下，需求会自动适应供给的变化；生产的增长决定于生产要素的供给和有效利用，故应当鼓励储蓄和投资；世界上真正的财富是人的精神和创造性而非物质资源，人的投资与工作积极性和创造性是经济发展的不竭源

---

① 浙江省生源地助学贷款由借款人承担 50% 的利息。
② 郑菁菁：《652 万元贷款助 195 名学子圆大学梦》，《衢州晚报》2010 年 10 月 28 日。
③ 乔治·吉尔德：《财富与贫困》，上海译文出版社 1985 年版，第 61 页。

泉，人的积极性和创造性越高，经济就会越繁荣；（边际）税率太高不仅妨碍了劳动者的工作积极性，阻碍人们更加勤奋地工作和个人（企业）的财富积累，而且使个人投资者的革新、发明、创新精神丧失殆尽。

供给学派的代表人物拉弗提出的拉弗曲线表明，如果税率为 0，政府税收自然也为 0，社会只可能处于无政府状态；当税率为 100% 时，纳税人的全部经济收入都会被政府搜刮一空，他们就不愿意工作和从事经济活动了，此时由于没有税基，政府的税收收入也将为 0。BD 段政府的税收随着税率的增加而增加，但是到了 AC 段，随着税率的增加，政府的税收反而会减少，抛物线的顶点 E 为最佳税率（见图 4 - 19）。在中国的计划经济时代，劳动者的创造和收入都归集体和国家所有，这相当于存在一个很高的边际税率，因此劳动者生产消极，万马齐暗，社会生产力水平很低。

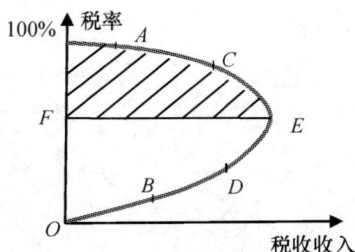

图 4 - 19　拉弗曲线

我国目前生源地助学贷款的一个基本事实是：需求"旺盛"而供给严重不足，凯恩斯主义的"需求会自行创造供给"显然行不通，在这一点上，必须回到古典经济学的萨伊定律。根据前面的调查，80% 的调查对象都认为，银行放贷意愿（e）是决定生源地助学贷款规模的最主要因素，其次为学生家庭经济状况和资助中心工作状况，而且政府职能部门（学生资助中心）在生源地助学贷款名额的分配上"计划"色彩浓厚，这些属于社会制度因素（S）。此外，诸如信用文化、传统习俗、文化背景等文化因素（C）也会直接或间接影响银行的贷款供给。因此，生源地助学贷款的供给函数可以表示为

$$Q^s = f(e, S, C, r, c, t, p_r, p_e, \cdots) \tag{4-2}$$

在（4 - 2）式中，社会制度变量 S 包括行政体制、法制环境、信用

制度、市场中介等诸多因素。行政体制可以通过资助中心工作状况、计划思维等来反映，法制环境表示生源地助学贷款相关法律的健全程度。法制环境、信用制度直接涉及贷款的回收率，是影响生源地助学贷款可持续发展的重要因素。

有学者运用计量模型，用 2001—2006 年评估指标的平均值测算出西部 12 省区的金融生态水平[①]。重庆、四川、陕西的金融生态水平相对较高，重庆和陕西成为国开行生源地助学贷款试点的选择，四川省则因为农信社近年来经营业绩突出，生源地助学贷款主要是由省农信社承办；甘肃省虽然金融生态不佳，但其人均 GRP、农村居民收入水平都是全国最低，政府出于政治上的考虑，在计划思维作用下，仍然将其作为试点省份，而且政策倾斜力度很大。

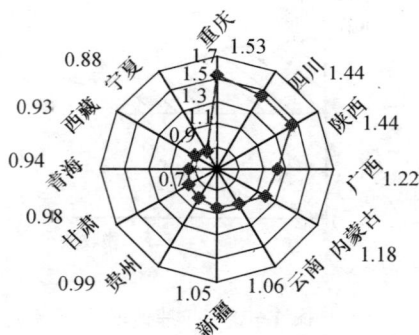

图 4 - 20　西部 12 省区金融生态水平评估值

从银行作为理性的金融主体来说，其贷款资金自然会流向金融生态良好的"洼地"。从图 4 - 20 可以看出，2009 年，甘肃、陕西、重庆、湖北、江苏五省市试点的生源地助学贷款规模优势仍然十分明显，但到了 2010 年，广西、贵州、内蒙古、安徽、云南等省（区）逐渐迎头赶上，东北的吉林、黑龙江也开始推行，连经济相对发达的广东省也在酝酿之中。这种快速增长的势头反映了各地实际的贷款需求，试点的"计划"色彩逐渐地被市场淡化。

---

①　周炯、韩占兵：《区域金融生态评估指标体系构建与实证检验——基于西部地区金融生态水平考察》，《统计与信息论坛》2010 年第 2 期。

总之，在生源地助学贷款中，"供给决定需求"的现象是十分明显的，但萨伊定律成立的前提是市场机制高度充分，政府必须减少干预。贷款供给取决于银行的积极性和创造性，经办的金融机构和方式越是多元化，生源地助学贷款就会越繁荣。如果始终只有国开行一家垄断经营，用少数人的决策代替市场的理性选择和自主创造性，金融主体就会走向单一化，金融创新也会逐渐枯竭，生源地助学贷款的可持续发展势必存在重重隐忧。供给学派的政策实践同时也表明，拉动经济增长未必需要加强政府干预；减少管制，为市场主体创造一个良好的生态环境，同样能实现经济扩张的目的。而这一道理，同样也适用于生源地助学贷款中。

二　社会制度

社会结构同经济结构一样，包含着若干个分支，如人口结构、家庭结构、就业结构、城乡结构、区域结构、组织结构和社会阶层结构等。萨缪尔森指出："只有当政府设计出一个良好的经济和法制框架，明确知识产权，然后允许在这一框架内拥有广泛的经济自由时，才会最大限度地促进技术水平的提高。劳动力、资本、产品和思想的自由市场，被证明是创新和技术变革的最肥沃土壤。"[①] 而从根本上说，金融与经济社会发展不协调，都可以从市场、信用、制度的空白、缺损和落后中找到症结。面对这些问题，需要金融部门切实承担社会责任，加大融资支持力度；同时，推进市场、信用和制度建设，探索市场化、商业化、可持续的支持模式，满足社会融资需求，使金融真正成为服务经济社会发展的有效工具。

当前中国的社会结构滞后经济结构大约 15 年，经济结构与社会结构之间严重的结构差已成为经济社会发展中最大的不协调，也是产生当今诸多经济社会矛盾和问题久解不决的结构性原因[②]。从农村的金融生态环境看，目前多数地区只有信用合作社和邮政储蓄，居民居住分散，信息收集成本高；农业生产极易受到各种外界随机因素的影响，信息甄别难度大；农村相关中介组织发育不良，信息化水平较低，信息不对称与不充分的现象相当普遍，从而导致信用风险加大，信用环境较差；我国的金融法制建设滞后，针对农村金融的法律法规更少，不少地方的信用社只不过是当地政府的工具，其经营的独立性、自主性以及合作金融的性质早已荡然无

---

① 保罗·A. 萨缪尔森、威廉·D. 诺德豪斯：《经济学》，胡代光等译，首都经济贸易大学出版社 1998 年版。

② 陆学艺：《当前中国社会生活的主要矛盾与和谐社会建设》，《探索》2010 年第 5 期。

存，这些因素必然导致农信社很难在生源地助学贷款中有所作为。

根据前面分析，生源地助学贷款规模与地区一般公共服务支出、财政性教育经费、普通高校本专科学生数、社保和就业支出、农林水事务支出以及环保支出等只有弱相关性。我国区域经济发展不平衡、城乡分割的二元管理体制等问题是农村金融发展滞后的最大制度障碍，新中国成立后为推进公社化运动、适应计划经济组织形式而形成的一系列基层组织，使政府的管理行为延伸到农村的每个角落，逐步演变成现在的中央—省—地级—县级—乡镇—行政村—自然村的组织结构，过长的公共行政链条使组织惯性运行到乡村时，早已经奄奄一息，许多村级组织形同虚设，在生源地助学贷款中开具贫困证明敷衍塞责，证明的信度不高，对生源地助学贷款的发放与回收也没有实质的影响力和帮助。

生源地助学贷款刚一问世，政府就渗入了较浓厚的计划色彩，其具体形式以自上而下的配给制或指导性计划额度等形式出现。如2002年年初人民银行廊坊市支行推出生源地财政贴息助学贷款业务，并于当年在该市永清县高校新生秋季开学前进行了试点，2003年河北省进一步推广，出台《生源地国家助学贷款实施办法》，在全省范围铺开，规定高校新生的生源地助学贷款指导性计划额度为1.156亿元[①]。笔者在调研中也发现，一些县市（区）有没有开展生源地助学贷款的资格或者发放贷款的多少，实际上都是上面按"计划"安排的，县市（区）要想开展生源地助学贷款或者提高贷款覆盖率，就必须积极游说上级职能部门的相关官员。

我国同一地域的一般公共服务支出和公共教育支出具有很强的一致性，而不同地域的一般公共服务支出和公共教育支出水平均存在很大的差异性，从而使生源地助学贷款在中国面临着复杂的制度环境。不同地区的金融生态会对相关成员产生不同约束并决定其选择空间，从而影响其行为。健康良性的金融生态能有效防止参与成员的机会主义行为，促使其将各种成本内化到自己的治理结构之中，形成一个运作成本低、效率高，对相关成员具有良好正向激励和约束效应的制度结构。金融生态的制度建设，包括健全法律制度、社会信用体系和中介服务体系等。

我国目前的金融制度环境相对落后，在生源地助学贷款中主要表现为三个方面：一是约束借款学生行为的有效法律法规基本上还是空白，对恶

---

① 姜红仁：《生源地助学贷款的优势》，《中国职业技术教育》2005年第29期。

意拖欠还款者缺乏有效的惩戒措施；二是政府行政管理成本太高，挤占了公共教育投入等民生支出，行政对生源地助学贷款的非正常干预较多，地方政府对生源地助学贷款投入的激励机制明显不足；三是生源地助学贷款生态群落的自我调节机制被破坏。一方面，国开行独家经营生源地助学贷款的垄断局面极大地削弱了竞争机制对银行功能作用的强化和创新推动，长此以往，国开行可能会丧失在生源地助学贷款方面的金融创新与发掘未来客户价值的动力。另一方面，国开行与学生缺乏直接对话与沟通。国开行经过县级学生资助中心向学生发放贷款，还款则会通过"支付宝"进行，但县级学生资助中心工作人员由于金融知识的欠缺，很难令学生消费者满意。由于借贷双方长期"疏离"，生源地助学贷款也就可能丧失自我调节的机能。

（一）法制建设滞后

制度是一系列被制定出来的规则、守法程序和行为的道德伦理规范，制度旨在约束追求主体福利或效用最大化利益的个体行为。新的产权制度需要新的制度安排，这些制度安排能够提高经济单位实现规模经济、鼓励创新、改善要素市场结构、减少市场的不完善性等方面的效率①。法律是对市场机制的完善与保障，也是最基本的制度，尤其在现代社会，一切风俗习惯、价值观念、文化传统、思想意识都要在法律的约束下起作用，一切政治制度、经济制度都要通过法律制度来实现。科斯定理表明：在存在正的交易费用的情况下，法律在决定资源如何利用方面起着极为重要的作用。周小川指出，法律制度环境是金融生态的主要构成元素，金融法制建设直接影响着金融生态环境的有序性、稳定性、平衡性和创新能力，决定了金融生态环境将来的发展空间②。法律也是金融生态环境的核心基础，法律制度决定金融活动的交易费用，完善的法律制度可以明晰产权，有效发挥制度的激励作用，增强金融生态的自我调节功能，降低金融活动的交易费用，提高金融交易效率。

但在我国，法制建设还不能适应金融生态良性发展的要求，法制不健全使整个社会和经济生活没有完全在法治下运行；盘根错节的"人情—关系"社会结构阻碍了法治建设的进程，国民法律意识普遍淡薄；征信

---

① 道·诺斯、罗伯特·托马斯：《西方世界的兴起》，华夏出版社1999年版，第10页。
② 周小川：《完善法律制度改善金融生态》，《金融时报》2004年12月7日。

立法缺失，失信惩戒机制尚未有效建立，非银行个人信用信息采集、管理、使用的立法还是空白；民营金融机构在法律对金融企业设置的高门槛前发育迟缓，直接融资渠道狭窄，民间资本未能得到充分利用，非正规金融主体难以进入金融市场，金融生态主体的多元化和生命力受到严重影响；金融机构内部管理还在沿袭行政化管理模式，重权力而轻法制；在市场退出方面缺乏符合市场化要求的完整法律制度；金融案件执行难、兑现率低，成本高，司法途径解决不良资产、维护金融债权难度很大；法院对地方存在的依赖性导致债务人利用法律漏洞侵害债权人权益，金融债权得不到有效维护，等等。

金融生态环境的核心是法治环境，严刑峻法是学生贷款可持续发展的必要条件。日本《宪法》明文规定：所有国民依其能力，拥有平等的受教育权利；教育基本法也规定：无论学生是否有能力，对于因经济原因而上学有困难的学生，国家及地方政府都要采取助学的方法[①]。但我国这方面的立法几乎还是空白，助学贷款在法律上的准备明显不足，以致对失信违约者没有刚性的约束，对助学贷款债权人也缺乏司法保护。1999 年以来，虽然有部门规章及行政规范性文件规定，但一直没有保障其实施的正式法律法规，而文件规定在地位与效力上明显逊色于法律制度。政府调控权在助学贷款中的行使，实际上缺乏坚实而明确的法律依据，实施调控的部门获得了过大的自由裁量权，其调控政策具有相当的随意性。

（二）行政的不当干预

政府主导经济和政府信用盲目扩张的行为往往引起宏观经济波动、经济主体信用残缺、社会信用失衡。以基层的农信社为例，多年来受行政干预、农业银行甩包袱、自身经营不善、管理不严、自然灾害等因素影响，导致贷款质量恶化，不良贷款率居高不下。因此，农信社纵有身处生源地的优势，却无供给生源地助学贷款资金的实力，也就只好将市场"拱手"相让给国开行。再如，在目前的生源地助学贷款中，贷款名额"自上而下"的计划分配显然与生源地的真实经济状况有出入，由此势必引起资助不公平。

政府职能越位与错位是分不开的。政企不分在我国由来已久，长期以

---

① 芝田政之：《日本的学生助学贷款制度》，载王蓉、鲍威主编《高等教育规模扩大过程中的财政体系：中日比较的视角》，教育科学出版社 2008 年版，第 262 页。

来，各级政府直接参与经济建设、直接经营企业、过多介入微观经济领域，企业沦为政府附庸，管理行政化，经营机制缺失，经济核算弱化。一项调查发现，我国政府性学生资助在很大程度上是按照政策制定者的目的进行分配的，政府在院校之间分配资助，院校再将政府提供的国家助学金分配给较低收入家庭的学生；助学贷款、院校资助和社会资助则被分配给了较高端院校的学生[①]。这样，政府资助分配的公平效应在一定程度上就被抵消了。调查还发现，部分家庭经济困难学生得不到任何资助（贷款或非贷款资助），而部分家庭相对富裕的学生却得到了一定类型的学生资助，而且一本院校比二三本院校要高许多。

正如诺斯所言，国家的存在既是经济增长的关键，又是人为经济衰退的根源。金融具有天然的市场属性，政府的过多干预超越了金融生态的调节机制边界（或完全取代调节机制），金融生态就会失去平衡。中国人民银行一项调查显示，在不良资产形成的原因中，由于计划与行政干预而造成的约占30%，由于政策上要求国有银行支持国有企业而国有企业违约的约占30%，由于国家安排的关、停、并、转等结构性调整的约占10%，由于地方干预，包括司法、执法方面对债权人保护不力的约占10%，而由于银行内部管理原因形成的不良贷款仅占全部不良贷款的20%[②]。这意味着，形成巨额不良资产和金融风险的原因，主要是来自外部的非金融部门，尤其是政府的不当干预。有学者指出，尽管造成地区金融生态环境差异的原因纷繁复杂，但地方政府行为仍然是构成其原因的关键因素。因此，改善我国金融生态的关键在于转换地方政府职能。

我国经济的转型过程是一种强制性制度变迁模式，金融体系的生长不是一个"自然而然"的过程，而是一直受到政府行政力量的强力牵引作用。在行政指令下，金融领域的"寻租"活动就无法避免。行政干预也给资产管理公司处置回收银行不良资产造成了障碍。部分地方政府出于地方保护考虑，仍然认为企业是"地方的"，而银行是"国家的"，所以往往采取牺牲国家利益来保护地方经济的态度，利用行政权力妨碍金融维权执法，甚至还直接干预银行依法收贷。在政府主导资源配置的经济体系中，银行即便能够从内部治理层面将来自政府的不当干预挡在门外，但因

---

① 雷宇：《高端院校学生更易获得资助》，《中国青年报》2010年5月29日。

② 谭中明等：《社会信用管理体系：理论、模式、体制与机制》，中国科学技术大学出版社2005年版，第43页。

为金融与经济之间紧密的联系，银行迫于经营乃至生存的压力，最终还是会"就范"于现行的体制框架。因此，随着生源地助学贷款还款期逐渐来临，地方政府究竟有多大的积极性帮助银行回收贷款是值得怀疑的，贷款学生家庭会不会像曾经的扶贫贷款受到地方政府保护等问题同样也可能重演。

总之，当下中国社会制度的格局是"国强民弱"，这种结构虽然在发展初期具有高效率整合社会资源的优势，但随着社会发展，其劣势与威胁会越来越多。一是贪腐的困扰。官员手里的公权力越多，其寻租空间就越大，社会的制衡能力会相对弱化。官僚集体腐败与官商串谋行为很难通过社会制约来纠正。二是两极分化严重。一方面，官商形成垄断性分利集团，获得巨额利益；另一方面，高房价又使中低收入者陷入贫困。一些官员或机构与垄断性行业利益集团"同舟共济"，大量汲取公共资源，而由于社会的弱势，这一过程几乎是"不可逆的"。结果是 GDP 涨了，老百姓的收入却相对地降了，以致内需严重不足。三是"国有情结"。政府习惯于从政治角度来认识并维护垄断行业，使市场中的民营企业处于不利地位。结果导致国企自身创新意识不足、竞争能力下降、效率递减和宏观经济运行出现障碍。在"强国家—弱社会"模式下，由于公民社会尚未成型，强势国家就包揽了教育文化等社会功能，在传统国家天然的行政化、功利化倾向作用下，教育、科学、文化等社会精神层面的建设不得不戴上沉重的枷锁，结果是民族创新力"集体失语"。

三 文化背景

前面分析发现，生源地助学贷款人数与普通中学毕业生数、普通高校招生数、普通高校本专科学生数、财政性教育经费、文体与传媒支出、电视覆盖率甚至公共图书馆藏书量（实际上可以等价于各省市高校的图书馆藏量）等都有一定的相关性。实际上，我国率先进行生源地助学贷款试点的 5 省市中，陕西、江苏、湖北都是传统的高等教育大省，如江苏现有高校 124 所、在校大学生 177 万人，是全国高校、在校大学生人数最多的省份；他们历来都有尊儒重教的文化传统，即使政府对教育的财政投入并没有明显优势，但在文化因素的影响下，家庭普遍重视教育，容易形成促进生源地助学贷款蓬勃开展的氛围和有利局面。

我国地方各省市在教育、文化传媒等方面的公共财政投入差异也很大，沿海经济发达地区对教育文化的财政性投入明显高于中西部地区；而中西部省份由于财政收入有限，很难拿出更多的财力支持教育文化事业的发展。从普通高中毕业生数看，我国的几个人口大省如河南、山东、四川、广东的总量也较大。

一方面，自周秦以来中国一直是个农业社会的结构，经济困难学生大多来自农村社会的弱势群体家庭，在长期耳濡目染于底层社会为生存而挣扎的环境中，社会"阴暗面"接触较多，诚信教育相对缺失，一些人可能认为贷款违约拖欠根本"不足为奇"。如甘肃省9091份学生问卷显示，80%的调查对象来自乡镇或农村，67%的学生回答其父亲属于"城乡无业、失业或半失业者"，76%的学生回答母亲职业为农民，回答自己父亲文化程度为高中、初中、小学的依次占28%、35%、21%，回答自己母亲文化程度为初中、小学、文盲的依次有29%、32%、19%。可见，大量家庭经济困难学生的家庭教育、幼儿教育都可能处于空白或缺失状态。

另一方面，当今中国社会贫富分化加剧，社会利益共享机制出现断裂。1%的家庭掌握了全国41.4%的财富，2009年基尼系数已高达0.47。国民财富高度集中于"少数群体"，这势必引起"多数群体"的幽怨和不满，从而很可能为恶意逃废贷款债务者提供某种"心理支撑"。

从信用文化来看，社会信用环境包括信用约束力、社会个体的信用意识、社会的信用意识以及信用重视度等方面。信用是交易过程中的守信行为。对任何一种交易而言，必然伴随着交易成本的产生和交易风险的存在，信用可以降低交易成本，使得市场交换得以顺利进行。社会信用体系的建立，可以在一定程度上降低交易过程中的不确定性，使得交易双方的行为更加趋于稳定，以保证交易活动按预期进行，从而提高市场效率。良好的信用环境对金融体系有着重要的影响。诚信可以降低交易中的信息成本，减少信息的不确定性，对失信行为施以有效的约束；诚信能够促进当事人之间交易活动的协调进行，使金融体系更加健康有序地发展，从而提高整个金融体系的运行效率。

中国长期封建制度下形成的传统家族文化和长期形成的基层组织结构，是开展农村金融活动的现实人文环境。目前，中国农村基本社会结构是在几千年封建农耕制度基础上形成的农村经济社会结构，主要是以家族群落为主体的社会文化结构。在这种社会文化结构中，各种交易主要是通过圆融的"关系"而非严格的契约来解决，因此造成对诚信的普遍漠视。

在发达市场经济中，企业间的逾期应收账款发生率只有 0.25% — 0.5%；而在我国，这一比率高达 5% 以上，且呈逐年增长的势头。资本市场上借债还钱本来天经地义，但我国"有借无还"这样的失信观念反而已经深入人心①。由于文化背景影响的"根深蒂固"，近年来，我国的信用环境虽然有所改善，但仍然远远落后于金融发达经济体。

一个社会最大的诚信在于政府的诚信。生源地助学贷款中，信息更"对称"的基层政府组织在对家庭经济困难学生的认定中本应扮演重要角色，但由于信用文化落后，失信成本低，那些开具证明的基层单位一方面可以作顺水人情，另一方面还可能收取一定的费用，利用公权力"售卖"贫困证明，以至于开出的证明早已失去了一级政府的诚信意义②（苗福生，2006）。目前我国缺少一个简便有效的系统来衡量大学生的信用，对恶意逃债者也缺乏制约机制，使部分诚信不足的学生有机可乘。发达国家的经验是通过其完善的社会信用体系来降低风险。在美国，国家信用局记录和保存着每位公民的信用档案，并对每个人的信用状况进行打分评级。如果发生借贷并按期还款，信用得分和守信次数越多，则信用积分越高。相反，如发生贷款拖欠情况，就会留下个人信用不良记录。所以，学生会谨慎从事，也不敢恶意拖欠贷款。我国社会诚信监督机制尚不完善，网络化的个人信用系统也未完全建立，这一软环境的缺失极大地阻碍了生源地助学贷款的可持续发展。

总之，由于金融生态不良，政府、企业、机构都可能漠视信用，拖欠、违约也因此"见怪不怪"。在这一背景下，生源地助学贷款的道德风险必然居高不下，今后贷款的回收率也因此不容乐观，尽管问卷反映出多数学生都能意识到助学贷款违约的后果将是"个人信用记录受损"（87%）和"父母可能被追债"（58%）。

通过深入观察，笔者发现，教育移民在"生源地"具有真实性，"次要劳动力市场"也客观存在，生源地环境和既有的社会关系网络使人产生了天然的路径依赖与向心力，要摆脱这一"引力场"的约束，对多数人而言都是困难的，尤其对农村中学毕业生而言更是面临着艰难的抉择。

生源地助学贷款的可持续发展，在需求上主要由学生家庭经济状况决

① 向立文编：《中国需要信用制度》，上海财经大学出版社 2005 年版，第 4 页。
② 苗福生：《贫困证明的信任危机》，《中国财经报》2006 年 8 月 17 日。

定，在供给上则取决于银行等承办机构的金融支持，银行的放贷意愿（惜贷程度）主要决定了生源地助学贷款的供给量和发放规模。而一个国家或地区金融生态的好坏直接关系到银行贷款的意愿、质量和金融风险的大小，因此，金融生态是影响生源地助学贷款可持续发展的关键因素。

第五章 生源地助学贷款可持续
发展的内因

唯物辩证法认为，事物的内部矛盾（内因）是事物自身运动的源泉和动力，是事物发展的根本原因。内因是变化的根据，外因是变化的条件，外因通过内因而起作用。生源地助学贷款可持续发展的内部矛盾，主要体现在其运行机制上。

第一节 生源地助学贷款运行成本

2009 年我国高等教育在校生总规模 2979 万人，相当于 1978 年的 35 倍（见图 5-1）。

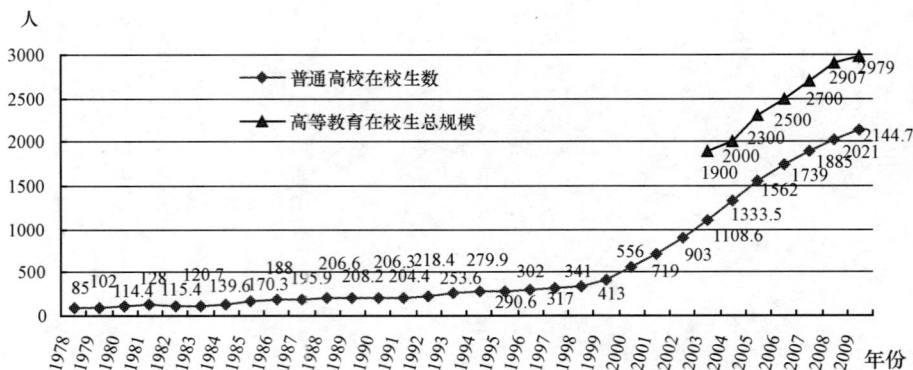

图 5-1 1978—2009 年中国高等教育规模变化

资料来源：历年全国教育事业、国民经济和社会发展统计公报。

《纲要》预计 2015 年这一规模将达到 3350 万人，2020 年达到 3550 万人。设 2009—2015 年高等教育规模的平均增长率为 x_1，2015—2020 年

平均增长率为 x_2，则有：

2979 $(1 + x_1)^6$ = 3350，3350 $(1 + x_2)^5$ = 3550，算得 x_1 = 1.98%，x_2 = 1.17%

于是可以模拟出 2010—2020 年中国高等教育规模变化趋势（见表 5 - 1）。设助学贷款需求人数占普通高校在校生规模（含研究生）的 20%，助学贷款金额仍按 6000 元/年计算，则 2010—2020 年国家助学贷款的年均需求量约 305 亿元。

表 5 - 1　　2010—2020 年中国高等教育规模变化趋势模拟及助学贷款需求测算

年	2010	2011	2012	2013	2014	2015	2016	2017	2018	2019	2020
N	3038	3098	3160	3222	3285	3350	3389	3429	3469	3510	3550
n	2330	2377	2424	2472	2520	2570	2600	2630	2661	2692	2724
D	466	475	485	494	504	514	520	526	532	538	545
Y	280	285	291	297	302	308	312	316	319	323	327

注：N 为高等教育在校生总规模（万人）；n 为普通高校在校生规模（含研究生）（万人）；D 为助学贷款需求人数（万人）；Y 为助学贷款需求金额（亿元）。

但事实上，在 2000—2006 年的 6 年间全国助学贷款总共才贷出 170 亿元，2008 年全国高校学生贷款申请率仅 11.2%，2009 年全国助学贷款新增发放仅 93 亿元。可见，以目前的贷款供给还远远不能满足我国高等教育发展的需求。

有学者认为，美国学生贷款成功的主要经验在于政府为学生贷款提供担保、学生贷款项目灵活多样、利用市场机制促进银行参与、有效的运行机制以及采取多种措施保障贷款回收等，其经验很值得中国参考；美国降低学生贷款拖欠率的经验在于：贷款回收力度、对拖欠者的惩罚力度大，还款方式灵活多样，对贷款学生提供服务咨询，高校对学生的拖欠贷款负责等[1]。还有研究者讨论了校园地助学贷款"高校—政府担保"模式的运行机制[2]。但目前关于学生贷款内在本质规律的探讨还不多见。

生源地助学贷款发展至今，国开行的信用贷款模式已成为主流，本书

---

[1]　李红桃：《美国国家担保学生贷款的经验及其启示》，《高教探索》2002 年第 4 期；《国家助学贷款运行机制研究》，华中科技大学，2005 年；李红桃、沈红：《美国降低国家担保学生贷款拖欠率的经验及启示》，《比较教育研究》2003 年第 1 期。

[2]　宋飞琼：《国家助学贷款担保机制研究》，华中科技大学，2008 年。

也主要探讨这种模式。生源地助学贷款运行的关键要素包括：对象选择 i 、贷款额度 x_i 、财政补贴、风险补偿金以及政府的管理成本（转移支付） $S(\pi)$ 等， $S(\pi)$ 包括贷款申请、发放、回收和追缴过程中人力、物力和财力的消耗。在高等教育公平目标下，政府应以尽可能低的管理成本实现较大的贷款规模（ $\sum x_i$ ），覆盖尽可能多的贫困学生。其数学表达式为：

$$\max\left[\sum x_i - S(\pi)\right] = \max \sum x_i\left[1 - (R + R_1 + P + C_1)\right]$$

式中， $S(\pi) = \sum x_i(R + R_1 + P + C_1)$ 为政府参与生源地助学贷款的总成本， R 为财政贴息率， R_1 为资助中心运转经费占贷款总额的比率， P 为风险补偿率（目前为15%）， $\sum x_i$ 为学生贷款总额，（ $\sum x_i$ ） R 为财政贴息总额，（ $\sum x_i$ ） P 为政府承担的风险补偿金额， $C_1 = C / \sum x_i$ ，表示资助中心管理成本占学生贷款总额的比例。

在公平目标下，生源地助学贷款首先要选择贷款对象（ i ），并确定贷款额度（ x_i ）。谁有资格获得贷款取决于家庭经济状况， $x_i =$ （学费＋住宿费＋生活费） － （家庭可支付费用＋在校获得的其他资助）。相对高校助学贷款而言，生源地助学贷款信息更加对称，贷款对象的认定比较准确，但是目前贷款额度仍然偏低，尤其没有体现学生个性化的需求。其次是补贴方式及补贴额度。政府除了为学生提供信用担保以外，还必须对国开行或农信社进行财政补贴，促使贷款利率低于市场利率，从而激励更多的贫困生能低成本获得贷款，这是一种"暗补"，国际上"暗补"占学生贷款总额的比例为40%—60%[①]。再次是风险补偿率（ P ）。目前生源地助学贷款中， $P = 15\%$ 。最后是运行方式与政府管理成本。生源地助学贷款的运行主要有两种方式：一种由国开行承办，执行机构是政府职能部门（资助中心），资金来源于债券发行，管理成本和风险主要由政府承担；另一种由农信社等地方金融机构承办，按照比较市场化的方式运作，政府管理成本较低，但这种贷款总量很小。

运行成本和贷款拖欠率是决定一个学生贷款项目可否持续发展的重要条件。中国目前有2861个县级行政区。2009年，全国26个省份开展了生源地助学贷款，全年共审批62.2万人，占国家助学贷款审批总人数的

[①] 戴金平、宋楠：《学生贷款管理成效的国际比较》，《南开大学学报》（哲学社会科学版）2000年第5期。

61%，审批合同金额 46.1 亿元，占国家助学贷款审批合同金额的 53%。其中，国开行 19 家分行开展了生源地助学贷款，新增发放贷款 39 亿元，覆盖全国 1422 个县（市/区/旗）（覆盖率 50%），市场份额达 85%，成为我国生源地助学贷款市场事实上的"垄断者"。考虑到部分县级资助中心还有其他学生资助工作，不妨设每个资助中心有 3 人①专职从事生源地助学贷款工作，人均事业费支出按每年 3 万元计算，公用经费按 1 万元计算，共需 12 万元。于是 1422 个县级资助中心的运转费用约 1.7 亿元。

设财政每年给国开行贴息利率按 7% 算，则国开行 2009 年利息收入 2.73 亿元。风险补偿金比例按当年贷款发生额的 15% 确定，则 2009 年各级财政共需支付风险补偿金 5.85 亿元。此外，代理行②还要收取 3‰的代理费，共 0.117 亿元。

于是 2009 年财政为国开行生源地助学贷款运行所支付的成本 C_{Gov} 和国开行的收益 Y_{Cdb} 分别为 $C_{Gov} = 1.7 + 2.73 + 5.85 = 10.28$ 亿元，$Y_{Cdb} = 2.73 + 5.85 - 0.117 = 8.463$ 亿元。

国开行生源地助学贷款由国开行提供所有的贷款本金，财政提供补贴并为贷款服务机构（学生资助中心）支付费用，目前国开行给县级资助中心的经费支持与激励还很少，整个学生贷款项目能否保持较低的运行成本，尚需实践的进一步检验。

第二节 生源地助学贷款运行机制

生源地助学贷款政策的主要目的，是让学生（家庭）及地方政府分担部分高等教育成本，让学生通过接受高等教育这一"信号"来获得未来较高的预期收入，从而减轻公共财政日益紧张的投入压力，扩大高等教育参与，实现高等教育公平与效率的统一。学生贷款的目标包括：弥补高等教育财政不足；扩展高等教育；增加贫困家庭子女上大学的机会，促进入学机会公平；满足特殊领域、地区劳动力需求；减轻学生经济负担（Ziderman，2002）。判定学生贷款运行成功与否有两个依据：一是资金是

---

① 据笔者调查，在暑假期间，申请人数较多的县资助中心都要抽调大量中学教师来提供"无偿劳动"。

② 2010 年全国多数省份生源地助学贷款采取了"支付宝"形式进行结算。

否发放到有经济需求的学生手中，实现了入学公平和扩大高等教育入学率的目标；二是能否通过有效的贷款回收，将部分资助成本转移给学生本人（Johnstone，2006）。如果贷款的发放总量、目标人群的通达程度、回收效果以及管理成本等方面均表现良好，那么，可以认为助学贷款制度是成功的，同时也是可持续的。

一　财政—货币政策

作为中国三大政策性银行之一，国家开发银行成立于 1994 年。2008年年底，国家开发银行股份有限公司（CDB）成立，注册资本 3000 亿元人民币，定位于债券类、中长期、批发性银行。2009 年底，其股东持股情况如表 5 - 2 所示，由财政部控股。截至 2010 年 6 月末，国开行资产余额达 4.78 万亿元，超过世界银行和亚洲开发银行的资产之和，不良贷款率由 1997 年的 42.65% 降至 0.79%；至 2010 年年末，国开行资产规模突破 5 万亿元，不良贷款率 0.68%。

表 5 - 2　　　　　　　　　　2009 年国家开发银行股权结构

股东名称	出资数额（亿元）	持股数（亿股）	持股占比（%）
财政部	1539.08	1539.08	51.3
汇金公司	1460.92	1460.92	48.7

汇金公司是中国目前最大的金融投资公司，成立于 2003 年，2007 年变为中投的全资子公司，性质为国有独资，是国务院维护金融稳定、防范和化解金融风险的一个"工具性"公司。其主要职能是：根据国务院授权，对国有重点金融企业进行股权投资，以出资额为限代表国家依法对国有重点金融企业行使出资人权利和履行出资人义务，实现国有金融资产保值增值，保证国家注资的安全并获得合理的投资回报。汇金公司的全部5000 万元注册资金来自财政部，而运营的却是央行资金。成立时动用 450亿美元外汇储备对中行、建行注资；2004 年动用催收央行再贷款的 30 亿元人民币注资交行；2007 年年底，汇金公司又向国家开发银行注资 200亿美元。

开发性金融作为连接政府和市场间的桥梁，是针对市场失灵和制度落后的一种金融创新。国开行以开发性金融原理服务国家发展战略，以中长期投融资为手段，结合国家信用与市场化运作，发挥其投资、贷款、债券、金融租赁方面的综合优势，致力于促进市场建设、制度建设、信用建设，助力缓解经济社会发展瓶颈制约，弥补信用和市场空白及缺损。国开行是我国最大的金融债券发行体，主要通过发行金融债券筹集资金，其规模仅次于财政部。2009 年，国开行发行人民币金融债券 6730 亿元，截至年底，其金融债发行量突破 5 万亿元，市场存量达 3.2 万亿元，成为全球发行债券余额最大的银行。国开行投放贷款越多的地区，往往也是生源地助学贷款发放规模较大的地区。如在近年来生源地助学贷款发放规模最大的陕西省，到 2010 年年底，国开行已累计投放贷款 2200 多亿元，贷款总量 1206 亿元，在该省金融机构中位居第一；同时国开行也投放生源地助学贷款近 20 亿元，帮助 30 多万名家庭经济困难大学生就学。由此足见国开行强大的资源配置权力，无论对地方政府，还是各类企事业单位，都会相应产生一个"寻租空间"。

财政政策由政府收入和支出两方面构成，具体包括政府采购、转移支付、税收、公债以及政府预算。金融体系是由各种金融机构组成的、维系金融市场运行的资金融通系统，它涵盖银行、证券和保险三个行业。货币政策主要包括信贷政策和利率政策，具体措施有再贴现、存款准备金、公开市场业务、直接信用控制、消费者信用控制、道义劝告、利率管制等。财政政策和货币政策作为一国政府调节总需求的宏观政策，由于调节方法和手段不同，会对国民收入和利率产生不同的作用，并且这种作用不可相互替代。这就要求两者进行"混搭"，否则就会产生碰撞与摩擦。

财政本身并不具有直接创造货币需求的能力，唯一能创造需求和货币的是银行存款。因此，财政的扩张和紧缩效应一定要通过信贷机制的传导才能发生。财政政策的核心是通过变动或调整财政收支规模调节社会总需求，侧重于国民经济结构性调整；而货币政策的核心是通过变动货币供应量，使货币供求形成一定的对比关系，进而调节社会的总供求[1]。财政政策可以利用法律、行政手段等强制性付诸实施，因而可控性强、收效快、收效时滞短；而货币政策只能采取间接调控。

一般来说，扩张性财政政策在增加国民收入的同时会提高利率水平，产生挤出效应；扩张性货币政策在降低利率的同时会提高国民收入水平[2]。任何财政政策在引起 IS 曲线移动时也引起利率的变化[3]。因此，考

---

[1] 李素萍主编：《西方经济学》，北京理工大学出版社 2006 年版，第 245—246 页。

[2] 张远超、孟祥仲主编：《宏观经济学》，经济科学出版社 2007 年版，第 118 页。

[3] 董长瑞主编：《西方经济学》，经济科学出版社 2006 年版，第 298 页。

察财政政策，还必须考虑货币市场的变化，即运用 IS—LM 模型来分析财政政策的效应。如图 5-2 所示，曲线 IS_1 和曲线 LM_1 交于 E_1 点，相应的利率和国民收入分别为 r_1 和 Y_1，但充分就业的国民收入不是 Y_1，而是 Y^*。为了实现充分就业，政府可以实施扩张性的财政—货币政策，将 IS_1 或 LM_1 曲线向右移动，使国民收入增加为 Y^*。如只采用财政政策，将 IS_1 曲线移至 IS_2 的位置，利率上升为 r_2；只采用货币政策，将 LM_1 曲线移至 LM_2 的位置，利率降低为 r_2'。这两种方法都会导致利率大起大落，不利于经济稳定。如果同时将 IS_1 和 LM_1 分别移动到 IS_1' 和 LM_1'，则利率 r_1 可保持不变，而国民收入可达到充分就业水平 Y^*。

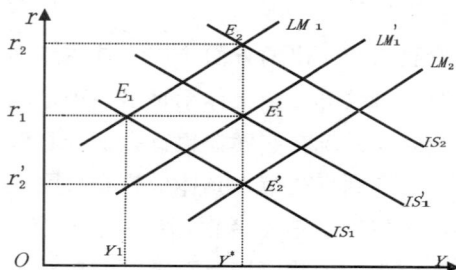

图 5-2　货币政策与财政政策的混搭与耦合

耦合（Coupling）是指两个或两个以上的系统或运动方式之间通过各种相互作用而彼此影响以及联合起来的现象。在一个系统中，一个子系统的输出就是其他子系统的输入，而其他子系统的输出，又正好是该子系统的输入，各子系统间形成功能互补、相互依赖、相互协调、相互促进的动态关联关系。国开行开展生源地助学贷款，一方面实施扩张性的财政政策，执行了财政部转移支付的财政功能，使 IS 曲线向右移动；另一方面，在执行人民银行基准利率的前提下，扩大货币供给，LM 曲线也向右移动。因此，在财政—货币政策的耦合过程中，均衡点也会从 E_1 平移到 E_1'。

生源地助学贷款一方面使"生源地"经济困难家庭宝贵的资金得以留在当地，从而可以更多地投入生产和消费，其宏观经济效应表现为一种转移支付；另一方面，生源地助学贷款扩大了货币供给，使贷款学生不至于过分地"节衣缩食"，提高了学生的边际消费倾向，从而也能产生宏观经济的乘数效应。生源地助学贷款属于典型的开发性业务，它结合国家助学贷款政策与生源地实际情况，充分发挥了区域财政—货币政策的作用。财政杠杆（IS）主要以公共支出、转移支付的方式来扩大高等教育参与，维护高等教育公平，金融杠杆（LM）则通过相应货币政策来追求市场机制下的资源配置优化与效率，如国开行公开发行债券融资就是一种"准公开市场业务"。如果单纯使用财政杠杆，忽视金融杠杆，则国开行只会按行政指令发放贷款，不会主动关心利率和风险，结果是回归到过去的政策性扶贫贷款甚至计划拨款；如果单纯使用金融杠杆，一味追求利润回报，完全按照市场规则发放贷款，则又会蜕变成一般的商业性贷款，不能履行国家实现教育公平和建设人力资源强国的战略意图。因此，必须将财政杠杆与金融杠杆合理混搭使用，相机抉择[①]，才符合国家开发银行这一机构的特点，也才能促进生源地助学贷款制度的可持续发展。

生源地助学贷款结合中国特色与国情，利用财政、金融手段，创新金融工具，进一步完善了家庭经济困难学生资助体系，充分发挥了政策整体效应。自政府开始贴息后，生源地助学贷款具有了较强的政策属性并成为国家助学贷款的重要种类之一，对高校国家助学贷款有补充和完善作用，甚至还有替代的势头。在具体的实施过程中，国开行从机制建设、业务流程和贷后管理等方面加强市场建设、制度建设、信用建设，建设信息化、电子化的管理系统，搭建有效的信用和信息平台，全程跟踪和管理助学贷款，防范贷款风险。一是搭建"立体"信用网络，将家长、高校和就业单位等联结成风险防范链；二是推出符合学生特点的新产品，根据借款学生的特点，在期限、利息和还款方式等方面进行创新，以降低违约风险。

帕累托改进指在某种经济境况下，通过适当的制度安排或交换，在不减少一方的福利时，通过改变现有的资源配置而提高另一方的福利，使得一些人的境况得到改善而其他人的状况至少不变坏。生源地助学贷款制度安排中，学生、高校的福利明显得到了改善，银行也从政府补贴和贷款利息中获益，政府虽然支付了利息补贴和风险补偿，但相对于受助学生教育收益巨大的外溢性而言，几乎是可以忽略不计的。显然，这种制度设计是一种帕累托改进。帕累托改进是基于帕累托最优基础之上的，它可以在资源闲置或市场失效的情况下实现。在生源地助学贷款制度下，国开行将部

---

①　指政府根据经济的实际运行情况而采取相应的宏观经济政策。

分闲置的债券资金贷给贫困学生并从中受益，其他人的利益也没有因此受损，结果是使整个社会受益。如果处境不利的贫困生均能得到贷款资助，毕业后又能如期偿还，那么生源地助学贷款市场就会良性循环并处于均衡状态，达到帕累托最优，在时间维度实现可持续发展。

二　杠杆原理

与公元前 3 世纪古希腊阿基米德的杠杆研究相比，中国古代对杠杆原理的认识更先进。《庄子·天地》记载："有械于此，用力甚寡而见功多……凿木为机，后重前轻，挈水若抽，数如泆汤，其名为槔。"[①]《墨经》记载："衡：加重于其一旁必捶。权重相若也，相衡，则本短标长，两加焉，重相若，则标必下，标得权也。"[②] 至今，杠杆原理早已突破简单的力学范畴，延伸到了社会科学研究领域。比如，金融就是现代经济发展的重要杠杆。金融杠杆作用发挥到位，对经济发展将产生巨大的推动效应。反之，如果金融杠杆支持经济发展的力度过小，出现资金"贫血"，就会成为制约经济发展的"瓶颈"。

（一）经济地理中的杠杆原理

从经济地理角度观察，目前中国经济布局分四大区域：东部 10 省、东北三省、中部 6 省和西部 12 省（区/市），中西部人均 GRP 还不到东部的一半，经济梯度自东向西依次降低，尤其是农村居民人均纯收入，东部比西部地区约高出一倍（见表 5-3）。平均来看，我国目前贫困生比例为 20%。东部地区贫困学生平均比例为 13%—17%，中部地区贫困学生比例为 22%，而西部地区贫困生比例高达 27%—29%。

可见，在宏观经济领域，中国区域经济发展的杠杆机制已经形成，东部经济地带中的三大经济区（环渤海、长三角、珠三角）形成的经济合力，足以撬动西部欠发达地区的经济腾飞，并带动中部经济地带的快速崛起。这一经济杠杆原理生效的关键在于建立若干个科学的"支点"以及足够牢固的"力臂"，以使东部经济地带的资金、人才、技术等向中西部转移、聚集。

---

① 冯友兰、钱穆等：《庄子二十讲》，华夏出版社 2009 年版。
② 方孝博：《墨经中的数学和物理学》，中国社会科学出版社 1983 年版。

表5-3   2007年中国区域经济发展主要指标比较

	东部		东北		中部		西部	
	数量	占比（%）	数量	占比（%）	数量	占比（%）	数量	占比（%）
GRP（亿元）	152346.4	55.3	23373.2	8.5	52040.9	18.9	47864.1	17.4
地方财政收入（亿元）	14052.9	59.6	1843.9	7.8	3590.4	15.2	4085.5	17.3
人均GRP（元）	32283		21573		14754		13212	
城镇居民可支配收入（元）	16973		11463		11634		11309	
农村居民人均纯收入（元）	5855		4348		3844		3028	
人口（万人）	47476	36.5	10852	8.4	36298	27.9	35293	27.2

注：四舍五入，表中百分比之和不等于100%。

资料来源：国家统计局国民经济综合统计司，2009年。

（二）财政—金融杠杆

前面已经提到，财政、金融杠杆常常是互为条件、密不可分的。财政杠杆较之金融杠杆具有更强的控制性和时滞性，而金融杠杆则具有更大的灵活性和时效性，财政杠杆对调整产业结构比较有利，而金融杠杆对调节企业行为更为有效；财政杠杆偏重于解决分配的公平问题，而金融杠杆侧重于解决分配的效率问题。财政政策与货币政策的协调是由两者之间的内在联系所决定的。一方面财政政策与货币政策的终极目标具有一致性。两者都要求达到货币币值的稳定、经济稳定增长、劳动者充分就业和国际收支平衡。另一方面，两者的实现手段具有交叉性，彼此之间有着千丝万缕的联系，这也是两大政策协调配合的客观基础。在实际操作中，一是要坚持"量入为出"的财政政策和均衡性的货币政策，做到财政分配总规模的大体平衡；二是要综合运用各种经济杠杆，加强宏观经济调控，包括税收杠杆、补贴杠杆、预算杠杆、公开市场业务和利率杠杆等；三是要加速包括金融市场、产权交易市场、生产资料市场等在内的市场建设，使财政、货币政策的协调基于市场行为[1]。值得注意的是，西方国家在拯救经济危机过程中往往只有金融杠杆，而缺少财政杠杆。因为存在庞大的国有经济体，中国政府具有金融和财政两种杠杆来实施其危机拯救计划。但金

---

[1]　王姝玛：《新时期市场经济体制下财政政策与货币政策的协调》，《中国改革》2006年第7期。

融杠杆也是"双刃剑"，2008 年前后，正是因为滥用金融杠杆、无限放大杠杆倍数而陷金融体系于风雨飘摇之中。

在财政支持下，政策性金融机构通过运用部分财政资金和其他政策手段获得大量长期可靠的低成本资金，再通过贷款、投资和担保等方式，为符合政策要求的项目提供长期优惠的资金支持，以较少的资金带动和引导大量社会资金，完成单靠财政本身难以完成的社会经济目标。金融杠杆的撬动效能，取决于信用体系的完善程度。社会信用体系越健全，金融杠杆的支点就越牢固，相应的"力臂"就越长，资金的撬动作用就越大。因此必须加强金融生态建设，找准金融支持的均衡点、着力点、支撑点，改善机制，理顺关系，强化金融整体功能，充分发挥金融的杠杆作用。

（三）成本分担与杠杆原理

《纲要》指出，高等教育实行以举办者投入为主、受教育者合理分担培养成本、学校设立基金接受社会捐赠等多渠道筹措经费的投入机制。约翰斯通建立的高等教育成本分担理论认为，高等教育成本应该由多方负担，包括政府（纳税人）、学生、家长、高校和捐赠人等，他们可以用过去的收入（如存款）、现在的收入和未来的收入来分担成本[1]。Gladieux（2003）认为，没有哪一项物品的价格像高等教育这样由学生家长、学生个人、纳税人及捐赠人共同承担，也没有哪个国家能妥善解决如此复杂的问题。助学贷款为学生透支其未来的收入承担现在接受的高等教育（Learn now，pay later）提供了可能。助学贷款比助学金更能降低政府的开支，使成本与收益的分配更为公平，使高校对学生更负责任，学生更珍惜学习机会。生源地助学贷款中的"生源地"实际上隐含着三个主体：生源地政府、生源地银行和学生家庭，为了实现助学目标，这三个主体都必须有所作为：地方政府贴息并组建学生资助管理中心，银行受理贷款并给学生一定优惠，而学生家庭更是要在经济上鼎力支持孩子上学，当子女毕业后万一无力还款，父母有责任帮助子女偿还。因此，成本分担理论仍然是生源地助学贷款研究中重要的理论基础。

成本分担实际上是杠杆原理在高等教育财政中的应用之一。为了调动

---

[1] D. B. 约翰斯通：《高等教育财政：问题与出路》，沈红、李红桃译，人民教育出版社 2003 年版，第 254 页。

社会资金参与学生贷款以及刺激社会机构的积极性，美国政府使用了经济杠杆作为调控的手段，用相对较少的补贴和投入来调动社会机构参与学生贷款；对银行和经营学生贷款的非银行金融机构，政府利用财政杠杆让他们主动去收回贷款。政府规定为学生贷款提供 95% 的担保，但如果发生拖欠，银行也要承受一定的损失[①]。这就提高了银行追讨债务的积极性，银行会把拖欠者的账户转给专门的追款机构。

2010 年 11 月中旬，约翰斯通教授莅临华中科技大学，他进一步指出，目前高等教育成本分担的"担子"正在继续向学生及其家庭"偏移"（Cost – Sharing：Shifting Costs to Parents and Students）。在市场中，"分担"是基于参与者自发、自愿的行为，但在生源地助学贷款中，作为游戏规则的制定者，中央政府显然具有先动优势和强势地位，它事实上是在"撬动"其他参与者加大投入，而其他成员也只能被动接受。因此这一运作机制在本质上更适合用杠杆原理进行描述。

从宏观层面看，生源地助学贷款就是中央政府运用杠杆原理，加大"富人"（如东部）、地方政府、学生及其家庭对高等教育投入力度的制度设计。实际上，自从 2007 年生源地信用助学贷款试点后，财政预算内教育事业费中高校奖贷助学金部分地方财政负担明显加大。中西部地方政府财政本来就很紧张，生源地助学贷款显然强化了其责任、加重了其财政负担，因此有必要"进行财政转移支付，用财政杠杆撬动金融杠杆，形成两者的功能耦合"[②]，以便引导社会资源合理流向高等教育领域。

（四）生源地助学贷款中的杠杆原理

从运行机理上看，生源地助学贷款制度中，各级资助中心实质上充当着政府资助低收入家庭子女获取高等教育机会的"动力臂"，力臂越长政府越省力（回收效率高），但并不省功，这会造成贷款管理成本偏高；同时，中央政府进行财政金融制度创新，以国家开发银行为支点"撬动"家庭投资高等教育，通过提供贷款本金或者贷款担保实现以小搏大，促使地方政府加大对高等教育的投入责任以及对家庭经济困难学生的资助力度，促进资源的有效配置和高等教育的可持续发展，确保地方财政及家庭

[①]　张小萍：《建立国家助学贷款新模式》，《中国财政》2010 年第 5 期。

[②]　黄维、沈红：《国家助学贷款中财政杠杆与金融杠杆功能耦合分析》，《求索》2006 年第 11 期。

对高等教育的参与，实现"四两拨千斤"的杠杆功效（见图5－3）。以2009年为例，政府在生源地助学贷款中投入约10亿元，其他资助约45亿元，政府财政投入的杠杆率约为60倍；而国开行放贷39亿元，仅占其当年新增人民币贷款6350亿元的0.6%，而且，年底还能收回财政贴息资金2.73亿元以及风险补偿金5.85亿元。

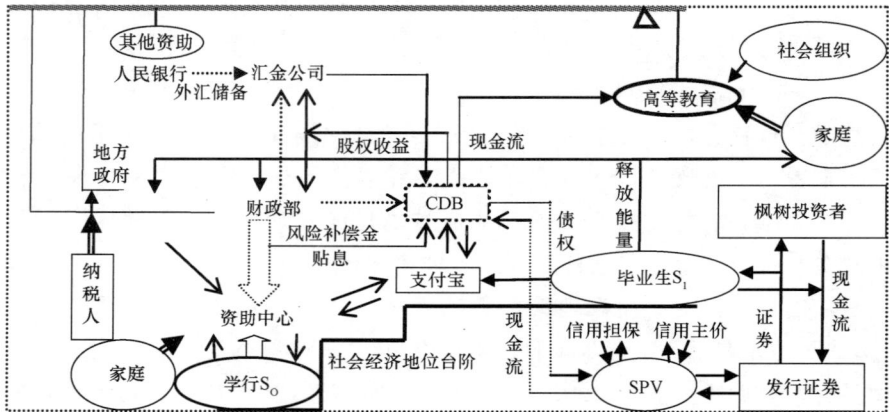

图5－3 生源地助学贷款运行机制与流程

如图5－3所示，国开行（CDB）实际上是我国金融杠杆与财政杠杆高度耦合的产物。它把国际先进金融原理与国情相结合，把政府的组织协调优势与金融的融资优势相结合，把服务国家战略与市场化运作相结合，以开发性金融服务经济社会发展。在目前我国助学贷款的市场机制和信用体制还相当薄弱的背景下，国开行从市场建设和信用建设入手，采用"批发方式"开展零售业务，以学生资助管理中心为实施主体，联结生源地、就学地和就业地，贷款制度的可持续性明显增强。

此外，保险、担保与资产证券化等市场机制也是杠杆原理在生源地助学贷款中的运用。国开行通过特殊目的机构SPV将学生贷款资产进行结构重组，并经过中介机构担保、评级后推向二级市场交易流通，既增强了资产的流动性，又大幅度分散了风险。这一制度创新同样实现了以轻拨重的杠杆功效。引入由政府作最后担保人的商业保险，也可以"充分利用担保的杠杆效应，规避或最大限度地降低金融风险，使生源地助学贷款在担保主体的参与下真正成为金融交易行为"①。在商业保险主动参与下，银行的贷款风险可通过"学贷险"方式合理转移给保险公司，这样就充分发挥了保险的金融杠杆功能。有效的担保是商业银行发放助学贷款时首先要考虑的因素。美国的各类助学贷款都是由政府提供担保。美国斯太福贷学金分为两种形式：一种是资金直接来自政府，政府承担风险；另一种是由银行或其他金融机构提供贷款，由州政府进行担保，联邦政府进行再担保，如果学生违约拖欠贷款、死亡或因病无法还贷，州政府和联邦政府将赔付95％的拖欠贷款。由两级政府提供的双重担保，改变了银行自己发放贷款、自己负担成本和承担风险、利益无法保证的局面，有力地推动了助学贷款在美国的开展②。日本政府通过育英会担当了风险担保人的角色，并承担管理费用和未按时归还的本金和利息。香港地区的入息及免入息审查贷款均由政府担保。我国生源地助学贷款在"农信社"时代一般都需要担保，在2007年以后采用信用贷款的形式，但政府实际上已经提供了充足的担保。

对于中国这样的发展中大国，公共教育经费的紧张，一方面促使中央政府大力推进生源地助学贷款，另一方面也加重了学生家庭以及地方政府的责任和负担。生源地助学贷款是经济社会发展需要，但却没人做、不愿做的开发性业务，它表现为高等教育发展中的瓶颈领域和薄弱环节，也是国家战略性、政策导向性的业务。生源地助学贷款业务需要集中、大额、长期的资金支持，具有建设周期长、风险控制难等特征，为财政力所不及、商业性金融普遍不愿做、资本市场也无法覆盖。因此，只有发挥开发性金融的独特杠杆作用，一方面提供有力的资金支持；另一方面用开发性方法弥补信用和市场的空白缺损，才能真正促使生源地助学贷款可持续发展。

（五）补贴与风险补偿

无息助学贷款一方面会增加国家对助学贷款的"隐性补贴"，导致国有资产流失，从而加重公共财政负担；另一方面对借贷者构不成还贷压力，致使借贷者还贷积极性不高，从而加重偿还拖欠。若全面实行低息助学贷款，收取部分利息，既能维护国家利益，促进国家经济发展，又能从

---

① 廖普明：《从国家助学贷款新政看其长效机制的建立》，《湖南社会科学》2007年第1期。

② 安·玛莉：《美国助学贷款经验及其对中国的启示》，《北京大学教育评论》2004年第1期。

长远保证生源地助学贷款制度的实施[1]。2008 年年底，国开行实现了从政策银行向现代金融企业的"华丽转身"，利润追求、金融约束成为其作为市场主体运作的天然诉求。而金融约束往往能够为商业银行提供有效的激励机制（Stiglitz，1977）。有学者认为，如果学生贷款拖欠率或逃避率高于 25%，那么，实施一项经仔细规定目标的助学金计划或许在费用上更有效（Albrecht，D. and Ziderman，A.，1991）。由于生源地助学贷款市场信息的不完全和对未知信贷风险的审慎考虑，经办银行仍然存在"惜贷"倾向，这时，政府作为"守夜人"，提供补贴是十分必要的。

在发达经济体，助学贷款的补贴率一般较低，而在发展中国家，补贴率很高（见表 5－4）。学生贷款补贴的合理性在于：帮助学生本人补偿部分受教育成本；保证学生不因财政障碍而游离于高等教育门外，以促进教育机会的公平；保证有学习能力的学生可以进入高等教育，以维护教育的效率；由于高等教育收益具有正的外部性，补贴能带来巨大的社会收益[2]。补贴也是财政杠杆之一，通过补贴，政府能以较少的支出从银行获得大量高等教育费用，从而减轻财政预算的压力。作为对市场的干预，补贴具有"双刃剑"的作用，合理的补贴可以弥补市场机制的缺陷，提高市场效率；而设计不当的补贴往往造成资源配置扭曲，进而导致效率损失。

表 5－4　　　　　　　　　　部分国家助学贷款补贴情况

单位:% 、年

国家	巴巴多斯	英国	瑞典₂	美国	洪都拉斯	丹麦	印尼	瑞典₁	巴西₂	肯尼亚	巴西₁	委内瑞拉
名义利率	8	6	—	8	12	8	6	4.3	318	2	15	4
实际利率	4.1	0	1	3.8	3	1.6	-2.3	-3	-14.9	-6.9	-35	-23
还贷期限	12	7	10	10	8	10	10	20	8	10	5	20
补贴比例	13	26	28	29	51	52	57	61	62	70	91	93
数据年份	1988	1989	1990	1986	1990	1991	1985	1985	1988	1989	1989	1983

注：下标 1 表示改革前，2 表示改革后。

资料来源：Douglas Albrecht and Adrian Ziderman，1993。

---

① 王定福：《推行生源地助学贷款存在的问题及相关政策建议》，《求索》2003 年第 14 期。

② 李文利：《国家助学贷款的理论探讨和实证分析》，《教育与经济》2004 年第 2 期。

所谓"暗补",是指学生贷款中未被偿还的利息补贴,世界各国普遍存在"暗补"现象。美国的助学贷款除免除在校期间的利息外,在毕业后一般都享受50%的优惠利率;日本育英会实施的"第一种无息助学贷款"的全部利息由政府承担;澳大利亚高等教育学费分摊计划(HECS)对未偿付的债务不计息;新加坡的政府贷学金及学生贷款基金、英国的助学贷款利息全部由政府补贴。一般国家的助学贷款暗补为40%—60%,日本为52%,但我国不足25%[①],低于国际平均水平。我国生源地助学贷款利率按法定贷款利率执行,学生在校期间的贷款利息全部由财政补贴,毕业后全部自付,并未充分体现低息或优惠利息的特点和助学性质。

约翰斯通、齐德曼等人都计算过多个学生贷款方案中的利息补贴,指出不同贷款项目的"暗补"数额存在巨大差异,任何补贴都会使学生贷款原始资金只能被部分地回收。因此,对于高度依赖补贴的学生贷款来说,完善、有效的补贴政策是其实现可持续发展的重要前提[②]。暗补的数额体现了学生贷款的补贴程度[③]。如果把商业利率的贷款和纯粹的助学金当作两极,那么带有暗补成分的助学贷款就处于这两极之间,贷款的补贴额越大,其中蕴涵的暗补成分就越多(见图5-4)。

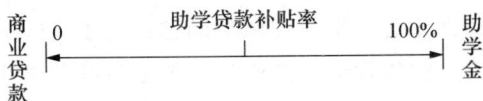

商业贷款 0 ——— 助学贷款补贴率 ——— 100% 助学金

图5-4　助学贷款游移于商业贷款与助学金之间

风险补偿是一种市场化运作机制。生源地助学贷款中,风险补偿金由国开行作为专项风险拨备,主要用于防范和弥补贷款损失。风险补偿金比例按当年贷款发生额的15%确定,具体根据高校类型和所处地域情况而异(见表5-5)。

---

① 沈伟基、张宇:《完善我国高校助学贷款制度的思考——中外比较视角》,《杭州金融研修学院学报》2005年第5期。
② 黄维、沈红:《我国学生贷款补贴政策的演变与改革路径》,《国家教育行政学院学报》2010年第3期。
③ 沈华、沈红:《学生贷款的偿还》,高等教育出版社2008年版。

表 5 - 5   生源地助学贷款风险补偿方案

高校 类型	中央 高校	地方高校		
		跨省 就读	本省就读	
			中西部省份	东部省份
风险补偿金分担	中央财政		中央与地方各负担 50%	逐省确定分担比例

　　考入中央高校的学生，风险补偿金由中央财政承担；考入地方高校的学生，跨省就读者风险补偿金由中央财政承担，在本省就读者风险补偿金由中央和地方分担，其中：中西部省份中央与地方各负担 50%，东部省份按政策逐省确定分担比例。同时根据各省财力、高校在校生数等因素设定调整系数。地方应承担的风险补偿金分担办法由各地自行确定。中央和地方负担的贴息及风险补偿金分别由全国学生资助管理中心和各省级学生资助管理中心负责归集，每年 12 月 20 日前，向开展生源地信用助学贷款试点的国家开发银行各分行及时足额划拨。风险补偿金超出贷款损失部分奖励给县级学生资助中心；不足部分由国开行分行和县级财政部门各分担 50%。但不同地方也有变数，如山东省就按地域划定比例①。

　　非完全信息经济学认为，当个体行为不能受到有效监管且不必为自己行为的后果负责时，就会产生道德风险问题，且不去积极寻找并采取相应的风控措施，从而造成贷款的逐渐流失。如果贷款各方主体在享受收益和权利的同时，也履行相应的义务和责任，使激励与约束对称，那么违约风险就会较低。而目前各参与主体的收益（激励）是确定的，违约率高的原因主要是各方承担的责任不够，即约束和激励不对等。因此应建立基于收益的风险分担机制，使得各参与主体能够切实承担自己的责任，进而降低风险。银行在收回放贷本金和利息之前获得政府财政支付的专项风险补偿金拨备，相当于政府为银行预先提供了固定支付，银行的风险大大降低。从国际经验来看，国家一般在助学贷款中承担着最终贷款人的角色，对风险具有"无限连带责任"②。这是值得我们借鉴的。

---

　　① 山东省教育厅、财政厅、银监局：《关于做好我省生源地信用助学贷款工作的意见的通知》，2008 年 11 月 12 日。

　　② 谭薇、黎和贵：《美国助学贷款管理体制的启示》，《金融理论与实践》2005 年第 9 期。

三　动态博弈

哈耶克认为，市场经济本质上是一种人与人之间合作秩序的不断扩展[1]。换言之，市场经济需要与之相适应的道德秩序，其精髓是诚信[2]。在现实的金融市场里，信息通常是分散、不完全和非对称的，信息的获得也需要成本，信息因此成为影响资源配置效率的重要因素之一。市场中的参与者只是有限理性人，他们在进行风险决策时并不按照贝叶斯法则进行，而是采用简单而有效的直观推断法[3]。当出现信息不对称时，制度安排的"激励相容"或自选择就至关重要。由于局中人的相互依存性，理性的决策必定建立在预测其他局中人的反应之上。一个局中人将自己置身于其他局中人的位置并为他人着想，从而预测其他人的行动，在此基础上该局中人决定自己最理想的行动[4]。由此带来市场选择的不确定性，非理性交易者因此完全有可能在市场中生存下来。

生源地助学贷款涉及学生、家庭、国开行（或农信社）、政府、高校等，参与各方都在试图使自身收益最大化，在个人效用函数和约束条件下选择其最优策略。而在选择过程中，参与者又必须考虑到其他成员作为理性主体也会作出最优决策的现实。如学生为了自身的利益可能采取失信的策略刻意违约，银行就会相应地选择紧缩贷款。计划思维与市场经济之间的矛盾可能导致政府官员个体选择和整体选择之间的激励不相容，使得真实信息被隐匿或变革意愿弱化。我国政治体制改革滞后，在诸多现实问题面前，政府都会理性地选择规避风险。在计划思维的惯性作用下，银行和地方政府"明里"要服从上级政府的命令和指导，实现计划意义上的政治功能，在"暗里"，银行却又不得不遵守市场铁律，地方政府对拿出资金来支持生源地助学贷款也显得"小心翼翼"。结果就出现助学贷款审批、发放中的许多敷衍行为。

（一）基本的博弈

博弈论是研究决策主体的行为发生直接相互作用时的决策以及这种决

---

①　张维迎：《博弈论与信息经济学》，上海人民出版社 2004 年版，第 12—13 页。

②　Roger A. McCain.《博弈论战略分析入门》，原毅军等译，机械工业出版社 2006 年版，第 5—10 页。

③　林国春、段文斌：《行为金融学及博弈论应用》，南开大学出版社 2006 年版，第 6—13 页。

④　施锡铨：《博弈论》，上海财经大学出版社 2000 年版，第 7 页。

策的均衡问题。博弈论分析的目的是预测博弈的结果[①]，其基本概念包括六点：（1）参与者，指一个博弈中的决策主体；（2）行动，指参与人在博弈的某个时点的决策变量，其中动态博弈指参与人的行动有先后顺序，且后行动者能够观察到先行动者选择的行动；（3）信息，指参与者能了解到和观察到的对有关其他参与人（对手）的特征、战略空间及支付函数的知识，完全信息是指每一个参与者对自己的以及其他参与者的信息及收益有准确的知识和完全的了解；（4）战略，指参与人在给定信息集的情况下的行动规则，它规定参与人在什么时候选择什么行动；（5）支付，指在一个特定的战略组合下参与人得到的确定效用水平或期望效用水平；（6）均衡，指所有参与者的最优战略组合。

生源地助学贷款流程中，在申请阶段，学生与银行之间不存在串谋，借贷双方信息不对称现象是明显的，如银行并不真正清楚学生的家庭经济状况、学生的诚信状况等；但银行的借贷政策却是公开透明的，而且学生先申请银行后贷款的过程是动态的，故借贷双方的博弈属于不完全信息的动态博弈。但到了还款期，学生可能选择还与不还，银行很清楚学生的行为选择，也会随后对违约者采取相应催收、公示等行为，因此双方的博弈为完全信息的动态博弈。

（二）"囚徒困境"与相机抉择

目前生源地助学贷款对象包括普通高校研究生、本科生和高职高专学生。硕士生由于学费较高，更可能求助于贷款，尤其是直接读研的应届本科生。一项针对 2010 年毕业生起薪情况的调查显示，专科、本科、硕士、博士毕业生的平均起薪分别为 1644 元、2116 元、3393 元、5399 元[②]。设毕业生年收入以 10% 的速度增长，生均借款额为 6000 元/年，专科、本科、硕士学制分别为 2 年、4 年和 3 年，贷款利率为 7%，还款采用等额本金偿还，毕业后两年内为宽限期，只还利息。假设一名 2007 级本科生 4 年申请生源地助学贷款 2.4 万元，在校期间由财政贴息，2011 年毕业后正常就业，2011—2013 年宽限期只还利息，每年 1680 元，毕业后 10 年内还清，则共需支付利息 10920 元（记为 1.1 万元）。

第一种情况：学生毕业后能履约，其总收入为 $2.4 + 1.1 + R = 3.5 + R$

---

① Roger A. McCain：《博弈论战略分析入门》，原毅军等译，机械工业出版社 2006 年版，第 5—10 页。

② 刘黎霞等：《中国薪酬白皮书发布》（2010），《南方都市报》2010 年 4 月 28 日。

（万元）。还款 3.5 万元后，学生自己还有 R 的收益，R 包括政府贴息及其他补贴。

第二种情况：借款学生毕业后 100% 违约，造成银行连本带利损失 3.5 万元，而学生净获利 3.5 + R 万元。

第三种情况：银行惜贷，并将这笔资金另外投资，获得 1.1 万元以上的利息。学生不能获得这笔资金，可能借高利贷，也可能放弃高等教育，其真实损失至少为 2.4 万元。

第四种情况：学生与银行完全不合作，双方按照各自预期效用最大化原则选择最优策略，结果机会成本、损益均为 0。由于机会主义心理作祟，无论银行采取什么策略，学生违约概率都趋于 1。根据博弈的对称性，银行的理性选择也是不贷，最后的纳什均衡是（0，0）（见表 5 - 6），即个人理性导致集体的帕累托失效。

表 5 - 6　　　　　　　　生源地助学贷款中的"囚徒困境"

		学生	
		还	不还
国开行	贷	(3.5, R)	(-3.5, 3.5 + R)
	不贷	(3.5, -2.4)	(0, 0)

（括号中数字分别为银行和学生的利得）

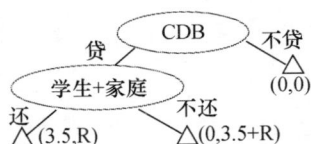

图 5 - 5　两阶段动态博弈

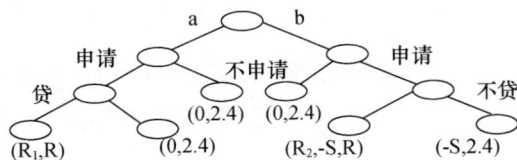

图 5 - 6　学生贷款博弈树

图 5-5 中三角"坐标"表示博弈双方（国开行，学生）到达这些终端路径所得收益。如果国开行不贷，则能保住 2.4 万元本金，但博弈终止，学生可能借高利贷，也可能辍学。如国开行同意贷款，则进入学生（家庭）的选择信息集。若学生毕业后还贷，则银行可以获得利息收入 1.1 万元，学生也得利 R。若学生毕业后不还，则银行不但血本无归，而且有机会成本损失。无论学生"还"或"不还"，博弈都将结束。

如果采用理性人假设：博弈双方都以自身利益最大化为目标，道德因素的影响趋近于 0。那么，银行不贷款虽能保本，但也没有收益，并不合算；而一旦贷出，又面临学生自利目标下的违约风险。显然，交易很难发生。现实中，银行会采取有限理性人假设，即道德因素影响较大，只要对学生的行为加以制约，学生是合作的、可信的。设银行贷款的概率为 η，学生还贷的概率为 θ（$0 < \eta, \theta < l$），银行利率为 r，设助学贷款期限为 t，按连续复利计算，t 年后还贷金额应为 $2.4e^{rt}$。由于信息不对称，信息搜集成本较高，银行很难准确地知道申请学生所属的类型。不妨设借款学生分 a、b 两种，其中 a 表示遵守规则的学生，b 表示不守规则的学生。银行出于规避风险考虑，可能提高利率以弥补违约损失。而利率太高就会出现"逆向选择"和"道德风险"问题，也即 a 类学生因无法承受高利率而退出交易，只有 b 类学生申请贷款，从而使学生贷款的交易量减少、违约率上升；而贷方又会进一步提高利率，减少贷款发放量。结果是借贷双方的交易量日渐萎缩，贷款难以持续。

设 a 类学生会提供真实的资料，得到贷款且顺利完成学业，得到的收益为 U_a，按期偿还银行本息 $R = 2.4e^{rt} < U_a$，其最后收益为 $R_1 = U_a - R$。b 类学生则弄虚作假，其造假成本为 S[①]，得到 2.4 万元贷款的概率仍为 η，收益 U_b，其总收益 $R_2 = U_b - 2.4e^{rt}$，$U_b < U_a$。国开行的期望支付 $E(CDB) = \eta[2.4\theta e^{rt} + (1 - \theta)(-2.4e^{rt})] + (1 - \eta) \times 0 = 2.4(2\theta - 1)\eta e^{rt}$。当 $\theta > \frac{1}{2}$ 时，$E(CDB) > 0$，银行将选择贷款。一般情况下，学生违约率不会超过 50%，所以，国开行是愿意承办生源地助学贷款的。正是由于国开行的积极参与，放贷意愿强，生源地助学贷款才出现良性发展的势头。

---

① 在我国，提供虚假证明，伪装贫困的成本都很小，即 $S \to 0$。

下面进入第二阶段，学生是否贷款取决于他们各自的期望收益。

a 类学生的期望收益 $E(s/a) = (U_a - R) + (1 - \eta) \cdot 0 = \eta (U_a - R) > 0$，故 a 类学生申请贷款的概率 $P(s/a) = 1$。b 类学生的期望收益 $E(s/b) = \eta (U_b - R - S) + (1 - \eta) \cdot 0 = \eta (U_b - R - S)$，因 $S \to 0$，则 $U_b - R - S > 0$，b 类学生也会选择申请贷款，即 $P(s/b) = 1$。

然后，银行根据两类学生的概率来确定贷款的风险，由于 b 类学生可能的欺骗行为，银行（资助中心）决策还需要更多的信息，也即估计在申请贷款的学生中 a、b 类学生的比例，计算其期望收益，从而决定是否发放贷款。根据贝叶斯法则，申请人中 a 类学生的概率为：

$P(a/s) = P(s/a) \cdot P(a) / P(s) = P(s/a) \cdot P(a) / [P(s/a) P(a) + P(s/b) \cdot P(b)]$

$\because P(s/a) = P(s/b) = 1$，$P(a) + P(b) = 1$

$\therefore P(a/s) = P(a)$

同理，有 $P(b/s) = P(b)$。

可见，银行难以肯定申请学生所属的类型，其贷款决策取决于期望收益：$E(C/s) = P(a) \cdot R + P(b) \cdot \varepsilon R = P(a) \cdot R + [1 - P(a)] \cdot \varepsilon R = P(a)(1 - \varepsilon) R + \varepsilon R$，只有当银行的期望收益 $E(C/s) > Rf$（Rf：无风险贷款），即 $P(a) > (Rf - \varepsilon R) / (1 - \varepsilon) R = P^*$ 时银行才会选择贷款，否则银行将选择别的无风险投资。此时博弈出现了混同均衡。如果银行以概率 η 给学生贷款，两类学生都会申请贷款，这必然造成资助不公平。进行帕累托改进的路径，一是减少信息不对称现象，使借贷双方的信息更加透明；二是完善相关的法律制度，建立信用体系，提高 b 类学生的造假成本 S。当 S 大到使 $U_b - S - R < 0$ 时，b 类学生就不会再申请贷款。这样助学贷款博弈就达到策略均衡，并能真正做到"雪中送炭"，实现效用最大化的目标。

在学生偿还贷款时与银行的博弈中，银行对学生是否还款是清楚的，学生同样也清楚银行的选择；学生可能的违约行为在前，银行随后采取相应行动，双方在选择行动时对先行动者的行为是了解的，因此，这是一场完全信息的动态博弈。

据笔者调查，学生不还贷款通常是由于工作与住所的漂浮不定导致银行不知其去向，从而无法催收贷款，或者追偿的成本太高。在生源地助学贷款中，地方政府很清楚国家开发银行的"背景"及其对地方经济建设的重要性，其责任因而得到了强化，一旦学生违约，县级资助中心可以通过基层行政组织找到作为共同借款人的学生家庭。由于学生的"财政"主要来源于父母的收入，学生及其家庭在利益上是共同进退的。这样银行的权益就有了保障，但由于催还款需要成本，其利得变成 3.5 - C，同样学生（家庭）的利得也打了折扣，变为 $R - c$（见图 5 - 7）。

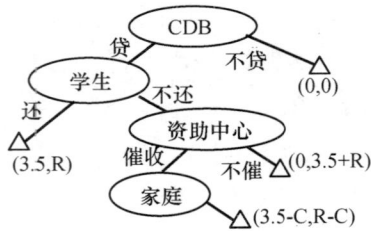

图 5 - 7　三阶段动态博弈

图 5 - 7 中，第三阶段县级资助中心的行为选择很关键，有了这个环节后，博弈的结果出现明显变化。若学生违约，县级资助中心选择"催收"，至少可以追回本金 2.4 万元。当学生完全清楚贷方的催收意图时，仍然"不还"，那么除了其家庭及个人的信用受损，还可能面临法律追究。于是学生理性的选择应是还款，亦即在法律、信用制度健全、县级资助中心实施催收的情况下，合作博弈得以进行，银行在第一阶段愿意借出，而学生在第二阶段愿意还贷，从而双方得利，博弈结束。可见，在一个纯粹的理性人社会，仅靠道德等非正式约束是不够的，只有建立起完整的法律、信用体系，"强制"借款学生遵守游戏规则，才能保证生源地助学贷款的可持续发展。

（三）保险公司的加入

保险实质上是一种市场化的担保机制，银行机构投保生源地助学贷款信用险，让保险公司来承保，既可保证信贷资金如期收回，又使保险公司开辟了新的保源。中国人民银行 2007 年在《关于做好家庭经济困难学生助学贷款工作的通知》中指出，发放助学贷款的金融机构"要加强与保险机构合作，探索将保险引入助学贷款业务的新途径，有效转移和防范助学贷款风险"。此后，华安财产保险公司在云南、四川、江苏、安徽、河北、黑龙江等地相继开展了"助学贷款信用保险"业务。作为新的博弈成员，保险公司将负责按比例清偿学生所欠剩余债务（见图5－8）。地方政府、学生家庭、保险公司与借款学生形成多维立体网状结构，尤其基层政府可以利用其组织优势对学生（家庭）形成硬约束，保险公司等则可以利用市场机制对贷款学生（家庭）形成软约束。

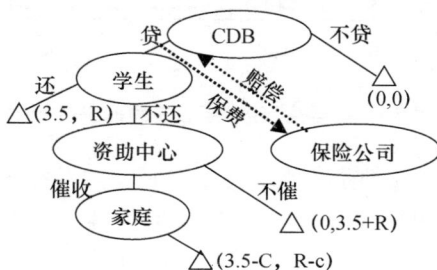

图5－8　保险公司的加入

四　贷款偿还

助学贷款回收的效率将直接影响制度的可持续性，拖欠率越低，则可持续性越强。生源地助学贷款的特点是将学生及其家庭"捆绑"在一起，由于家庭住址相对固定，家庭经济能力相对较强，预期贷款偿还（回收）的可能性增大。生源地助学贷款有两年的宽限期，期间毕业生可以只还利息，不还本金。自2007年生源地助学贷款试点以来，除极少数高年级学生已经毕业并进入还息期外，多数贷款者仍然在读，因此贷款的风险还有待时间检验。即便如此，一些地方如甘肃、安徽、湖北等地仍然出现了还息违约的苗头。

助学贷款风险主要分为两类：经济风险和道德风险。前者主要是借款人因经济困难，无力偿还贷款；后者则是借款人主观上恶意逃避债务。根据笔者对甘肃省高校学生资助管理干部的问卷调查，学生出现还款或还息违约的主要原因还是"经济能力低下"（见图5－9）。由于大学毕业生就业难、收入低、毕业人数逐年增多、就业空间和状况不理想，加上金融危机的影响，起薪一般在1500—2000元[①]，群体性的"蚁族"、"漂族"现象日益增多，使得助学贷款偿还面临困难，很多学生根本就没有能力来偿还欠款。

[①]　刘建、顾中明：《"天之骄子"何以纷纷成"老赖"》，《法制日报》2010年7月28日。

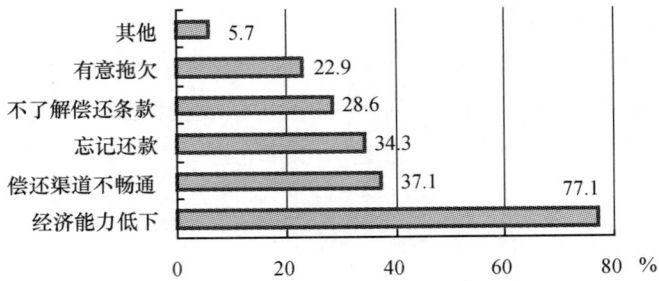

图 5 - 9　学生还款/还息违约的主要原因

在任何社会，讨债都是令人头疼的事情，尤其在税收和信用制度残缺的发展中国家。20 世纪 80 年代，巴西、委内瑞拉和肯尼亚的学生贷款拖欠率大抵都在 60% 以上（见图 5 - 10）；加纳一官方团体自 1988 年起向至少 40 万名大学生提供了 2750 万美元贷款，结果只收回 110 万美元；牙买加学生贷款系统只收回了 1/3 的贷款，最大的赖账者不是低收入学生，而是成为医师和律师的那些人。人民银行的统计数据显示，截至 2007 年 6 月末，我国助学贷款违约率也高达 28.4%。

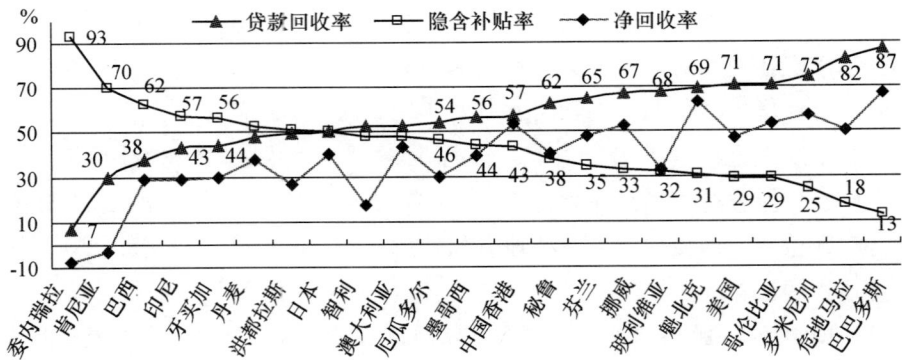

图 5 - 10　学生贷款回收率与补贴率国际比较

资料来源：李文利、魏新：《论学生资助对高等教育入学机会的影响》，《北京大学教育评论》2003 年第 1 期。

美国的斯太福贷款等多数贷款项目均采用分期定额偿还方式，贷款要求 10—30 年还清；日本的学生贷款大多也采用分期定额偿还方式，一般要求 10—20 年还清；新加坡要求学生毕业两年后开始偿还，20 年内还清；澳大利亚、瑞典、新西兰、印度、南非等国均采用按收入比例还款方式；匈牙利则是由非营利机构即学生贷款公司利用私人资本运营并回收学生贷款，采用"准风险共担"模式，无须政府直接的财政补贴①。相对而言，按收入比例还款模式具有更多的合理性和科学性。2009 年 7 月，美国教育部也计划推出一项与"收入相关的还款方案"②（income – based repayment，IBR），使毕业生可以按月收入还款。这一方案充分考虑了毕业生的收入，由毕业生自行设置还款计划，甚至一些月份的还款额可以为 0。美国教育部规定，如果某学校毕业生以超过他们收入的 12% 来偿还贷款，则该学校将失去获得政府支持的助学贷款的资格③。2010 年 3 月，奥巴马签署的《医保和教育协调法》规定，从 2014 年开始，学生偿还额最高不能超过其可支配收入的 10%（目前为 15%），只要借款人坚持依法偿还贷款，其贷款余额 20 年后将被豁免（目前为 25 年）④。美国政府为联邦家庭教育贷款项目支付了很高的补贴，但是该项目的参与者也为借款人提供了许多个性化的偿还服务，在避免贷款拖欠方面发挥了重要作用。

　　对于生源地助学贷款，我国目前还不具备实行按收入比例还款模式的基础条件。因此仍然要从利用政府的组织优势着手，要求各地方县市区协调相关乡镇政府、民政部门、乡镇中心学校等基层组织加强协调配合，共同做好还款还息工作。

第三节　生源地助学贷款与人力资本跃迁

　　阿克洛夫、斯彭斯和斯蒂格茨（Akerlof，Spence and Stiglitz）三人分享了 2001 年的诺贝尔经济学奖，其获奖理由是在信号发送（signalling）和筛选（screening）等非对称信息研究领域作出的奠基性贡献。在教育经济学中，筛选理论是针对人力资本理论的缺陷而出现的。人力资本理论认为，教育能提高个体的劳动生产率，从而具有很强的生产功能，但这一结

---

　　① An Efficient Student Loan System：Case Study of Hungary，［EB/OL］. http：//www. fhe. fmkp. si/Files/pdf/FHE – S3（2）– Berlinger. pdf.

　　② U. S. Department of Education，U. S. Education Sectary Duncan Announces Relief for Federal Student Loan Borrowers ［EB/OL］. http：//www. ed. gov/news/pressreleases/2009/07/07012009. html.

　　③ 辛伟康译：《风波之中暗藏买入机会》，《华盛顿邮报》2010 年 8 月 17 日。

　　④ The Health Careand Education Reconciliation Act，Sec. 2212.

论很难证实。筛选理论则强调，个体的劳动生产率是内在的（innate），教育的作用主要是筛选并配置劳动生产率较高的人，即教育具有较强的信号功能，而且信号成本是不连续的。较之传统的人力资本理论，筛选理论为教育提供了一种更为全面的解释，即教育既提高能力也提供信息（Riley，1979）。其核心思想是，在信息不对称的劳动力市场上，个人的受教育状况能够作为一种反映其能力的信号，受教育状况越好的人被认为越具备较高的能力，因而能够获得更好的职位和收入。

一 劳动力市场的城乡二元分割

惯例一般起着基因的作用[1]。社会空间中各个市场的竞争使得经济资本和非经济资本都运行着价值规律和资本逻辑。教育不断复制着既有的社会关系，不同社会背景的孩子从教育体系中获得的知识并不相同，他们有回到父母原来社会阶层的趋势（Carnoy and Levin，1985）。一项研究发现，城乡家庭出身显著地影响着高等教育的入学机会，农村孩子处于明显的劣势（Gerbert et al. 1995）。笔者对甘肃省的调查发现，80%的高校学生来自农村或乡镇，农村生源比例为71.5%，贫困生比例44%，贫困生中农村生源占77.7%，特困生比例达20.2%，特困生中农村生源比例为79%，82.3%的学生认为自己家庭处于"中下或低收入水平"。

劳动力市场二元分割理论认为，劳动力市场不是统一的市场，它存在主要和次要市场的分割，主要劳动力市场收入高、工作稳定、工作条件好、培训机会多、具有良好的晋升机制，教育和培训能够提高收入，教育程度与工资水平正相关；而次要劳动力市场则不然，接受教育和培训对于提高其收入没有作用；两个市场之间的流动很少。教育的作用不在于提高知识技能，而是决定人的市场归属。由于受到歧视而被困于次要市场的劳动力，其生活方式因长期适应该市场环境而得到强化，于是就形成了相应的行为特征，使其能进入主要劳动力市场的概率更小。

劳动力市场的分割使某些人陷入贫困境地并永久化，其直接的解决办法是进行劳动力重新配置，通过接受高层次的教育或培训，使其进入主要劳动力市场。正如笔者调查所发现的，在中国城乡二元分割体制下，贫困大学生的"生源地环境"主要是作为"次要劳动力市场"而存在的，它对学生存在"惯性"作用，这犹如地球的重力场，家境不好的学生如果

---

① 纳尔逊、温特：《经济变迁的演化理论》，胡世凯译，商务印书馆1997年版，第19页。

主观上不努力，外界又没有资助，就可能长期围于这一生存环境而得不到"解脱"。而生源地助学贷款正是促使"次要劳动力市场"的学生摆脱环境与传统束缚、实现正向社会流动的重要手段。

二 生源地助学贷款的资助效果与激励作用

教育是把自然人变成社会人的过程，尤其是高等教育。在快速发展的社会，人的一生中会不断面临已有的工作和生活技能与工作提出的新要求之间存在差距的困境（Knox，1980），即现有人力资本与期望的人力资本之间的差距。而对于大学毕业生来说，这种差距更加明显。马克思说：要改变一般的人的本性，使它获得一定劳动部门的技能和技巧，成为发达的和专门的劳动力，就要有一定的教育或训练①。约翰·罗尔斯也指出，"教育能够使一个人享受他的社会文化和参与社会事务，从而使每一个人产生一种牢固的自我价值意识"。那些接受过更多教育的人，社会一般会默认其具有更多的优点与能力，如培训的成本优势（Spence，1973）、守时、耐心、专注、责任感、事业心、协作能力、服从意识等②。

笔者2010年1月对甘肃省9091名在校大学生的问卷调查表明，就帮助贫困生完成学业而言，在各种资助方式中，生源地助学贷款是最有效的（见表5-7），其次是助学金。由于奖学金比例很小，其资助效果并不明显。另外，高校资助干部问卷也显示，生源地助学贷款对学生学习、日常生活及就业具有明显的正面影响（见图5-11）。可见，生源地助学贷款并非停留于道义上的声援，而是一种实实在在的经济支持，它对贷款学生具有相当的激励效用。

表5-7 资助效果排序

单位:%

排序	1	2	3	4	5
生源地助学贷款	32.6*	25.7	15.6	14.7	11.9
助学金	6.6	29.0*	36.4*	22.8	5.7
高校助学贷款	9.8	18.9	30.2	27.5*	16.8
勤工助学	4.8	10.3	14.0	21.1	43.9*
奖学金	18.4	20.7	23.0	22.4	15.6

① 《马克思恩格斯选集》第一卷，人民出版社1972年版，第9页。

② M. Blaug：《工资合同和教育》，1995年，参见 M. Carnoy 编著《教育经济学国际百科全书》第二版，闾维方等译，高等教育出版社2000年版，第55—63页。

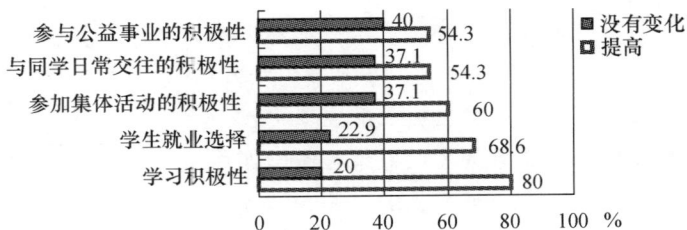

图 5 - 11   生源地助学贷款的激励作用

资助工作的根本目的是育人。生源地助学贷款带给贫困家庭的不只是金钱，而是更多的教育和改变人生命运的希望。如果学生从小开始自我管理财务开销，注意信用培养，在人格的养成和未来社会准则的遵守上，都能起到积极的作用。有研究表明，美国工作—学习项目的资助与续读和完成学业呈正相关，其中贷款与续读和完成学业呈正相关或者没有显著性关系（Perna，2000；Hu，S. and St. John，2001；St. John，2003）。换言之，贷款对学生存在正向作用，但呈概率分布。加拿大的《社会联合结构协议》（SUFA）指出："个人的自由流动对加拿大公民来说至关重要，也是他们在知识经济社会取得成功的关键。"[1] 加拿大"生源地"（居留省份或地区）助学贷款的作用就在于帮助借款者摆脱"生源地"的束缚，实现在不同省份或地区之间自由流动，来完成其高等教育学业。调查显示，北京大学受资助学生本科期间入党比例高于学校平均水平，保送研究生比例达到 52.8%[2]。可见，家境困难的贷款学生刚踏入大学校门时，可能会有自卑情绪或自闭倾向，但经过几年学习、锻炼和成长，他们会变得相对"练达"而成熟，独立意识和自我价值意识明显增强。

三　教育的生产功能与信号功能

有学者较早就发现，知识的积累是一个"起伏的"（lumpy）过程（Liu and Wong，1982）。以上量子世界的自然现象给我们几点启示：

其一，教育的生产性和信号性成分，可能正如实物粒子的粒子性与波动性一样是同时存在的。

其二，对于生源地家庭经济困难的学生来说，以生源地助学贷款为主

---

[1]　Human Resources and Skills Develo pment Canada. Canada Student Loans Program Annual Report 2000 - 2001. 21.

[2]　张晨等：《教育公平阳光温暖每个学子》，《中国教育报》2010 年 12 月 21 日。

的外界资助能帮助其克服传统环境的"束缚"，顺利跨进大学门槛，实现向较高社会经济地位的跃迁，而且这种外界资助必须足够大。

其三，这种变化过程是非连续（量子化）的，即在劳动力市场，从初中生到博士生，劳动生产率和工资收入呈现出分层跃迁现象。

筛选理论认为，在信息不对称的劳动力市场上，接受教育可能只是让学习者获得了进入某些职业或者某些部门的敲门砖，即工资是由劳动者的学历或者文凭确定，而并非由边际劳动生产率所决定。如伯格（Berg，1971）比较偏激地认为，教育只是作为入选某些职业的门票而已；斯彭斯（1973）强调学历提供有用的信息以确定个体是否具有更高的劳动生产率。劳动力市场分割理论也认为，人的受教育程度与其工资水平并非线性的正比例关系，由于社会和制度性因素的作用，劳动力市场存在部门差异，不同人群获得劳动力市场信息以及进入劳动力市场的渠道也有差别，导致不同人群在就业部门、职位以及收入模式上存在明显差异。

教育尤其是高等教育，的确能够很好地起到筛选、区分人才的作用。斯蒂格利茨（1975）认为，学历不仅是能力的信号，而且还是个体进入某些高收入职业的门票，教育筛选的私人收益在于它能使个人捕获（capture）"能力租金"（ability rents），而在没有筛选机制的情况下，这种能力租金却被他人分摊（share）了；哈托斯（Hartog，1983）发现，低层次的普通教育，学历证书的获得与否并不影响收入或工作等级[①]，但是在大学层次，学历证书的获得与否对于收入和工作等级都有影响，进入大学这一行为本身就能带来额外的收益；亨格福德和索龙（Hungerford and Solon，1987）的研究发现，大学第一年和最后一年的教育收益率明显比大学中间年份高；莱文和凯利（Levin and Kelley，1994）发现，中学生的学习成绩分数与其未来工资收入无正向相关性；斯彭斯（2002）指出，即便教育不能提高个人的能力，也能在劳动力市场上起到消除信息不完全的作用，因为如果不借助教育这一信号，雇主就难以作出合理的雇用决策。

可见，由于有了过滤和筛选，进入大学这一行为本身就能带来额外的收益。高等教育筛选的结果，使得有更高能力的劳动者获取的工资高于平

---

① 这一结论与笔者在甘肃省的调查结果是一致的，即农村家庭父母学历差异并不显著影响家庭收入。

均水平，这给高能力者投资更多教育带来了可观的私人收益。但是，利用教育提高生产率必须有其他辅助条件存在。在高等教育全面收费之后，如果没有配套的贫困学生资助制度，那么能力较强的贫困家庭子女将难以接受较多的教育；相反，能力较弱的富裕家庭子女则有机会获得更多的教育机会。结果是，个人的教育水平便难以反映其能力，教育的信号功能将出现失灵。

教育的生产功能与信号功能可能是相伴而行的。沃尔彭利（Wolpin，1977）发现，教育有弱筛选作用，同时也能提高劳动生产率。明塞尔（Mincer，1980）的研究表明，受教育程度不同的劳动者在能力方面的差异并不持续地影响收入，在信息不完全的世界里，只要能力是教育过程中的一种投入，教育促进劳动生产率的作用和筛选作用就不是相互排斥的。Chatterjji等（2003）认为，教育既具有促进劳动生产率提高的功能，又具有促进匹配的信号功能。教育的信号功能因企业、工作岗位的不同而异，规模大的企业、监管成本大的工作岗位需要更多的教育信号，以保证雇员在较小甚至没有监督的情况下依然高效地工作。

总之，教育不仅具有如人力资本理论所宣称的提高劳动生产率的作用，促进了学习者的劳动生产率，而且还兼有筛选理论宣称的对人才的筛选与配置作用，反映受教育者的内在能力，因而教育的生产功能和信息功能彼此并不矛盾。教育的作用不只是传授知识和提高技能，同时还能以一种复杂的方式提高个体的劳动生产率。因此在某种程度上可以认为，筛选理论正是对人力资本理论有益的补充与拓展。

四　人力资本的"波粒二象性"与"量子跃迁"

"量子跃迁"在这里是一种比喻和概念迁移，本书用来描述处于较低"能级"的家境困难学生通过生源地助学贷款完成学业，从而实现社会经济地位的跳跃式流动。卢卡斯（Lucas，1988）指出，人力资本既有内部效应，可以提高劳动生产率。又有正的外部效应，能提高所有生产要素的生产率。在生源地助学贷款中，不妨假设贷款申请者也具有"波粒二象性"，用"粒子性"表示决定劳动生产率的个人内在能力，用"波动性"表示其外在的信号类特征。申请者的某些标识性（index）特征是与生俱来的，如智商、籍贯、父母学历及职业等，另一些信号（signal）类特征如兴趣爱好、受教育状况等，则可以通过后天的个人努力和主观能动性得到改进。

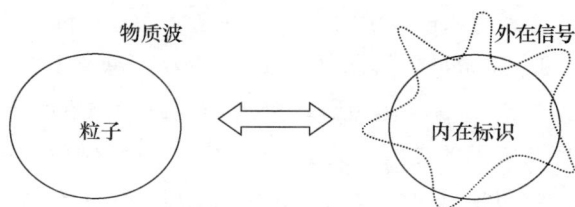

图 5 - 12　贷款学生的"波粒二象性"

教育并非简单线性地提高人的劳动生产率，而是以十分复杂的方式、从多个方面促进人力资本的积累和外在信号的增强。将生源地助学贷款申请者进入高校前的处境（社会经济地位）定义为初态 E_0，求学过程中的状态称为"学习态"E_1，毕业后的处境定义为末态 E_g，从 E_0—E_1—E_g 的变化显然是一个非连续的能级跃迁过程，必须从外界吸收足够的能量（知识、信息、资助等）。$E_i = f(p, s)$（$i = 0, 1, g$），p 表示贷款学生的生产能力（粒子性），s 表示学生外在的由学历、文凭等因素组成的信号（波动性），s、p 共同决定了学生能级的高低。

对于处于能级"初态"的家境困难的高中毕业生来说，其标识性特征很难改变，而生源地助学贷款能够有效地弥补这一缺陷。一是通过改善营养状况、获得学习资源等方式增加人力资本，从而提高劳动生产率。二是通过顺利完成学业，获得大学学历或文凭，从而具有与其他毕业生同样的受教育信号。这样贷款学生的"粒子性"和"波动性"特征都得到了强化，因此能级跃迁成为可能。通过这种假定，在一定程度可以规避筛选理论与人力资本理论逻辑上的纠葛。

人力资本在本质上属于一种资本或能量形态，在社会"场域"中，一个人学习成长的过程，其实就是从社会经济地位的低能级向高能级不断"跃迁"的过程，需要吸收"光子"。个人收入不平等的根源在于贡献（能量释放）的大小，而贡献的大小与个人的机遇和能力有关。从社会福利的角度来看，家境困难者要获得一定的教育和训练首先必须获得资助，学生资助中最重要的是学生贷款。贷款可以帮助困难学生完成学业，增加就业机会和获得较高的收入等人力资本投资收益。但由于人力资本与生命体不可分割，且具有流动性，生命体不可能成为教育投资的抵押品，因此道德风险也客观存在。

一些研究表明，是否获得资助是预测高中毕业生、大学申请者或高能力性向的高中学生是否入读大学的一个重要指标（Catsiapis，1987；St. John，1991；Avery et al.，2004）。赫勒（Heller，1997）总结了美国联邦财政资助对高等教育入学的影响，认为财政资助的削减导致在读学生人数的下降，影响的程度与资助的类型有关。总体而言，在读学生人数对助学金比对贷款或工作—学习项目更为敏感，低收入家庭的学生对资助的变化比中高收入家庭的学生敏感，非裔学生对资助的变化要比白人学生敏感，社区学院的学生比四年制院校的学生敏感。

生源地助学贷款已经成为我国目前最主要的学生资助形式。而学生资助的推广有助于降低学生辍学的可能性，提高及时毕业率（Cabrera，1993；Ziderman，2002）和大学成绩（Betts et al.，1999），有效缓解学生的经济负担，提高大学巩固率（Ziderman，2002），提升社会中低层的文化水平与素质，改善穷人的文化技术水平，使其能够从事高收入的工作[1]，从而顺利进入"主要劳动力市场"。有研究发现，学生 SAT 成绩和高中排名与大学获得资助的水平呈显著正相关关系，但父母收入和教育程度与奖学金和贷款水平负相关（Kane et al.，1994）；学生资助与大学生的成绩和课外学习时间有显著的正相关关系[2]。与其他收入组相比，助学金的增加会最大限度地促进最低收入组接受高等教育的可能性，而贷款的增加对促进中等收入组学生入学机会的作用要大于对最低收入和最高收入组学生的作用（St. John，1990）。学生 S_0 在生源地获得助学贷款后，顺利入学，资助使其大学考试成绩显著地提高，课程不及格的可能性降低[3]；在个人努力程度、职业倾向性、就业机会和运气等因素影响下按一定概率实现能级跃迁，数年后变成毕业生 S_1，其生产能力和配置能力获得提高，个人福利得到改进，更好的就业机会使其社会经济地位迈上新的台阶；同时由于国民素质提高、经济增长、收入差距缩小等，也使整个社会福利改进。如生产力水平提高、社会道德境界提升、人际交往环境改善、社会更加和谐安定等。S_1 通过工作归还贷款，同时为家庭、社会释放其"能量"，如美国总统奥巴马就是靠贷款完成其大学学业的，如今他可以对学生贷款制度甚至教育医疗等进行大刀阔斧的改革，促进社会的持续进步与繁荣。

---

[1] 张先锋主编：《西方经济学》，合肥工业大学出版社 2006 年版，第 109 页。

[2] 杨钋：《大学生资助对学业发展和毕业后选择的影响》，《北大教育经济研究》（电子季刊）2009 年第 1 期。

[3] 同上。

在宏观经济中，生源地助学贷款是财政—货币政策耦合的产物。国开行开展生源地助学贷款，一方面实施扩张性的财政政策，执行了财政部转移支付的财政功能；另一方面，在执行人民银行基准利率的前提下，也扩大了货币供给。国开行以开发性金融原理服务国家教育和人力资源强国建设战略，结合国家助学贷款政策与生源地实际情况，充分发挥了区域财政—货币政策的作用。国开行以中长期投融资为手段，结合国家信用与市场化运作，发挥其投资、贷款、债券、金融租赁方面的综合优势，致力于促进市场建设、制度建设、信用建设，助力缓解高等教育发展瓶颈制约，弥补了生源地助学贷款信用和市场的空白及缺损。

生源地助学贷款结合中国特色与国情，利用财政—金融杠杆，确保地方财政及家庭对高等教育的参与，实现了"四两拨千斤"的杠杆功效。生源地助学贷款中，主要由于各地学生资助中心的设立，使得政府的介入较深，补贴力度较大，15%的风险补偿率也部分打消了经办行社的惜贷倾向。生源地助学贷款涉及学生、家庭、银行（国开行或农信社）、政府、高校等，理性的参与各方都在试图使自身收益最大化，在个人效用函数和约束条件下选择其最优策略。由于近年来高校毕业生就业困难，收入偏低，毕业生的偿还率不高依然是制约助学贷款可持续发展的瓶颈。因此，生源地助学贷款仍然要从利用政府的组织优势着手，要求各地方县市区协调相关乡镇政府、民政部门、乡镇中心学校等基层组织加强协调配合，共同做好还款还息工作。

我国劳动力市场存在明显的城乡二元分割现象，劳动力市场的划分使某些人陷于贫困境地并永久化。在城乡二元体制下，贫困大学生的"生源地环境"主要是作为"次要劳动力市场"而存在的。生源地环境对学生存在一种"惯性"作用，这犹如地球的重力场，家境不好的学生如果主观上不努力，外界又没有资助，就可能长期囿于这一生存环境而得不到"解脱"。而生源地助学贷款对贷款学生具有相当的激励效用，可以促进人力资本的"跃迁"。一是通过改善营养状况、获得学习资源等方式增加人力资本，从而提高劳动生产率；二是贷款学生顺利完成学业，获得大学学历或文凭，从而具有与其他毕业生同样的受教育信号。这样"次要劳动力市场"中贷款学生的生产能力和信号类特征都得到了强化，"能级"跃迁成为可能，因此得以摆脱生源地环境的束缚、实现正向社会流动。

第六章　生源地助学贷款可持续发展路径

社会统一的基础在于"良治"或"秩序良好"，即公民具有正常有效的正义感，而社会制度也能获得人们的理解与满足①。当前中国"社会结构滞后于经济结构大约 15 年，还处于工业化社会初级阶段的水平，经济发展和社会发展不平衡、不协调已成社会面临的主要矛盾"②。社会环境变了，国家的战略和策略就得相应变化，这是中国一百多年来形成的基本经验。因此，在新的历史阶段，必须把社会体制改革和社会建设放到更加突出的地位。

米尔顿·弗里德曼（Milton Friedman）认为，如果学生能够预测到将来更低的生活压力，他们就会更愿意投资于今天的教育，进行贷款学习；而政府也应该尊重个人的教育选择自由，强化教育消费观念，通过学生贷款改革，引导教育的个人投资③。在当今中国人均收入很低、贫富分化还相当严重而又客观上面临着全球最庞大的高等教育规模的背景下，一个良好设计的助学贷款方案显得尤其必要。对于转型中的广大农村以及欠发达地区中小城镇，生源地助学贷款将是今后主要的助学贷款形式。其可持续发展的路径，体现在理念、制度与经济基础等方面。

第一节　可持续发展的理念

可持续发展的两条基本主线：一是寻求人与自然的平衡；二是实现人与人之间的协调、和谐与公平。可持续发展制度的建立，主要沿着经济学、社会学、系统学和生态学四个方向展开。可持续发展包括后代利益、

---

① 约翰·罗尔斯：《政治自由主义》，万俊人译，译林出版社 2000 年版，第 36 页。
② 陆学艺：《当前中国社会生活的主要矛盾与和谐社会建设》，《探索》2010 年第 5 期。
③ 杨克瑞：《战后美国联邦政府大学生资助政策研究》，北京师范大学出版社 2008 年版，第 100 页。

同代公平、生活改善和公共参与四个要素[①]。1972 年，罗马俱乐部从资源利用角度论证了传统发展模式的不可持续，促使人们对传统发展模式进行深刻反思[②]，"可持续发展"概念由此被正式提出。1980 年，国际自然保护同盟强调："必须研究自然的、社会的、生态的、经济的以及利用自然资源过程中的基本关系，以确保全球的可持续发展。"1981 年，美国学者布朗（Lester R. Brown）提出以控制人口增长、保护资源基础和开发再生能源来实现可持续发展[③]。1987 年，"可持续发展"一词开始流行，世界环发委员会明确将其阐释为既满足现代人的需求又不牺牲后代子孙满足需求能力的发展[④]。埃里克·诺伊迈耶（Eric Neumayer）对可持续发展（SD）的界定则是，不削弱无限期地提供不下降的人均效用的能力的发展[⑤]，即

$$SD = \arg\max \int_0^\infty U(t) e^{-pt} dt,$$

s. t. $\dfrac{dU}{dt} \geqslant 0 \,\forall\, t$（$U$ 为人均效用，p 为社会折现率）

可持续发展的内涵在于经济协调发展、社会和谐进步、资源可持续利用、环境保持与改善；可持续发展具有公平性、持续性、共同性、协调性、需求性等显著特征。代际均衡是可持续发展的重要内容，其理论要点包括：同一生存空间的不同代人享用资源的机会均等；代际之间应实行财富转移；贴现率可调节代际财富转移；社会宏观政策约束，发挥技术进步作用（黄思铭等，2001）。

进入 21 世纪以来，可持续发展已成为我国经济和社会发展战略的重要组成部分，全面建设小康社会、科学发展观、"两型社会"等重大战略构想无不以可持续发展作为坚实的理论基础。可持续发展是一种新的发展观、道德观和文明观，也是人类行为的基本准则和生存哲学，其基础是保护自然资源环境，条件是激励经济发展，其目标是改善和提高人类生活质量，实现人类社会的福利最大化。可持续发展所涵盖的内容十分宽泛，既

[①]　叶文虎主编：《可持续发展的新进展》，科学出版社 2007 年版，第 135 页。

[②]　丹尼斯·麦多斯等：《增长的极限》，吉林人民出版社 1997 年版，第 149 页。

[③]　奚洁人主编：《科学发展观百科辞典》，上海辞书出版社 2007 年版，第 10 页。

[④]　赫尔曼·E. 戴利：《超越增长：可持续发展的经济学》，诸大建等译，上海译文出版社 2006 年版，第 2 页。

[⑤]　埃里克·诺伊迈耶：《强与弱：两种对立的可持续性范式》，王寅通译，上海译文出版社 2006 年版。

包括经济社会整体的发展，也可以是单个组织、机构、制度甚至个人的发展。如果说帕累托改进是在给定时间条件下从空间维度描述社会福利的改进，那么可持续发展则是从时间维度强调增进人类社会福利，如果处于 t_1 时间的人类（或组织、机构、制度、个人）可以在不损害 t_2 时间人类（或组织、机构、制度、个人）利益的前提下获得最好福利结果或至少不受损，那么人类社会整体福利就能得到持续增进，从而使社会经济可持续发展（见图 6 - 1）。

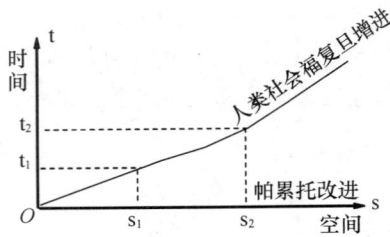

图 6 - 1　可持续发展与人类社会福利改进

根据耗散结构理论，可持续发展系统具有开放性，其结构（功能）可借助熵值来反映，熵值越低，系统越有序，结构（功能）越好。其熵方程可表示为 $dS = dS_i + dS_e$（dS_i 为系统内部熵产生；dS_e 为系统与环境之间的熵流）。当 $dS > 0$ 时，表示系统退化；当 $dS < 0$，则反映系统向好的方向发展；$dS = 0$ 时系统处于稳定状态（见图 6 - 2）。

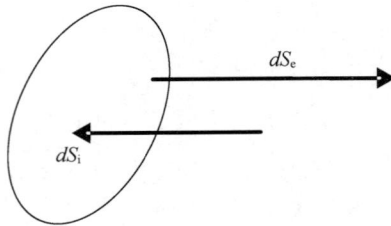

图 6 - 2　可持续发展系统的耗散结构

人是生态系统中的重要组成要素，也是"顶层"消费者。但人不同于其他生物体之处在于，人在生态系统中起主导和支配作用，可以能动地改造外部环境。人类活动的加剧导致生物多样性的迅速减少，如对资源的过度开采，对环境的肆意破坏造成很多物种灭绝。当人类对自然的自觉意识萌生后，开始了对生态的保护。而政府之于金融生态正如人在自然生态系统中的地位和作用，政府既是"裁判员"，又是"运动员"①。因为在金融生态中政府既要供给制度，决定和塑造金融生态环境；同时又作为资金的需求者，广泛参与到投融资各个领域。

一　市场化、多样化与自然选择

市场经济成功运行的基本条件是可持续和动态化。可持续意味着经济达到并保持均衡状态，而均衡意味着稳定。任何体系的稳定性都取决于自我调节机制的存在②。在宏观经济层面，可以充当自我调节机制的是有效运行经济体系，即冯·哈耶克所谓"自发"秩序，而在微观经济层面则是自我调节组织。生源地助学贷款要想持续发展，其自我调节机制与自我调节组织必须兼而有之。

我国金融体系应以市场为主导（基础），以资本市场为核心③。当下中国国民财富分布严重失衡，收入分配扭曲，贫富差距悬殊，关键原因在于"计划思维"的回归与资源的逆市场化权力配置。国民财富向少数既得利益集团大幅倾斜的事实，折射出社会严重的制度性腐败和资源高度垄断，以至于剥夺了绝大多数国民的发展和竞争机会。由于制度缺损、市场空白较多，必须主动建设市场，继续推进市场化，把不正当权力限定在特定边界之内，让普通国民获得平等的竞争机会、拥有更多的选择与更大的发展空间。

从古老的民间借贷、钱庄等非正规金融，发展到信用功能比较完善的现代金融，金融业的演进充满了优胜劣汰的生存竞争。金融生态应遵循金融自然发展规律，在自由、竞争、和谐的市场环境中逐步得到均衡发展。市场是金融生态的最基础环境，金融生态的自然秩序和结构的生成，根本之道就是要坚持市场导向。金融主体、金融规则、金融资源的配置都要逐步市场化，即让市场机制、中介机构（保险、担保、会计、法律服务等机构）充分参与，从而有效降低贷款的交易成本。

---

① 曾建中、刘桂东：《论金融生态系统提出的理论渊源及其假设条件》，《财经科学》2007年第 8 期。

② 弗·安德里安诺夫：《市场经济自我调节理论：可持续发展新构想》，社会科学文献出版社 2009 年版，第 64 页。

③ 吴晓求：《大国经济的可持续性与大国金融模式——美、日经验与中国模式之选择》，《中国人民大学学报》2010 年第 3 期。

从资助理念上看，学生贷款不只是实现少数人的公平，还应顺应教育的市场化改革，从经济上最大限度支持学生的选择。市场化理念强调学生作为消费者的角色，鼓励通过建立院校竞争机制实现消费者利益的最大化和市场的高效能。美国联邦贷款政策的主要受惠对象实际上集中于有偿还能力的中上阶层，贷款为他们选择就读精英高等教育机构提供资助①。还有媒体指出，助学贷款的核心问题是如何确立学生的信用，而确立这种信用的最好手段是在有效的制度安排下进行市场化②，即对不守信者的严厉处罚与建立个人信用网，而非市场化的措施只能是一种临时的、过渡性的安排。

因此，应摒弃单纯保护弱势群体利益的观念，尽可能引入市场化机制，坚持市场调节的基础性地位，尽量使金融主体收益与成本对称，才能保证生源地助学贷款在有效的市场激励机制中实现持续健康发展。当前，可以考虑适时将有效的保险、担保、证券化等市场机制引入生源地助学贷款中，提高贷款回收率及贷款服务和回收的效率，降低金融机构放贷风险，提高其积极性，拓宽融资渠道，使保险、证券公司获得新的利润来源和市场机会，使学生资助中心具有大胆开展工作的经济基础，使更多的贫困大学生从生源地助学贷款中受益。

多样化的资助体系能给处于不同背景的学生接受高等教育提供多重保障，学生资助体系应面向不同群体设立多个项目，使学生可以结合自己的需要和条件申请到个性化的"资助包"。美国联邦学生贷款的显著特点就是多样化，学生可以申请到自己的"资助包"，其上限是学生求学所需要的直接成本。2000 年美国各类院校中选择"助学金与贷款""资助包"的学生占 49%，而在私立非营利性大学中占 46%，接受"助学金、贷款和工读计划"三种资助方式组合的学生占 20%③。除了政府和银行提供学生贷款外，还可以鼓励各种行业协会（Access Group）向大学生提供贷款。如美国律师协会和其他一些专业协会，就专门为将来从事该行业的在校大学生提供贷款业务④。在 1993—2000 年间，美国各种行业协会为大

---

① Sheila Slaughter and Gary Rhoades, *Academic Capitalism and the New Economy*. Baltimore & London：The John Hopkins University Press，2004. 42 – 43.

② 谭新鹏：《助学贷款仍是过渡性安排》，《羊称晚报》2005 年 8 月 31 日。

③ Sandy Baum and Kathleen Payea, Trendsin Student Aid［EB/OL］. http：//professionals. Collegeboard. com/profdownload/trends – in – student – aid – 2008. pdf，2009 – 11 – 05.

④ Kirk Monteverde, MANAGING STUDENT LOAN DEFAUL T RISK：Evidence from a Privately Guar – anteed Portfolio. *Research in Higher Education*，Vol. 41. No. 3. 2000. pp. 331 – 352.

学生提供了超过 10 亿美元的贷款。

世界银行、亚洲开发银行的开发性金融一般在培育好商业金融可进入的领域后，有明确的退出机制，而国开行的最大问题是"只进不退"，不惜与商业银行争利。当前我国生源地助学贷款市场格局已经是国开行"一家独大"，国开行的这种垄断行为实际上破坏了学生贷款金融生态的多样性，其长期影响必然是制度的不可持续。

笔者对甘肃省 37 所高校资助管理干部的问卷调查显示，65.7% 的被调查者认为生源地助学贷款对该省高校助学贷款的冲击很大或较大（见图 6－3）。事实上，从该省一些高校（包括部属的兰州大学）近年两种助学贷款的发放情况来看，这种"此消彼长"的替代关系也是很明显的（见图 6－4）。

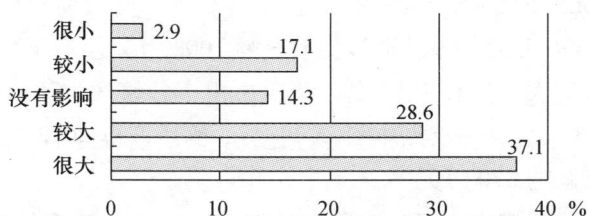

图 6－3 生源地助学贷款对高校助学贷款的冲击

图 6－4 生源地助学贷款对高校助学贷款的替代

比如，在陕西省澄城县，生源地助学贷款始于 1998 年，县农信社年均发放助学贷款 600 万元左右，年均 1300 余人获贷。但从 2007 年国开行生源地助学贷款业务开办后，原先农信社的生源地助学贷款受到了相当的冲击，2007 年仅发放 593 人，金额 294 万元，客观上两者形成了竞争格局①。2010 年，江苏有 9 万名大学新生申请到生源地助学贷款，金额 4.8 亿元，高校助学贷款只有 1.5 万人获贷 0.8 亿元②。在湖北，中国银行 2004—2009 年累计发放助学贷款 17.21 亿元，但由于生源地助学贷款日益"盛行"，预计 2010—2014 年会降低到 12 亿元左右③。广东省中山市 2005 年成立"扶困助学管理资金委员会办公室"，开展了"大学通"助学项目，包括生源地助学贷款和助学金两种形式，申请人可选择其中之一申请，而且不妨碍其同时申请高校助学贷款。生源地助学贷款金额每人每年可在指定银行申请总额不超过 1 万的贴息贷款，毕业后自付本息。如被本科院校录取，可获得总额 1 万元的助学金；如被专科院校录取的，可获得总额 6000 元的助学金。目前中山市"大学通"已资助学生 5653 人次，发放助学金 1436 万元，涉及助学贷款金额 1002 万元。截至 2012 年 8 月，中山市在库资助大学生有 4586 名，覆盖中山市各镇区。2012 年高考本科以上录取 8226 人，其中重点本科 2029 人，预计该市 2012 学年将发放助学金和助学贷款约 370 万元④。

多种学生贷款模式之间的竞争有助于降低整个贷款系统的运行成本。我国现行的几种学生贷款方案并存竞争，各地可以自由选择适合本地的模式。但国开行生源地助学贷款业务对高校助学贷款、农信社助学贷款业务已经产生了一定的挤压和冲击。因此，必须保护学生贷款市场的多样性。如继续发展农信社助学贷款模式，使开办者享受财政贴息、税费减免等优惠政策，建立风险补偿机制，为贫困学生家庭提供及时的资金支持，满足国开行助学贷款无法覆盖的贫困学生需求。同时充分发挥农信社的优势，从根本上提高农户收入。尤其要平衡生源地与高校助学贷款市场，使两者相互竞争、共同发展、发挥各自优势，以满足不同目标群体的需求。

① 雷和平等：《怎样形成合力 对目前农村两种生源地助学贷款的调查与比较》，《金融时报》2008 年 3 月 27 日。

② 《校园中的"隐贷族"：贫穷是否是种财富?》，[EB/OL]．http：//news. xinhuanet. com/edu/2010－09/27/c_ 12612412. htm.

③ 李彦、胡仲文：《中行助学八大高校 贫困大学生最高可贷 2.4 万》，《武汉晨报》2010 年 10 月 10 日。

④ 李华炎：《中山"大学通"帮助五千学子圆大学梦》，《南方日报》2012 年 8 月 14 日。

二 信用文化与诚信教育

信用是金融的灵魂。马克斯·韦伯在其不朽之作《新教伦理与资本主义精神》中写道："善于付钱者是别人钱袋的主人……一次失信，你朋友的钱袋就会永远向你关闭。一直把欠人的东西记在心上，会使你在众人心目中成为一个认真可靠的人，这就又增加了你的信用。"[①] 康芒斯认为，每一种预期都是信用，商品信用被卖出去换取货币信用[②]。市场经济是一种契约经济，而信用对于保证契约的履行具有极其重要的意义。在信用制度健全的社会，一国的市场规模可能因信用交易而扩大百分之几十到数倍[③]，而失去信用将极大地限制个人的经济活动并增加交易成本。在美国的个人征信系统中，银行可以通过遍布全国的信息网络及时掌握大学生的行踪和收入，从而有效控制风险。在英国，大学生申请助学贷款非常容易，很多学生甚至一毕业就到国外工作，但银行并不担心他们欠债不还。因为英国人一出生就会得到一个社会保险号码，申请助学贷款、工作收入、纳税、领退休金等都得靠这个信用号码。如欠债不还，无异于放弃一系列切身利益。

信用也是准公共物品，其提供者只能是政府。目前我国贷款学生失信严重，既与正式制度残缺有关，也与市场化不充分有关。助学贷款中，提高处罚违约者的可能性、加大处罚力度、加强信用对个人经济活动的影响都能降低拖欠率，但三者存在一定区别（Albrecht and Ziderman，1991）。"提高处罚的可能性"要以足够的信息为前提，为此需要付出相应的成本（Woodhall，1991）；"在合同中规定较大的处罚力度"不需要成本，但一旦处罚力度超出个人承受能力就失去了意义，而且过高的处罚还面临是否合法的问题[④]；"提高信用的重要性"则与市场经济的要求一致。在市场经济转轨国家普及信用知识、建立信用制度有助于市场经济制度的最终确立和完善。完善社会信用体制，弘扬与市场经济相适应的信用文化，提高信用在经济活动中的重要地位等都能有效降低助学贷款的违约率。

调查表明，多数高校学生对生源地助学贷款出现违约的后果是清楚的。甘肃省9091份学生问卷显示，86.6%的回答者都能意识到生源地助

---

① 马克斯·韦伯：《新教伦理与资本主义精神》，上海三联书店1989年版，第33页。
② 康芒斯：《制度经济学》，商务印书馆1999年版，第53页。
③ 喻敬明等：《国家信用管理体系》，社会科学文献出版社2000年版，第17页。
④ 彼德·杰克逊：《公共部门经济学前沿问题》，郭庆旺等译，中国税务出版社2000年版。

学贷款出现违约将使个人信用记录受损，58％的调查对象认为"父母可能被追债"（见图6－5）。

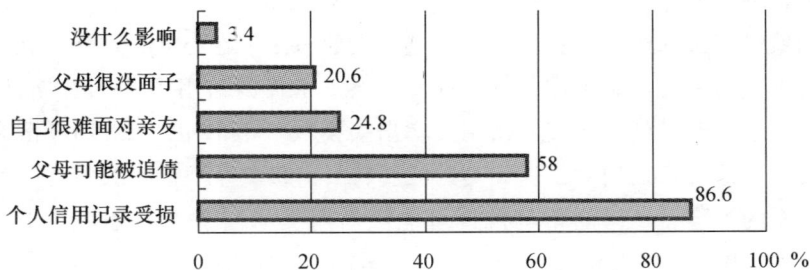

图6－5　生源地助学贷款出现违约对个人（家庭）的影响

在生源地助学贷款实践中，国开行可以把政府的组织协调优势、群众组织优势、群众道德观念、社会平辈压力等整合为一个社会体系，构建公众受益、参与和监督的社会化机制，形成系统合力；信用社可以把开办生源地助学贷款与农户小额信用贷款、小额农户联保贷款和城镇小额信用贷款等信贷品种有机地结合起来，通过创建信用户、信用村和信用乡镇的诚信示范效应来加快个人信用数据库建设，以改善和净化农村社会的信用环境，切实推进社会信用文化建设。

金融生态应该以培育良好的社会信用关系为基石，应加大诚信教育力度，共建社会信用。作为"文化基因"的遗传与变异，道德通过教—学得以遗传，又通过进化不断变异，在潜移默化中代代相传。运用道德教育对学生进行诚信教育，可以节约成本，因为道德存在于人的内心，它无须物质成本维持，对不道德行为的谴责也不花成本①。在生源地助学贷款中，可以借助于道德的力量影响贷款学生及其家庭，将诚信意识植入其内心中，从而使按期还款成为一种自觉行为。从2012年开始，湖北省学生在申请生源地贷款时，将考核如何还款等贷款相关知识。考核内容以《湖北省生源地信用助学贷款重点知识问答》为主，实行闭卷考试。根据前来申请人的情况，分期分批，相对集中考核。这一措施既可教育学生，也能起到一定约束作用。

---

① 潘天群：《博弈生存——社会现象的博弈论解读》，中央编译出版社2004年版，第194—197页。

三 文化自觉与金融创新

人的发展，需要通过文化来启蒙心智、认识社会、获得思想上的教益和超越，也需要通过文化来愉悦身心、陶冶性情，获得精神上的满足和皈依。文化自觉包含知性、理智、宽容、反思等，它是一种内在的精神力量，是对文明进步的强烈向往和不懈追求，是推动文化繁荣的基础和先决条件。"一个民族的觉醒，首先是文化上的觉醒。"① UNESCO 提出："发展最终应以文化概念来定义，文化的繁荣是发展的最高目标。"只有当器物层面的物质和货币资本具有更多文化元素、文化表现出比经济力量更强之时，经济发展才可持续，发展水平也才能升华到更高境界。

生源地助学贷款是对人性的深层次关怀，也是更高境界的追求。外在的法制和强制措施固然能督促学生按时还款，但人更要有内在意识。在思想上，各级政府要高度重视这项工作，真正关心经济困难家庭；政府及金融监管者应整合文化资源，形成从生源地助学贷款"生产者"、"消费者"到"还原者"都能接受的价值认同；应大力推动先进金融文化建设，带动和促进地区信用文化发展，营造诚信文化氛围，加大诚信教育力度；国开行应准确定位，不断完善内控制度，强化自律意识，改进服务方式，在发展中化解金融风险；农信社应树立新的营销理念，充分发挥其乡土文化和点多面广的优势，继续推动生源地助学贷款发展；高校则要量入为出，控制行政成本和学费膨胀，加强与县级资助中心的沟通与合作意识。

金融法律制度建设要树立人本思想，注重人性化关怀。在生源地助学贷款法制建设中，学生（家庭）应当成为法律、法规和市场变化的最大受益者；生源地助学贷款制度设计要定位于提高金融体系的效率，降低交易成本；要尊重生源地助学贷款金融生态运行的内在规律，增强法律制度的稳定性和有效性，确保金融生态安全；在贷款回收中也要注重对学生的关怀，应充分考虑毕业生的实际经济状况，多一些宽容心和人情味。如果催缴贷款过于刚性，极可能引起学生反弹而刻意躲避银行债务或神秘消失。在美国的个人征信系统中，个人信用报告的正面报告可以永远保存，负面信息超过一定年限就必须删除，如贷款不良记录最多保持 7 年②。因此，在政策完善过程中，可以考虑为那些"摩擦性失业"者适当减免一

---

① 云杉：《文化自觉 文化自信 文化自强》，《红旗文稿》2010 年第 5 期。

② 罗伯特·科尔、朗·米什勒：《消费者与商业信用管理》，中国人民大学出版社 2004 年版，第 189 页。

定利息，或者为那些特别困难、长期债务缠身的"结构性失业"者免除部分债务。

2008 年 12 月，国开行改制成为股份有限公司。从政策性银行向商业银行转型，从原先国家承担无限责任转变为股东承担有限责任，利润最大化也就成为其理所当然的倾向和诉求。但国开行的"使命"仍然是"通过开展中长期信贷与投资等金融业务，为国民经济重大中长期发展战略服务"①。国开行通过发行金融债券，避免了一般商业金融"短借长贷"的期限错配风险。同时，在融资推动中融入了市场建设和金融生态建设的理念和要求，既有助于形成健康的市场主体，有效降低风险，又在一定程度上培育了金融的理念和文化。

在金融创新中，国开行新增了投资银行和股权投资这两项与中长期业务配套的服务功能。比如国开行实施的信贷资产证券化，就是以其依法拥有的煤电油运、通信、市政公共设施以及"两基一支"领域的信贷资产等为基础进行证券化，所发行的证券为资产支持证券 ABS；另外，在住房抵押贷款证券化（MBS）业务方面国开行也在积极探索。国开行以债券融资为主的方式支持中长期贷款业务发展。2009 年发行本外币债券累计突破 5 万亿元，成为全球发行债券余额最大的银行。可见，通过金融创新，国开行的资金实力已经相当雄厚。

教育也属于国开行"两基一支"的业务范围。国开行通过市场建设、信用建设和制度建设，打通助学贷款的融资瓶颈，资助贫困生完成高等教育，克服了没有零售业务，缺少网点和人员的困难，逐步摸索出一条独特的助学贷款模式。教育部部长袁贵仁为此称赞国开行是"对教育事业有情、对家庭困难学生有恩"。不难看出，由于我国助学贷款赖以生存的市场运作、信用体制相当薄弱，国开行正在积极探索富有中国特色的现代金融企业治理模式，力求从市场建设和信用建设入手，把融资优势和政府组织协调优势相结合，以实现生源地助学贷款的良性发展。

从近期看，国开行应抓住时机并充分利用其"国家"背景，加快金融创新和市场开发步伐。一是适时将生源地助学贷款资产进行证券化结构重组，以便与资本市场接轨，实现生源地助学贷款资金的良性循环；二是提高基层金融业务的电子化水平，以方便借款学生跨区跨行还款；三是完

---

① 国开行网站（http://www.cdb.com.cn/web）。

善"批发业务"模式，并加强对基层业务经办者的扶持与补贴；四是加大诚信教育力度，积极参与社会征信体系建设；五是创新管理模式，重视贷后管理，谨慎防范贷款风险，降低还息、还款违约率。

第二节　可持续的制度设计

制度是一个社会的游戏规则，是决定人们相互关系的一系列守法程序和行为的道德伦理规范，它旨在约束追求主体福利或效用最大化的个人行为[①]。制度由正式法规（宪法、法令、产权）和非正式约束（道德、禁忌、习惯、传统和行为准则）组成。诺斯（1995）指出："从短期看，集权政府可以取得高的经济增长率；而要保证长期经济发展，只有法制、保证合同执行的制度规则才是真正至关重要的。"霍尔和琼斯（Hall and Jones，1999）认为，社会的基础设施——生产单位和政府的政策、生产组织形态、社会机构和培训等是导致各国资本积累、教育程度、生产力提高以至于经济发展差异的主要原因。中国当下尤其需要先进而有效的制度建设，否则，再多的GDP也会烟消云散。诺斯的路径依赖有两种形式：一是人们过去的选择决定了他们现在可能的选择，沿着既定的路径，制度的变化可能进入良性循环的轨道，迅速优化；二是顺着原来的错误路径往下滑，甚至被锁定在某种无效率的状态而停滞不前[②]。制度变迁一旦进入锁定状态，想要脱身就会十分困难，因此，路径依赖对制度变迁具有极强的制约作用。

在舒尔茨看来，制度是为经济提供服务的，制度可以分为：用于降低交易费用的制度，如货币、期货市场等；用于影响生产要素所有者之间配置风险的制度，如合约、公司等；用于确立公共品和服务的生产与分配框架的制度，如高速公路、飞机场等[③]。而青木昌彦则认为，制度是关于博弈如何进行共有信念的一个自我维系系统，其本质是对均衡博弈路径显著

---

① 道·诺斯：《制度、制度变迁与经济绩效》，上海三联书店1994年版，第3页。

② 道·诺斯：《制度变迁理论纲要——经济学与中国经济改革》，上海人民出版社1995年版，第52—56页。

③ 科斯等：《财产权利与制度变迁：产权学派与新制度学派译文集》，生活·读书·新知三联书店1991年版，第253页。

和固定特征的一种浓缩性表征，该表征被相关域几乎所有参与人所感知，并认为是与其策略决策相关的①。物种边界的界定是生态平衡的基础，清晰的金融产权也是金融生态可持续的基础。必须完善金融产权制度，厘清市场、政府和法律的边界，防止金融生态的变异。必须以法制建设为核心，从转变政府职能入手，强化信用制度建设，完善保险、担保等市场机制，促进金融生态平衡和优化。

目前生源地助学贷款的制度建设依然任重而道远，如各级资助中心需要尽快完善并有效运作，真正"独立法人"化；县级资助中心的协调功能应得到强化，并尽快在基层形成广泛的信息网络，建立系统内成员多边合作机制，强化贷后管理，谨慎防范贷款风险；中介组织、市场机制需要充分参与进来，要引导担保、法律、会计、审计、资信评估、征信服务等中介机构充分参与生源地助学贷款，创新金融工具，建立起有效的证券化二级市场；应尽早建立贷款学生诚信评价体系，完善个人信息查询系统；积极拓宽高校毕业生就业渠道，培育助学贷款的社会保障体系；设计多元化的还款方案等，加强贷款办理组织工作，确保贷款及时足额发放；加强贷后管理工作，努力实现"应还尽还"。

一 管理流程

生源地助学贷款经办行社应进一步规范操作流程、简化贷款手续、调整分配方法，加强县级资助中心的基础设施建设，尤其在当今信息化、网络化时代，生源地助学贷款在操作上必须保持"与时俱进"。

（一）完善操作流程

其一，在对贫困生的认定方面，应制定收入标准，细化、量化贷款发放对象的标准，探索并完善贫困证明材料提供的方式方法。按照地方收入标准，由申请学生的户籍或法定监护人户籍所在地村组、居委会出据家庭收入证明。

其二，国开行应加快技术的"升级换代"。一是开发学生在线系统，完善电子化、网络化服务。二是积极推广运用"支付宝"平台。"支付宝"介入学生贷款后，学生还款将更加便利，贷款拨付时间过长的问题会得到有效解决，一定程度上弥补了国开行自身无营业网点的劣势。国开行应与各高校合作共建贷款管理系统，高校负责电子回执录入、就学信息

---

① 青木昌彦：《比较制度分析》，远东出版社 2001 年版，第 28 页。

变更、毕业确认和诚信教育，实现学生、县级资助中心、高校和银行的无缝对接，提升助学贷款的发放速度和质量；高校也可以通过该系统查询学生的贷款资金到账情况，对借款学生进行毕业确认，录入学生的就业信息等。

其三，各地要加快县级资助中心建设，配备专职人员、加强基础设施建设。国开行省分行和省资助中心必须加强培训和指导，结合生源地实际，提高基层资助中心的操作管理水平、风险管理水平和信息搜集能力。国开行省分行还应拨出专用经费给县级资助中心，以充分调动基层单位和工作人员的积极性和主动性。

其四，生源地助学贷款还应从个贷业务中分离出来，对其质量实行单独考核。要明确风险补偿金的使用标准及范围，允许在风险补偿金中按一定比例列支当年的业务承办费用和考核奖励费用。人行各中心支行应配合协调各县级经办行社开设贷款专用账户，确保生源地助学贷款业务不在金融系统内部遇到阻滞。

其五，按收入比例还款的试点与探索。米尔顿·弗里德曼提出了零利润率"风险共担"模式学生贷款的思想：债务人组成风险共同体，各自按其收入的一定比例共同偿还债务，并负担资金和管理成本，在没有政府财政补贴的情况下，使借贷机构无所损益，实现零利润率和可持续运行①。一项调查认为，我国大学毕业生因专业和学校的差异而存在较大的收入差异，在助学贷款制度中，应该采取更为灵活的偿还期限和还贷方案，对于不同专业的贷款学生可以尝试采取不同的还款期限②。按收入比例还款模式的特点是借款人以年收入的一定比例偿还贷款，因此每年还贷额是不确定的，随年收入多少而异，还款期限长短不一（Y. Guillemette，2006）。但是，要实行按收入比例还款，首先应建立完善的个人所得税申报制度。正如约翰斯通所言："无法得知个人收入的来龙去脉，贷款就只能在很小的范围内发挥作用。"因此，按收入比例还款需要良好的外部制度环境。

2009 年 7 月，美国联邦教育部也推出一项与收入相关的还款方案，面向所有需要偿还贷款的大学毕业生，由学生自行设置还款计划，在一些

---

① 米尔顿·弗里德曼：《资本主义与自由》，商务印书馆 1986 年版，第 100 页。
② 吴开俊、陈宇红：《普通高校国家助学贷款违约风险成因与控制探讨——基于广东省 4 所高校的实证调查》，《教育与经济》2010 年第 1 期。

月份的还款额可以为零。如果借贷者是单身、没有经济依靠或年收入低于
3 万美元，那么月偿还额度可降低为 172 美元，降幅达 40% 以上。在南
非，当借款毕业生年收入低于 26300 兰特时无须还款，高于 26300 兰特时
还款比例随着还款者收入变化，从 3% 线性增加到 8%；当毕业生年收入
超过 59600 兰特时，还款比例一律为 8%（NSFAS，2009）。由于中国区
域经济发展和生源地收入水平的悬殊，可适当借鉴澳大利亚、新西兰、瑞
典、南非等国的经验，在东部、中部、西部分别开展生源地助学贷款按收
入比例还款的试点，对毕业后暂时未找到工作，或收入未达到某一标准的
毕业生酌情考虑其处境，在还款额度和期限方面给予照顾。

（二）科学管理

生源地助学贷款必须有计划、有组织、有人员去推动，实行科学管
理。

第一，加强沟通。银行、资助中心、学生和高校构成了生源地助学贷
款的供应链和工作链。在供应链的运行中，必须加强沟通、建立协调联动
对接机制。一是要明确各方职责，做到各司其职，各尽其责。二是要建立
资助中心、银行和高校互通信息制度。资助中心要与银行、基层政府定期
沟通，借助基层行政组织、信用社、邮政储蓄银行的网点和渠道优势来开
展工作，以明晰贷款学生的资格，加大贷款回收力度。三是要建立联席会
议制度，落实定期会议通报信息机制，共同研究和解决贷款工作中出现的
各种问题①。高校应主动加强与地方的沟通与情感交流。如湖北省三峡大
学学生资助中心每年就主动给该省 95 个城乡信用社及 102 个县级学生资
助中心寄发新年贺卡，还就工作中的管理、诚信教育等问题，举行"高
校—地方生源地助学贷款工作"交流会等②。四是针对学生入学前在生源
地、入学后在高校和就业后在工作单位三个地理"空间"的信息变化特
征，建立多级信用联结的运作模式，通过学生和家长的共同借款人机制，
资助中心、高校、就业单位的信息共享机制，资助中心的约束激励机制
等，将多个主体联结成一道风险防火墙，积极创造风险和收益对称、发展
可持续的生源地助学贷款模式。

以四川宜宾县为例，该县幅员面积近 3000 平方公里，远的乡镇距离

---

① 薛维学：《生源地助学贷款制度亟待完善》，《中国教育报》2010 年 3 月 8 日。
② 甘丽华等：《湖北家庭困难大学生资助工作亮点集萃》，《中国青年报》2010 年 5 月
28 日。

县城达 100 公里，交通不便。该县政府 2009 年专门成立了生源地信用助学贷款领导小组，由分管教育的县长任组长，县教育局、县财政局和县信用联社三部门领导为成员，教育局、信用联社有专人分管生源地助学贷款工作，三部门每年召开一次联席会议，商讨有关生源地信用助学贷款事宜。县学生资助管理中心每年都通过网络、电视、广播、发放通知及宣传单等多种形式广泛宣传生源地信用助学贷款工作，各普通高中、职中、中心学校对学生进行诚信和感恩教育。各乡镇中心学校经办人员和乡镇信用社信贷员、学生资助管理中心今年共上户调查 400 余户，县教育局、信用联社、学生资助管理中心的领导共下乡 20 余次，到家庭特别贫困的大学生家中宣传、动员其办理助学贷款。从 2010 年起该县决定贷款申请下放到乡镇中心学校审核，县学生资助管理中心把关，乡镇信用社发放贷款。同时尽量简化办理流程，特别是续贷无须再审核申请，只需带上往年贷款合同、所需学费、住宿费证明、学校思想品德鉴定、学生证、身份证等就可直接到原信用社办理助学贷款。2011 年各乡镇中心学校审核生源地信用助学贷款申请 936 份，县学生资助管理中心发放贷款通知 902 份，信用社实际发放贷款人数 876 人，发放贷款金额 475.7 万元。而宜宾市 2011年共有 4347 名大学新生申请了生源地信用助学贷款，占当年全市大学上线人数的 1/3 多。

第二，奖罚分明。美国和日本对毕业后从事教育或非营利性职业的借款人都有减免偿还贷款的奖励制度。日本文部省通过育英会发放的面向本科生的贷款奖学金，对成绩优秀的学生，设有免还奖学金的激励机制。为了鼓励尽早还款，日本育英会规定，若在偿还期限内提前 4 年还清贷款，则退还所贷总额的 10% 作为奖励。同时，有力的惩戒也是必要的。美国学生贷款中的惩戒措施包括三个方面：一是针对违约学生所在院校，教育部每年公布各高校的拖欠率，对情况特别严重的高校（年拖欠率达 40%以上或连续三年超过 25% 以上），将取消其参加联邦政府学生资助计划的资格。二是对拖欠者个人采取惩罚措施，如：对违约者按逾期本金的130% 加收罚息（云南省）；拖欠者在继续学业时将不能再申请贷款；学校有权扣押拖欠者的成绩单和学位证明；解雇在各级政府部门工作的拖欠者；银行将拖欠情况报告给信用评级部门，终身登记违约记录。三是对拖欠者个人采取强制措施。比如，强制扣除拖欠者工资的一部分用于还款；拖欠者不能享受个人所得税的免税部分，这部分将被用于还款；将欠款交给专门的追款机构处理。

生源地助学贷款制度设计中，规定风险补偿金的剩余部分作为工作奖励，但这个奖励机制周期明显过长，激励效果有限。国开行省分行应尽快出台为县级资助机构提供办公经费的政策，帮助其解决工作运行中所需的开支，确保县级资助中心机构、编制、人员、经费到位。比如可以按贷款发生额拿出一定比例拨给资助中心作为办公经费，同时根据贷款回收情况适当给予奖惩。对考核合格以上的县区应通报表扬，并适当增加其下年贷款指标；对年度考核评估不合格和欠息率较高的县市区应责令进行整改，并对相关责任人进行问责。针对贷款学生，可以尝试根据其课程的通过率，将学生贷款部分转变成不需偿还的助学金，这样，可以对借贷学生产生较强的激励作用；同时加大失信惩戒力度，对恶意拖欠者用强制措施加以约束。

第三，集权与分权相结合。就政府行政来说，应注意集权与分权相结合。省资助中心要做到既能统筹管理全省的生源地助学贷款事务，又要充分授权给县级资助中心，以便调动其主观能动性和创造性。省级政府应该把生源地助学贷款工作纳入对市州政府的考核内容，以便引导基层政府的政绩观。在地方，生源地助学贷款工作应纳入教育目标管理，县与所辖乡镇（街道）、乡镇（街道）与所辖村（居）委会应层层签订诚信责任书，强化基层责任意识，同时增强贫困生认定的准确性和贷款回收率。尤其在贫困生认定方面，要实行对基层行政组织（居委会和村委会）的问责制，用制度来维护公平。基层组织有出具贫困证明的权力，同时就应承担起这一权力所连带的责任。一是对所开虚假贫困证明负责，县级政府可以追究其诚信责任；二是对生源地助学贷款回收负责，由于地方政府在贷款中有相应投入，基层组织就有义务对这一"国有资产"负责。这样，既可以让有限的贷款资金用于确实需要帮助的贫困生群体，又能约束基层组织谨慎使用贫困生认定的权力，提高贷款回收率，降低金融风险。县级资助中心应充分利用其身处教育系统的优势，在本县乡镇（街道办事处）中心学校广泛建立学生资助联络点，同时借助于乡镇政府、街道办事处和村委会的力量，由联络点参与、配合和监督家庭经济困难学生的认定工作，并对受质疑的贷款对象通过明察暗访进行核实。

结合我国区域经济发展不平衡的国情，在政府调控权行使上应采取决策集中、执行和监督分权的配置原则，合理界定省、市、县、乡镇之间的权限，充分调动生源地助学贷款制度参与各方的积极性。如山东省青州市就授权给普通高中，安排高中抽出一名教师专门负责生源地助学贷款，为学生指导网上注册申请，为贷款新生审核盖章；四川省宜宾县从 2010 年起，生源地信用助学贷款下放到乡镇中心学校审核，县学生资助中心把关，由乡镇信用社发放贷款，结果资助人数达到上年的 3 倍；湖北省竹山县在贷款毕业生本息催收工作中实行包保乡镇、划片回收的方式。乡镇中心学校与农信社的参与，无疑会使贫困生认定更加准确，贷款回收也更有保障。在目前农村生源急剧缩减、农村基础教育规模走低的背景下，生源地助学贷款工作在一定程度上可以填补乡镇中心学校日益减少的工作量，同时并未增加政府的相应管理成本。

如重庆市开县，在开展生源地助学贷款方面就很有特色。一是建立生源地信用助学贷款镇乡（街道）考核体系，落实责任、分解任务、细化指标，纳入镇乡（街道）年度目标考核，作为评估镇乡（街道）履行教育职能职责、评选"尊师重教先进单位"的重要依据。二是高中学校分校成立学生资助办公室，由学校校长牵头负责、一名分管副校长具体组织实施、各班班主任细化落实，全面系统推进学校生源地信用助学贷款工作。三是建立生源地助学贷款学校每年一次专项考核机制，县教委会同县财政局、人社局印发考核方案，分为领导管理、机构建设、资助管理和资金管理 4 个方面 27 个考核指标，考核结果作为学校、个人评选资助工作先进集体、先进个人的重要指标。申请贷款学生先由学校评审、公示、认定，经乡镇（街道）审查确认，学生资助管理中心审查办理，层层把关。四是贷后确保联系跟踪不断线。与各高校保持热线联系，建立贷款学生平时信息沟通联系机制，建立开县生源地信用助学贷款两个 QQ 群 1002 名学生，公开学生资助中心热线电话，逢年过节为学生寄送信件或电子邮件，及时掌握贷款学生在校动态信息。同时，创建了贷款毕业生还贷期限提醒机制，在还款期前 4—6 个月，分别向所有还贷毕业生寄送温馨提示信函。2012 年寄出提示信函 1649 封，其中 292 封被退回，对退回的信件，多次通过高校、镇乡（街道）、村委会或社区、当地中小学等联系查找，目前已和所有的还贷学生恢复了通信联系。

2007 年以来，开县共为 8526 名家庭经济困难大学生办理生源地信用助学贷款 1.8434 万笔，实际发放贷款 1.0546 亿元。2011 年，应回收贷款本息 44.998 万元，实际收回本息 43.7 万元，学生自付贷款本息回收率为

98.89%，今年，陆续收回了剩余的贷款本息，实现了"应贷尽贷、应还尽还"的预期目标。

二 法律制度

正式约束是人们有意识地创造的一系列规则，包括政治（及司法）规则、经济规则和合约等。从宪法到普通法律，再到特殊的细则，最终到确定的单个合约，它们共同构成了一个约束人们行为的规则等级结构。

法律制度是影响金融生态最直接、最重要的因素，生源地助学贷款必须有法制的强有力支撑。金融生态是一种具有正外部性的"公共物品"，为生源地助学贷款提供良好的金融生态环境是各级政府理所当然的选择。作为制度的主要供给者，政府首先应健全法制环境，提供法律保障与支撑，并加大执法力度，建立监督机制和激励机制。如完善信贷管理法律制度，制定《贷款法》等规范贷款的专门法律，对贷款程序、贷款质量管理、相关责任人的责任、贷款债权的保全和管理等作出明确规定，从法律层面上对金融机构的信贷行为进行规范；完善金融资产的刑事保护制度，遏制金融犯罪；增设故意逃废债务罪，将在经济往来中故意逃废债务、情节严重者以犯罪论处，以遏制经济生活中故意欠债不还、逃废债务风气的蔓延；出台金融机构破产法，恢复金融机构的企业本性，完善其优胜劣汰的竞争机制，引导金融资源的高效配置；建立存款保险法律制度，解决完全由国家承担金融机构破产风险的问题；完善拒不执行法院判决罪，维护司法裁判权威，解决执行难问题，等等。

生源地助学贷款的可持续发展，依赖严密规定且严格执行的法律法规体系来对社会信用主体进行规范。国际上开展助学贷款比较成功的国家，其法制都比较完善。如美国的《国防教育法》（1958）、《高等教育法》（1965）、《中等收入家庭学生协助法》（1978）等；日本的《育英会法》和《日本育英会法实施令》（1984），其中对助学贷款发放机构、种类、资金来源等作出了明确规定[①]；南非《资助法》明确了政府是贷款资金的第一提供人，政府按照议会预算安排贷款资金，若预算资金不能满足贷款需求，政府还会追加预算外资金。2005—2007 年，南非政府分别追加了2.23 亿兰特、2.5 亿兰特和 3.0 亿兰特贷款资金（NSFAS, 2009）。20 世纪末，英国、加拿大、澳大利亚、新加坡、韩国、泰国、中国香港等地也

---

① 马经：《助学贷款国际比较与中国实践》，中国金融出版社 2003 年版，第 77 页。

形成了各具特色的助学贷款法律制度。

总之，生源地助学贷款中必须建立有效的失信惩戒机制，以维护贷款信用关系的严肃性，而非仅仅依靠观念、社会习俗等非正式约束。政府应出台《国家助学贷款法》，提供法律保障与支撑，对生源地助学贷款的性质、原则、主体、资金来源、偿还方式及期限、操作办法、相关者的权利和义务等作出明确的规定，并加大相关法规的执法力度，建立监督和激励机制，促使毕业生就业后能切身体会到信用的可贵与失信的"可怕"，从而有效控制其贷款风险。以韩国为例，其助学贷款在操作中能严格审查信用记录，本人、父母及连带担保人存在信用不良记录、曾经登记在案的信用不良者等都不能获得贷款资格；其追债系统高效有力，拖延偿贷会被剥夺贷款优惠利息并缴纳高利滞纳金，在就业、转职及从事经济活动方面都将遇到诸多不利。所以，韩国学生贷款违约率非常低。

三 行政制度

由于各级资助管理中心的设立且难以真正独立于教育行政部门，生源地助学贷款具有了典型的公务行政特点。因此，国开行在利用政府的组织协调优势时，必须划清与政府的边界，规范行政行为，以防止行政对金融的非正常干预；并强化权利保护、合同自由、适用法律与适用国家政策相结合的理念以及效率理念，完善司法制度，提高司法效率，确保司法公正。

监管是行政维持市场秩序的手段，也是提高市场效率的保障。按此原则，我国金融监管中需要理顺以下关系：一是要着力增强监管有效性，建立和完善监管问责制度，落实监管责任，建立启动及时矫正措施的法律制度。二是研究设计金融稳定法律框架，合理配置金融稳定协调机制、金融风险预警和处置机制的相关法律制度，落实《人民银行法》关于"建立金融监督管理协调机制"的原则安排。三是从提高宏观调控效果和货币政策有效性出发，研究制定《中央银行贷款法》，从法律高度制约中央银行无限制承担风险的金融机构救助责任机制，以杜绝商业银行一有问题就找央行的现象，促使其依靠自身的经营管理、提高资本和风险管理水平来抵御风险。

保证地方财政贴息、风险补偿的连续性。生源地助学贷款主要面向农村，特别是偏远乡村，这些地区财政财力十分薄弱，自身造血功能严重不足。按照目前的贷款管理政策，县级财政除了负担资助中心运转经费外，还要部分承担贷款财政贴息和风险补偿金，这对相当多的县市来说都存在实际困难。因此必须认识到我国区域经济和地方财力差异悬殊的现实，并以准公共产品成本分担理论为基础，吸取财政联邦主义①的合理之处，通过对地方财政给予支持并强化其责任，以财权促事权，从而提升地方政府对生源地助学贷款的支持能力和意愿。

作为货币政策的制定者，人民银行应加大对生源地金融机构的资金扶持力度。对因开办生源地助学贷款、资金缺口较大的地方金融机构，人民银行应适当给予再贷款支持，尤其应加大对老、少、边、山区的再贷款和财政转移支付力度，切实解决其资金短缺难题，消除其对生源地助学贷款风险补偿金的种种顾虑。省级政府可以考虑用转移支付形式给予经办行社减免助学贷款所得税，教育经费投入重点向国家级或省级贫困县倾斜，以减少生源地金融机构的"惜贷"现象，克服生源地县级政府的"恐贷"情绪。总之，只有充分调动地方的积极性，激活其创造力，才能使生源地助学贷款真正在全国范围蓬勃发展。

四 保险制度

我国助学贷款的市场机制还相当薄弱，必须加快市场建设，促进中介组织成长，提高中介机构的信用，使其成为独立承担民事责任的市场主体。生源地助学贷款经办银行可以引入市场化的保险机制，向保险机构投保助学贷款信用险，使保险公司全程参与风险管理，及时掌握违约学生的真实信息，有效地降低追偿成本。这一过程相当于把助学贷款风险管理"外包"给了保险公司，从贷前的材料收集，贷中的跟踪和诚信教育，再到贷后集中管理，各个环节保险公司都参与其中，既可保证银行的信贷资金如期收回，又为保险公司开辟了新的保源。

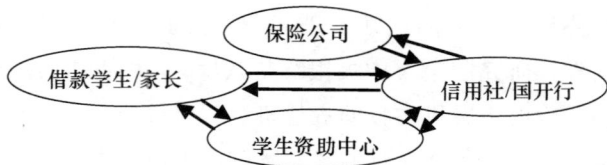

图 6-6　保险公司成为生源地助学贷款新的博弈成员

---

① 指各级政府为共同履行公共经济职能，在财政职能和收支上如何划分，以及政府间补助如何处理的财政关系制度。它与国家政体没有必然联系。

我国助学贷款信用保险直到 2006 年才真正出现，华安财产保险公司率先在云南、四川、江苏、安徽、河南等省份开展了"国家助学贷款信用保险"业务。投保人向保险公司交纳一定比例的保费，获得相应的保险保障，在贷款学生不能按期还贷时，由保险公司先向银行赔付，再向贷款学生追偿；经办银行投保"助学贷款信用险"，保费可用风险补偿金支付①。华安保险公司学贷险的推出，迈出了引入商业保险机制化解助学贷款风险的第一步。中国人民银行 2007 年《关于做好家庭经济困难学生助学贷款工作的通知》中提出，发放助学贷款的金融机构"要加强与保险机构合作，探索将保险引入助学贷款业务的新途径，有效转移和防范助学贷款风险"（中国人民银行，2007）。

国家助学贷款信用保险业务主要有五种形式：（1）政府购买保单；（2）高校购买保单；（3）银行利用风险补偿金购买保单；（4）政府和高校共同买单，由风险补偿金的一部分作为保费；（5）贷款申请人购买保单，即银行强制要求助学贷款申请人购买保险②。商业保险的介入，为建立生源地助学贷款的长效机制提供了风险保障，减轻了金融机构的贷款风险，同时也有效地解决了现行助学贷款模式中的矛盾和问题，推动了助学贷款政策的全面实施。

如 2007 年，华安保险云南分公司与农业银行云南省分行签订了《国家助学贷款及信用保险业务合作协议》，有 30391 名贫困大学生的 43071 笔贷款在保险公司投保，保险责任 1.91 亿元，承保率超过 80%。2007—2010 年，华安保险大连分公司累计为大连市 1.2 万人次"保险"助学贷款 7500 万元，助学贷款违约率从 20% 降到 3.27%③。2008 年 3 月，华安保险湖北分公司与农行湖北省分行合作，农业银行将 2004 年 6 月后发放的助学贷款全部投保学贷险，并用风险补偿金支付保费。2008—2010 年 5 月，中国人保财险甘肃省分公司累计为 10067 名贫困生提供了信用贷款全额保险，保费由财政资金承担，支持银行放贷 5000 多万元；2009 年，甘肃省保险业为 972 名贫困农家学子提供生源地助学贷款保证保险 210 万

①　朱正、唐跃萍：《商业保险助力助学贷款发展——云南省助学贷款信用保险的实践》，《中国金融》2007 年第 1 期。

②　邝焕弟：《国家助学贷款违约风险分担机制研究》，《教育财会研究》2010 年第 3 期。

③　李敬伟：《"学贷险"助力大连"助学贷款"》，《中国保险报》2010 年 3 月 24 日。

元①。2009 年，中国人民银行南京分行着力引入助学贷款保险机制，辖内华安保险公司和农业银行江苏省分行合作，仅上半年就向 12729 名高校贫困学生发放各项助学贷款 2.4 亿元②。河北省邯郸市也将商业保险引入生源地助学贷款，信用社用一定比例的风险补偿金向商业保险机构投保；如果借款学生死亡、丧失劳动能力或连续 12 个月未完全履行还款义务，保险公司将负责按比例清偿学生剩余债务。黑龙江省 2010 年 9 月在全省启动生源地信用助学贷款，由哈尔滨银行承办，华安保险公司承保，并与各地市教育局签署了《银行、保险、地市教育局三方合作协议》。

在生源地助学贷款中，目前的风险补偿制度仍然存在三个不足：一是由于个人征信体系及相应追偿制度的缺失，无法从源头上解决失信违约问题，15% 的补偿率不足以弥补损失；二是风险补偿金建立在非常严格的呆、坏账核销制度上，手续相当烦琐，在一定程度上制约了商业银行的放贷积极性；三是风险补偿金由各级财政配套分担，但有的地方政府并不具备这个经济实力。

因此，针对这些不足，在实践中生源地助学贷款应灵活规定风险补偿金的使用范围，适时引入保险分担机制，如允许国开行将财政拨付的部分风险补偿金专项用于支付生源地助学贷款的保费上，可以考虑按总贷款额的 3% 作为信用保险金直接划拨给保险公司，保险公司给符合要求的学生按常规放贷、追款。由于保险公司分支遍布全国各地，放贷、追款十分便利，任何银行都无法与之相比。引入商业保险，还有助于建立贷款风险管理的长效机制。但要明确高校、银行、保险机构及相关主管部门等参与的责、权、利，建立学生信息、贷款审查、贷款发放、贷款偿还、财政补贴和承保理赔等各个环节的相互衔接、互相制约的运行机制。目前应尽快制定、颁布、实施《高等教育保险法》等法律法规，从立法角度予以保障，完善信息化管理平台和逾期预警、违约催收等机制，并在税收等方面给予政策优惠。

五　资产证券化

1999 年，美国经济的证券化率③达到 209.32%，资本市场总市值与

---

① 薛晓霞：《甘肃省保险业去年累计支付赔款 31.85 亿》，《兰州日报》2010 年 1 月 27 日。

② 王峰：《江苏 47 万大学生受益助学贷款》，《金融时报》2009 年 9 月 18 日。

③ 股票市值与 GDP 之比。

银行总资产价值之比也达到了 398.71%①。与之相比，我国证券市场还在低位徘徊，生产和投资领域资金结构失衡问题由来已久。其解决之道在于大力发展资本市场。一是继续大力发展正规的资本市场，完善多层次资本市场；二是鼓励民营资本发展，以增大股权投资比重；三是继续积极引进外资，从外部引进股权资本；四是鼓励发展各类"集合投资"，形成股权性投资；五是鼓励金融创新，支持商业银行将债务性资金转变为股权性资金②。

　　我国高等教育仍然面临着严峻的融资困境。2009 年我国普通高等教育在校生（含研究生）约 2300 万人，全年国家助学贷款审批总人数 102 万，"毛覆盖率"仅 4.4%。国开行新增人民币贷款 6350 亿元，其中生源地助学贷款 39 亿元，仅占总额的 0.6%，可谓"九牛一毛"。麦肯锡全球研究院在《中国经济研究报告》中指出："虽然中国政府设立了两套助学贷款体系，但是获得教育贷款仍然很难，而且最需要助学贷款的学生经常无法获得贷款。由于贷款违约率高，银行回收贷款手段有限，导致银行无法为高等教育上的投资自由放贷。教育融资的缺失一方面构成人们储蓄的动机，另一方面成为发展高素质劳动力的瓶颈。"③

　　约翰斯通认为："如果可以将助学贷款票据销售给私有资本持有者，那么它们就能在私有资本市场上成为一种具有潜在投资价值的资产。"④美国 2009 年在校大学生数约 1500 万，但学生贷款规模高达 920 亿美元，公、私立大学学生贷款覆盖率分别达到 57% 和 69%。美国的学生贷款之所以有如此广泛的受众面，关键在于其助学贷款有政府参与的证券化机制作为支撑。1991 年，美国 Smith Barney 和 Harris Upham 公司开始助学贷款证券化始点，到 1994 年共有 2.35 亿美元的学生贷款被证券化；1993 年 Key Corp 发行 2.2 亿美元的学生贷款证券，1995 年又发行 7.83 亿美元；1995 年 Sallie Mae 作为一个准政府机构参与并购买学生贷款，或为其提供

　　① 吴晓求：《大国经济的可持续性与大国金融模式——美、日经验与中国模式之选择》，《中国人民大学学报》2010 年第 3 期。

　　② 中国社会科学院经济形势跟踪分析课题组：《对当前经济形势的分析与需要关注的问题》，《中国经贸导刊》2010 年第 11 期。

　　③ 麦肯锡全球研究院：《释放中国的消费潜能》，［EB/OL］. http://finance.jrj.com.cn/2009/10/2011486286519. shtml。

　　④ 安·玛莉：《美国助学贷款经验及其对中国的启示》，《北京大学教育评论》2004 年第 1 期。

担保，使该年全国学生贷款证券化金额达到 37 亿美元；1996 年上半年 Sallie Mae 发行学生贷款支持证券 30 亿美元，超过了美国 1994 年全年的发行总额，1996—2000 年全美学生贷款证券化金额分别达到 101 亿美元、183 亿美元、250 亿美元、364 亿美元、411 亿美元[①]（见图 6-7）。学生贷款证券化为美国高等教育打通了融资瓶颈。

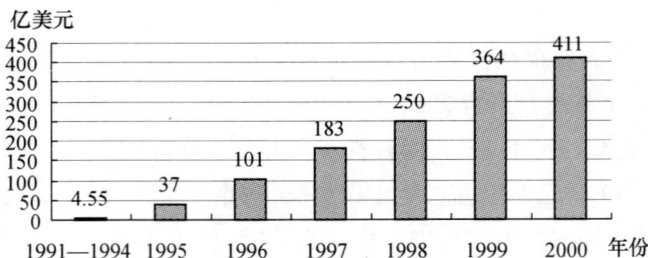

图 6-7　美国 20 世纪 90 年代学生贷款支持证券迅速发展

安·玛莉认为，美国助学贷款兴旺的主要原因在于"政府资助企业"和证券化二级市场的建立[②]。政府为部分助学贷款提供担保和保险，并采用与住房抵押贷款（MBS）相同的管理模式，使银行可以将学生贷款出售给国家资助企业（如 Sallie Mae）或其他更大的银行（如花旗），为助学贷款体系提供更多的资金和"流动性"，从而有效把违约风险分散于政府、银行、机构投资者及中小散户。风险降低后，银行自然乐意为更多的学生提供贷款，这样就能形成一个贷款、出售、再贷款、再出售的良性循环机制，并实现学生贷款的可持续发展。

资产证券化是将缺乏流动性但具有可预期的、稳定的未来现金流收入的资产组成资产池，并以资产池所产生的现金流为支撑在资本市场上发行、出售证券以获取融资的过程和技术，它是更有效率的社会公共资本市场对低效率、高成本的金融中介机构的替代。证券化将是今后中国扩大学生贷款规模的重要路向。

---

① 窦尔翔等：《教育信贷资产证券化：债性契约和股性契约的融合》，《改革与战略》2009 年第 6 期。

② 安·玛莉：《美国助学贷款经验及其对中国的启示》，《北京大学教育评论》2004 年第 1 期。

（一）国开行信贷资产证券化动向

一般而言，被证券化的资产都具有可预测的稳定现金流，且未来现金流较均匀地分摊于资产的存续期内，对应的抵押物也容易变现，并易于形成标准化、高质量的合同。现代商业银行的资产证券化业务已扩展到诸如汽车贷款、信用卡应收款、存货、其他应收账款、学生贷款以及一般商业贷款等各个方面[①]。国开行的信贷资产主要分布于煤电油运、通信、市政公共设施等"两基一支"[②]领域，虽然流动性不足，但都攸关国计民生，属于优质信贷资产。国开行实施的信贷资产证券化就是把这些信贷资产组合成资产池，然后以其未来稳定的现金流为支撑来发行证券，从而获取融资并优化自身的资产结构。

2005年12月15日，由国开行发起、中诚信托公司作为发行人（SPV）、中央国债登记结算公司公开招标，国开行试点发行"开元一期"共41.7727亿元。[③]实现了中国资产证券化制度构建的"破冰之旅"，标志着信贷资产证券化业务在我国正式启动，也为投资者提供了参与国家"两基一支"重大项目建设的新渠道。至2008年，国开行累计发行3笔信贷资产支持证券（ABS），共募集资金136.7亿元，是国内发行ABS期数最多、金额最大的机构；另外，国开行2008年主承销债券发行规模达495亿元[④]，2009年发行人民币金融债券6730亿元，截至年底，其金融债发行量突破5万亿元，市场存量达3.2万亿元，成为全球发行债券余额最大的银行，也成为我国兼能承销企业债、短期融资券与中期票据的"一枝独秀"。

（二）国开行生源地助学贷款资产证券化模型构建

随着生源地助学贷款在全国范围普遍推开，我国高校学生信贷资产正在快速膨胀，家庭经济困难学生的贷款需求也日益旺盛。但由于贷款供给有限，许多县市不得不采取了"配额"发放的"下策"。因此，为了顺应我国高等教育大发展的历史潮流，真正实现贫困生资助"应贷尽贷"目标，国开行应该率先探索以持有的生源地助学贷款资产进行证券化业务试

---

①　吕耀明：《商业银行创新与发展》，人民出版社2003年版，第156页。

②　指基础设施、基础产业和支柱产业。

③　国家开发银行网站（http://www.cdb.com.cn/web/NewsInfo.asp? NewsId = 78.67.1227）。

④　国家开发银行网站（http://www.cdb.com.cn/web/Column.asp? ColumnId = 154）。

点，以便总结、积累经验，然后进一步推及高校助学贷款领域，从而改善学生信贷资产结构，增强其流动性，扩大助学贷款的供给面，缓解我国目前还比较严重的高等教育公平矛盾。

第一步，国开行设立 SPV，如"生源地助学贷款信托责任公司"，将信贷资产真实出售给 SPV，使资产负债表内的生源地助学贷款合同资产完全"剥离"出表外，以便真正隔离资产和风险，筑起一道防火墙。

第二步，信托公司（SPV）对生源地助学贷款合同按不同年份、地域、利率进行分解，将贷款重新组合和定价形成资产池，并以此为基础发行具有不同风险和收益水平的一揽子生源地助学贷款"结构性收益证券"。目标市场定位于保险公司、商业银行、财务公司、教育基金等机构投资者，以后逐渐向中小散户延伸。

第三步，由政府对资产信用和按时支付进行担保以提升信用、增强流动性，聘请独立的信用评级机构对证券信用进行评级，并适当采取一些信用加强的措施。由于国开行由财政部和汇金公司代表国家出资并控股，其证券产品的信用级别高于任何一家商业银行。尽管如此，仍然需要由资本市场上投资者公认的独立评级机构对其不同类别的证券进行信用等级评定，以建立市场规则并方便投资人甄别选购。

第四步，信托公司发行证券。可以将生源地助学贷款证券"批发"给证券承销商，由承销商负责向投资者"零售"。信托公司从承销商处获取证券发行收入，按契约约定的价款，把发行收入的大部分支付给发起人国开行。国开行的资金和流动性"回笼"后，一方面其资产结构被盘活；另一方面贷款风险系数明显降低，就能为更多的家庭经济困难学生提供贷款现金流，将生源地助学贷款市场逐渐做大，并形成一个"贷款—证券化—出售—再贷款—证券化—再出售"的良性循环，从而切实保障生源地助学贷款的可持续发展（见图6-8）。

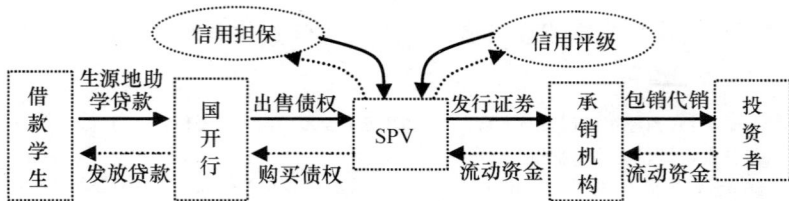

图6-8　生源地助学贷款证券化流程

这一复杂交易过程至少能给国开行带来三大制度绩效：其一，可以腾出资金继续支持煤电油运等国家急需发展的产业和重点建设项目，发挥其开发性金融对社会资金的引导作用；其二，可以提高国开行自身信贷资产质量、分散信贷风险、增强信贷资产流动性；其三，使得信贷资金从银行监督转变为众多投资者共同监督，可以有效改善信贷资金运行效率，降低不良贷款的比率。

生源地助学贷款证券化试点成功后，国开行再将信贷资产证券化范围扩展到高校助学贷款领域。首先，国开行把自己持有的高校助学贷款合同资产进行结构变换，改造成可交易证券，同时面向工商银行、农业银行、中国农业、建设银行等商业银行收购学生贷款合同资产，对资产（债权）中风险与收益要素进行分离与重组，形成资产池并真实出售给信托机构。其次，信托机构聘请信用评级机构对证券信用进行评级，由政府对资产信用和按时支付进行担保以提升信用、增强流动性。最后，信托机构面向市场发行销售证券，从整体上实现学生贷款的滚动发展，扩大学生贷款资助体系的受众面（见图6-9）。

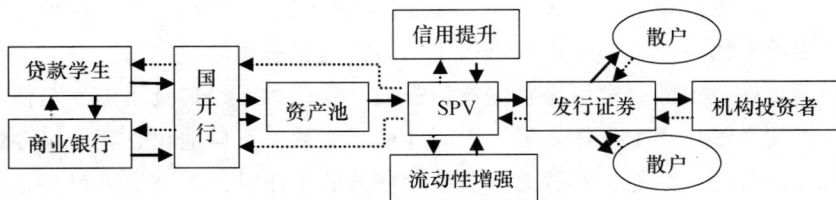

图6-9　国开行助学贷款资产证券化模式

（三）生源地助学贷款证券化可行性分析

其一，"股改"后的国开行有助学贷款资产证券化的利益诉求。2008年12月，国开行改制成为股份有限公司，由财政部和汇金公司代表国家出资并控股。国开行秉持着把中国国情与国际先进金融原理相结合、把政府的组织协调优势与自身的中长期投融资优势相结合、把服务国家战略与市场化运作相结合三大原则，探索出"市场建设、规划先行、社会共建、融资推动"这一行之有效的开发性金融方法①。可以预见，随着我国助学

---

① 国家开发银行简介，人民网（http：//finance. people. cn/GB/8215/166067/166069/9898440. html）。

贷款制度的逐渐完善，学生贷款尤其是生源地助学贷款规模还将持续"膨胀"。作为开发性金融机构，国开行应利用政府的组织优势，以市场方法打通融资渠道，通过融资促进治理结构、法人、现金流和信用建设，稳步扩展我国的高等教育规模，大幅提升国民人力资本质量。

国开行 2007 年第一期信贷资产证券化产品中，其 SPV 为平安信托投资公司，合同总金额 80.0934 亿元，债权（资产池）行业分布中，教育 1.08 亿元，占 1.35%①。国开行主要通过不断创新债券发行方式、丰富债券产品、发行金融债券来筹集资金。商业化改制后，国开行也开始吸收存款，并在新疆、广西等省开展基本存款账户试点。但国开行的发展模式不应与四大商业银行雷同，其市场定位仍然是债券银行和批发银行。股改后的国开行既有实现国家重大战略目标的政策性要求，又有利润最大化的"经济人"理性诉求。生源地助学贷款从法律上规定了学生家长的责任，在制度设计上也强化了地方政府催还款的责任和力度，因此，国开行能够比较准确地掌握借款人信息，进而放心贷款，贷款回收难题得到有效解决，生源地助学贷款证券产品也就有了预期的稳定现金流。

其二，生源地助学贷款具有较强的金融属性，符合证券化的基本条件。生源地助学贷款的突出特点在于学生家庭从法律的正式制度意义上介入助学贷款。中国家庭历来整体意识强烈，借债意愿、还贷意识、对债务的承担能力都比学生个体要强。生源地助学贷款采用属地化管理，经办网点多、分布面广，能够有效地分散助学贷款的工作量，提高贷款审批、发放速度，缓解高校较集中的城市金融机构的风险，减轻集中借贷的压力，因此大面积分散了贷款风险。另外，国开行有财政部背景，农信社试点改革后已划归省级人民政府管理，这样省级政府比较容易协调各级财政在生源地助学贷款业务中具体的财政贴息额度。

生源地助学贷款面对国家未来高层次、高素质人力资源，同时也面对流动性相对较小的学生家长，催还款的难度降低，具有可预测的稳定现金流，且未来现金流比较均匀地分布于资产的存续期间。我国居民储蓄存款余额一直偏高，在没有更好的投资渠道及新的消费热点之前，多数居民只好将钱存进银行。生源地助学贷款证券产品可以为我国庞大的居民储蓄存款余额找到一条投资理财的"出口"。

---

① 国家开发银行网站（http://www.cdb.com.cn/web/NewsInfo.asp? NewsId = 2081）。

　　我国幅员辽阔，生源地助学贷款学生有相当广泛的地域和人口统计分布，贷款合约是政府及国开行等统一制定的，贷款的期限、金额、利率等都基本相同，标准化程度很高。生源地助学贷款由国开行或农信社承办，由生源地学生资助中心或农信社统一办理，有着相同的利率、期限、到期日等，同质性较高；通过基础资产的筛选和组合后，由于符合大数定律，多笔贷款组成的资产池可以在未来还款期内产生较稳定的、可预测的现金流。此外，近年来我国保险公司、基金公司、社保基金等机构投资者发展较快，为生源地助学贷款的证券化提供了安全的资金保障。随着存款利率水平的不断下降，人们在不断寻觅风险较低而收益率较高的投资工具，生源地助学贷款证券产品有可能成为这些资金新的选择。

　　其三，政府为生源地助学贷款证券化提供了充足的担保。一方面，国开行由财政部与汇金公司控股，其"准政府"色彩浓厚。生源地助学贷款由国开行承办，如果这种信贷资产证券产品上市交易，在证券市场投资人眼里，因为有政府充分的担保，其信用级别等同于准国券。投资人不必担心国开行或其设立的信托公司有朝一日面临"破产清算"的问题。另一方面，在国开行生源地助学贷款模式中，县级学生资助中心充当着主要操作平台和联络各方的"神经中枢"。笔者调研发现，目前县级学生资助中心基本上都是在基层教育系统内部"挖潜"形成的机构。由于中国的"婴儿潮"已过，广大农村学校普遍面临着"生源危机"，许多地方中小学纷纷撤并，农村教育系统已经出现了人员富余现象。所以，在一个县（市/区/旗）抽调2—3人从事学生资助管理工作，实际上既不影响教育教学，也没有挤占财政资金。可以认为，县级学生资助中心的顺畅运行能充分利用社会资源，实现帕累托改进的效果；对国开行而言，也大幅节约了生源地助学贷款的交易成本。

第三节　经济的持续繁荣

　　金融可持续发展是以经济可持续发展为基础的。经济发展是社会发展的基石，只有经济可持续发展，百姓才"有业可就"，银行才"有钱可贷"，政府才"有税可收"；只有经济繁荣，公共教育投入才能持续增加，国家才可能加大生源地助学贷款投入，县级资助中心基本建设才能逐步落实，其正常办公与调查走访等条件才能得到保障；只有经济全面、协调、可持续发展，绝对贫困人口才能不断减少，弱势群体收入水平才能不断提高，经济困难家庭处境才能得以改善，毕业学生才会有足够收入用于还款。目前美国、日本等国学生贷款出现了混乱局面，其根本原因正是经济持续低迷，失业率高，直接造成了学生还款困难。

国际经验表明，大国经济增长主要靠内需支撑和内生增长。立足内需、依靠创新驱动是我国经济可持续发展的必由之路。2008 年，美国、印度内需占总需求的比重分别为 92%、88%，而我国这一比重仅为 72.8%，在各大国中是较低的。城镇化可以有效扩大城市消费群体，增加居民消费，提高农村居民消费水平，有力拉动投资需求，城镇化是经济社会发展的客观趋势①。据统计，发达国家城镇化率一般在 80% 以上。人均收入与我国相近的马来西亚、菲律宾等周边国家，城镇化率也在 60% 以上。但 2009 年我国城镇化率只有 46.6%，仍然偏低。由此可见，我国最大的内需在城镇化，最庞大的内需潜力也在城镇化。当前和今后相当长一段时间，我国城镇化将处于快速发展阶段。在这个历史阶段，应以加快城镇化为依托，调整优化城乡和区域结构，扩大消费需求和投资需求，促进经济长期平稳较快发展。

在社会生活中，经济能力决定着人的信用水平。"一个人究竟有多少信用，要看人们对其偿付能力的评价。"② 加拿大安省大学部部长耿宁汉认为："对学生还钱的最大帮助是帮助他们找到工作。"③ 到 2000 年年末，该省政府创造了 184000 个工作机会，另外为学习成绩拔尖的高中毕业生提供最高 3500 加元一年的奖学金。其具体措施还包括：向学生提供安省学生机会奖金，使得学生每年的贷款不会超过 7000 加元；对新的贷款申请者严格审查，剔除有拖欠历史的人；对毕业后收入低的毕业生提供贷款利息减免；对贷款利息提供税务优惠；要求那些拖欠率很高的学校帮助偿还拖欠的贷款；要求学校给学生提供该校或专业的贷款拖欠率、毕业率和就业率等。经过努力，近年来，安省拖欠率已有所降低（见表 6 - 1）。

---

① 李克强：《关于调整经济结构促进持续发展的几个问题》，《求是》2010 年第 11 期。

② 约翰·穆勒：《政治经济学原理》，商务印书馆 1996 年版，第 62 页。

③ 《拖欠助学贷款——加拿大安省学生贷款拖欠率创新低》，[EB/OL]．http：//www. top-sage. com/english/2010/0225/abroadd_ 17621. html.

表 6 - 1　　　　　　　　1997 年来加拿大安省学生贷款拖欠率变化

单位:%

年份	大学	社区学院	私营职校
1997	8.4	20.1	31
2009	7.1	17.2	28.9

作为生源地助学贷款的承办者,国开行(农信社)应充分利用自身的行业特点和优势,支持农村经济发展,帮助农民发展新型产业,一方面增加农民收入,另一方面增强其承贷能力。对家庭贫困但有劳动力的,在发放生源地助学贷款的同时,可以由金融机构牵头,其他部门配合,进行重点帮扶,对特困生家庭建立扶持档案;针对不同家庭的特点,分类制定脱贫规划,提供项目选择、技术指导、资金注入、市场营销等全方位服务,使这些农户摆脱贫困、走向富裕,提高贷款偿还能力。

陕西省澄城县农信社在开办生源地商业性助学贷款业务中,最成功的做法就是支持学生家庭发展生产和增加收入的联动式救助,即以学生家庭为贷款对象,把解决学费不足与扶持家庭发展生产相结合;信用社结合当地特点,一般在新生开学和新学年开始时向学生家庭发放助学贷款,在秋收和农副产品销售旺季时收回贷款,从而成功地把助学贷款和家庭经营结合起来①。2009 年 9 月,河南省内乡县农信社积极推动生源地助学贷款"绿色通道",送贷上门;同时发放农户小额信用贷款 420 余万元,支持300 余户有大学生的贫困家庭发展食用菌、大白山羊等特色产业,为贫困农民按期偿还贷款提供了保障。山西省和顺县联社在发放助学贷款的同时,也进行项目帮扶②。学生家庭收入提高了,生源地助学贷款的回收率也就有了保障。

贷款资金来源的可持续,其前提是贷款供给额度足以覆盖需求。生源地助学贷款目前 6000 元/年的贷款上限仍然偏低,尤其在消费水平较高的沿海及中心城市,可能连学费都难以覆盖。因此,今后生源地助学贷款额度应分阶段逐步有所提高,比如,结合国家 2012 年财政性教育经费提高

---

① 中国银监会渭南分局课题组:《关于澄城县农村信用社开展生源地商业性助学贷款情况的调查报告》,《西安金融》2005 年第 5 期。

② 胡爱林等:《放飞大山的希望》,《金融时报》2009 年 9 月 24 日。

到 GDP 的 4% 这一目标，可以考虑将贷款上限提高到 8000 元/年，到 2020 年再提高到 1 万元/年。

本章主要从三个方面探讨生源地助学贷款可持续发展的路径。

首先，从文化层面看，生源地助学贷款彰显了人类追求公平的理想。但并非所有在校生都需要助学贷款，"雪中送炭"、"因地制宜"才能真正实现代内公平；金融的本质是社会信用，诚信文化是金融生态安身立命的"自然环境"，只有营造诚信文化，高效回收贷款，打通"后代"获得贷款的渠道，杜绝贷款生态链的破坏行为，才能实现"代际"公平，维持金融生态平衡。由于制度并不成熟，生源地助学贷款也需要市场化、多元化等发展理念。与自然生态一样，金融生态也具有"天然"的市场属性和一定的自我调节机能，市场是金融生态的最基础环境，金融生态的自然秩序和结构的生成，根本之道就是要坚持市场导向。金融主体、金融规则、金融资源的配置都要逐步市场化，即让市场机制、中介机构（保险、担保、会计、法律等机构）充分参与，从而有效降低贷款的交易成本。

文化自觉包含知性、理智、宽容、反思等。各级政府在思想上要高度重视生源地助学贷款工作，树立"金融生态就是竞争力"的理念；国开行应准确定位，充分利用其"国家"背景，加快金融创新、市场开发的步伐，在发展中化解金融风险，不断完善内控制度，强化自律意识，改进服务方式，主动开拓市场，加强贷款营销，推动业务发展；政府及金融监管者应整合文化资源，形成从助学贷款生态"生产者"、消费者到"还原者"都能接受的价值认同；大力推动先进金融文化建设，带动和促进地区信用文化发展，营造诚信文化，加大诚信教育力度，加快征信体系建设；农村信用社（邮政储蓄）应树立新的营销理念，充分发挥点多面广和乡土文化优势；高校要量入为出，控制行政成本和学费膨胀。

其次，从制度层面看，法律制度是影响金融生态最直接、最重要的因素，生源地助学贷款必须有法制的强有力支撑。各级资助中心需要尽快完善并有效运作，真正成为"独立法人"。物种边界的界定是生态平衡的基础，清晰的金融产权也是金融生态可持续的基础，必须完善金融产权制度，凸显股东在金融生态中的地位和作用，理清市场、政府和法律的边界，防止金融生态的变异。

金融生态是一种具有正外部性的"公共物品"，为生源地助学贷款提供良好的金融生态环境是各级政府一种自然和必然的选择。作为制度的主要供给者，政府首先应健全法制环境，完善信用环境，提供法律保障与支撑，并加大相关法规的执法力度，建立监督机制和激励机制。其次，应强化县级资助中心的协调功能，尽快在基层形成广泛的信息网络；建立系统内成员多边合作机制，强化贷后管理，谨慎防范贷款风险；引导担保、法律、会计、审计、资信评估、征信服务等中介机构充分参与，创新金融工具，建立起有效的证券化二级市场，使银行源源不断地获得资金，贷款现金流持续地实现良性循环；建立贷款学生诚信评价体系，完善个人信息查询系统；积极拓宽高校毕业生就业渠道；培育助学贷款的社会保障体系；设计多元化的还款方案等，使贷款可以如期回收，违约与呆坏账损失控制在系统的容量或承载能力之内，贷款资金流量顺畅，存量有保证，金融生态链不至于中断，贷款金额既能从空间上保证代内公平，又能从时间上保证代际公平。

最后，金融可持续发展是以经济可持续发展为基础的。只有经济持续繁荣，公共教育投入才可能持续增加，银行才会有更多贷款资金投入学生资助，贷款覆盖面、高等教育入学机会才能持续扩大。这样又能使家庭拿出更多收入用于消费，而内需扩大可以导致企业收益增加并容纳更多高校毕业生，政府财政收入也能持续攀升，从而可以更多地补贴金融生态主体及消费者。作为金融生态系统的消费者，贷款学生的福利水平随着时间的推移不断增加。因此，要推动经济增长方式转变，为金融业的发展提供稳定高效的经济环境。

第七章 结语

生源地助学贷款明显借鉴了国际上学生贷款的成熟经验，同时也有自身鲜明的特色，与国内的高校助学贷款相比，其优势是明显的，但问题仍然很多，威胁同样存在。从外部环境看，生源地助学贷款只是金融生态中的一个很小的"物种"，它无时无刻不受到外部经济环境、社会制度和文化背景的影响与制约；就内部运行机制而言，在财政—金融杠杆作用下，生源地助学贷款多方利益主体之间形成动态博弈，贷款资助可以促进人力资本的"量子跃迁"。从空间维度看，生源地助学贷款的可持续发展，需要保证"代内"有足够大的覆盖面；从时间维度看，生源地助学贷款更需要维持"代际"的公平。

第一节 本书结论

本书首先通过对文献资料的梳理，回顾了生源地助学贷款的发展历程，接着运用多源流理论框架分析了政策演变的脉络，对国际上相近的学生贷款方案进行比较；然后在实地考察与问卷调查基础上，分析了生源地助学贷款的优势、特征、问题及困境，对开展生源地助学贷款的外部影响因素进行实证分析，得出构成其金融生态的三大要素；接着从不同角度探讨影响生源地助学贷款可持续发展的内部矛盾；最后，分析了生源地助学贷款可持续发展的路径。本书的主要结论有四点：

第一，生源地助学贷款的发展历程分为两个阶段，即2007年以前农信社主导的"农信社时代"和之后由国家开发银行主导的"国开行时代"。前者市场化比较充分，但贷款发展却"日渐势微"；后者由于政府介入较深，政府的组织优势得到充分利用而"日渐昌盛"。这种分野实际上折射出中国目前的经济和社会制度背景，即国家拥有无可争辩的强势地位，而市场仍然有待开发和培育。

生源地助学贷款是因应我国特殊国情，同时借鉴国际成熟经验而出现的学生贷款品种。国际上，相对健全的学生贷款方案对我国生源地助学贷款具有一定的借鉴和启示意义。与国内高校助学贷款相比，生源地助学贷款进行了多方面的制度创新，其优势与特征十分明显，但这一制度本身也还存在不少缺陷和短板。

第二，通过调查与实证分析，本书认为，农民"离乡不离土"仍是当今中国农村最普遍的现象。劳动者中女性的文化素质偏低，受教育年限偏短。文化素质低下和教育滞后形成一种精神文化贫乏的累积效应和代际传递。在学生接受高等教育的经济来源中，生源地助学贷款逐渐成为学生的"第二财政"，而高校助学贷款对学生的资助力度很小，尤其一般商业助学贷款对学生的资助力度微乎其微。

生源地助学贷款规模与普通中学毕业人数、生源地人口、乡村从业人数以及预算内教育经费均有十分显著的正相关关系，与农村居民人均纯收入和人均 GRP 则呈显著的负相关关系，即经济发展水平越低、人口越多的地区贷款人数越多。但银行放贷意愿仍然是决定生源地助学贷款规模的最主要因素。此外，目前生源地助学贷款审批发放的"计划性"较强，逆市场化的制度性缺陷依然较多。

第三，影响生源地助学贷款的金融生态环境可分为三个层面。一是经济环境，包括地区人均 GRP、人均年收入、学生家庭收入、毕业学生收入水平、家庭所在地、家中劳动力人口、家中上学人数、市场环境等，而且在生源地助学贷款中，"供给决定需求"现象十分明显。二是社会制度层面的行政体制、法制环境、信用制度等。三是文化层面的传统习惯、文化背景、公众风险意识、信用文化等。金融生态是影响贷款供给的重要因素，良好的金融生态能形成资金聚集的"洼地效应"。

第四，国开行开展生源地助学贷款，实际上综合运用了财政—金融杠杆的功能。一方面实施扩张性的财政政策，执行了政府转移支付的财政功能；另一方面，在执行人民银行基准利率的前提下，创新金融服务体系，解决贫困生就学难问题，也扩大了货币供给。从宏观层面看，生源地助学贷款就是中央政府运用杠杆原理，加大"富人"（如东部）、地方政府、学生及其家庭对高等教育投入力度的制度设计。生源地助学贷款涉及学生、家庭、银行（国开行或农信社）、政府、高校等，理性的参与各方都在试图使自身收益最大化，在个人效用函数和约束条件下，选择其最优策略，因而彼此之间形成了动态博弈。通过文献分析和问卷调查，笔者发现，生源地助学贷款对贷款学生具有相当的激励作用，通过强化贷款学生的生产能力和信号类特征，生源地助学贷款使得贷款学生人力资本的"能级"跃迁成为可能，"底层"社会中的学生因此得以摆脱生源地环境与传统束缚、实现正向社会流动和代内的教育公平。同时生源地助学贷款也促进了人的全面自由发展，有助于贷款学生毕业后回报社会，向社会"释放能量"，贷款学生自我意识的觉醒，必将从时间维度实现高校生源使用助学贷款资源的代际公平，为制度的可持续发展奠定基础。

第二节　创新与局限

关于学生贷款，沈红教授研究团队前期已经作了大量的研究。但自从2007年生源地助学贷款新政策实施以来，国内比较深入的专题研究并不多见。本书的创新点主要体现在方法和视角上，局限性则表现在获得全国范围相关数据存在较大困难，加上绝大多数贷款者还款期未到，因而贷款风险不可测，制度的可持续性存在变数。

本书创新点具体有以下三个方面：

第一，从金融生态的视角探讨影响生源地助学贷款可持续发展的外部因素，不仅涵盖了通常所指的"信用环境"，而且包含以往研究者关涉甚少的经济、制度和文化背景，在宏观层面更深入地揭示了生源地助学贷款与社会发展的有机联系，也生动形象地反映了我国生源地助学贷款体系的内在本质，这对于丰富和发展经济、金融理论也具有重要的理论价值。

第二，在宏观上，本书认为，杠杆原理在生源地助学贷款运行中起到了关键作用。生源地助学贷款制度使得高等教育成本分担的"担子"进一步向学生及其家庭"偏移"。由于中央政府具有先动优势和强势地位，它事实上是在"撬动"其他参与者加大投入，而其他成员也只能被动接受。生源地助学贷款就是中央政府运用杠杆原理，加大先富者、地方政府、学生及其家庭对高等教育投入力度的一种制度设计。

第三，在微观层面，生源地助学贷款对贷款学生具有正向激励效用，可以促进人力资本的跃迁式增加。一是通过改善贷款者营养状况、获得更多学习资源等方式增加人力资本，从而提高劳动生产率；二是贷款者顺利完成学业，获得大学学历或文凭，从而具有与其他毕业生同样的受教育信号。因此贷款学生的个人内在能力和外在信号类特征都得到了强化，使得"能级跃迁"成为可能。

本书的局限性主要体现在以下两个方面：

其一，相关数据的获得存在较大困难。生源地助学贷款在全国范围已经普遍开展起来，但由于精力、财力所限，笔者不可能穷尽所有省市区县的贷款人数或金额数据。此外，在电话访谈中也常常遭遇不合作现象，这些都导致本书难以获得全国范围内完整的数据。所以从研究的角度看，本书的科学性难免打了折扣。

其二，生源地助学贷款还款期尚未大面积到来，贷款风险不可测，实施效果存在变数。较低的违约率是生源地助学贷款可持续发展的关键指标，但由于目前正式进入还款期的学生还极少，绝大多数贷款学生尚在高校就读，加上近年来毕业生就业形势不容乐观，因此，生源地助学贷款的可持续发展存在着未知的风险。

主要参考文献

［1］徐诺金：《金融生态论：对传统金融理念的挑战》，中国金融出版社 2007 年版。

［2］李扬等主编：《中国城市金融生态环境评价》，人民出版社 2005 年版。

［3］世界环境与发展委员会主编：《我们共同的未来》，吉林人民出版社 1997 年版。

［4］弗·安德里安诺夫：《市场经济自我调节理论：可持续发展新构想》，社会科学文献出版社 2009 年版。

［5］贾华强：《边际可持续劳动价值论》，人民出版社 2008 年版。

［6］伯顿·克拉克：《高等教育系统——学术组织的跨国研究》，王承绪等译，杭州大学出版社 1994 年版。

［7］多纳德·海伦：《大学的门槛：美国低收入家庭子女的高等教育机会问题研究》，北京师范大学出版社 2007 年版。

［8］李庆豪：《生源地助学贷款的生成与发展》，华中科技大学出版社 2006 年版。

［9］劳埃德·B. 托马斯：《货币、银行与金融市场》，机械工业出版社 1999 年版。

［10］白钦先等：《金融可持续发展研究导论》，中国金融出版社 2001 年版。

［11］熊贤君：《中国教育管理史》，华中师范大学出版社 1989 年版。

［12］威廉·邓恩：《公共政策分析导论》，中国人民大学出版社 2002 年版。

［13］保罗·萨巴蒂尔：《政策过程理论》，生活·读书·新知三联书店 2004 年版。

［14］约翰·金登：《议程、备选方案与公共政策》，中国人民大学出

版社 2004 年版。

[15] 托马斯·戴伊：《理解公共政策》，华夏出版社 2004 年版。

[16] 吴锡泓、金荣枰：《政策学的主要理论》，复旦大学出版社 2005 年版。

[17] 拉雷·格斯顿：《公共政策的制定——程序和原理》，朱子文译，重庆出版社 2001 年版。

[18] 珍妮特·V. 登哈特、罗伯特·B. 登哈特：《新公共服务：服务而不是掌舵》，中国人民大学出版社 2004 年版。

[19] 蓝汉林等：《美国联邦学生资助体系的变革》，《教育发展研究》2010 年第 7 期。

[20] 李文利：《从稀缺走向充足——高等教育的需求与供给研究》，教育科学出版社 2008 年版。

[21] 芝田政之：《日本的学生助学贷款制度》，载王蓉、鲍威主编《高等教育规模扩大过程中的财政体系：中日比较的视角》，教育科学出版社 2008 年版。

[22] 马经：《助学贷款国际比较与中国实践》，中国金融出版社 2003 年版。

[23] 冯涛：《国家助学贷款制度研究》，上海社会科学院出版社 2009 年版。

[24] 伍德霍尔：《学生贷款》，载 Martin Carnoy《教育经济学国际百科全书》，高等教育出版社 2000 年版。

[25] 米格代尔：《农民、政治与革命》，中央编译出版社 1996 年版。

[26] 陈向明：《教师如何作质的研究》，教育科学出版社 2001 年版。

[27] 道·诺斯：《制度变迁理论纲要——经济学与中国经济改革》，上海人民出版社 1995 年版。

[28] 任文伟、郑师章：《人类生态学》，中国环境科学出版社 2004 年版。

[29] 曹凑贵主编：《生态学概论》，高等教育出版社 2002 年版。

[30] 保罗·霍肯：《商业生态学：可持续发展的宣言》，夏善晨等译，上海译文出版社 2007 年版。

[31] 马歇尔：《经济学原理》，中国改革出版社 2005 年版。

[32] 阿马蒂亚·森：《贫困与饥荒》，商务印书馆 2001 年版。

［33］樊胜根等：《经济增长、地区差距与贫困中国农村公共投资研究》，中国农业出版社 2002 年版。

［34］乔治·吉尔德：《财富与贫困》，上海译文出版社 1985 年版。

［35］保罗·A. 萨缪尔森、威廉·D. 诺德豪斯：《经济学》，胡代光等译，首都经济贸易大学出版社 1998 年版。

［36］道·诺斯、罗伯特·托马斯：《西方世界的兴起》，华夏出版社 1999 年版。

［37］芝田政之：《日本的学生助学贷款制度》，载王蓉、鲍威主编《高等教育规模扩大过程中的财政体系：中日比较的视角》，教育科学出版社 2008 年版。

［38］谭中明等：《社会信用管理体系：理论、模式、体制与机制》，中国科学技术大学出版社 2005 年版。

［39］向立文编：《中国需要信用制度》，上海经济出版社 2005 年版。

［40］李红桃：《国家助学贷款运行机制研究》，华中科技大学出版社 2005 年版。

［41］宋飞琼：《国家助学贷款担保机制研究》，华中科技大学出版社 2008 年版。

［42］李素萍主编：《西方经济学》，北京理工大学出版社 2006 年版。

［43］张远超、孟祥仲主编：《宏观经济学》，经济科学出版社 2007 年版。

［44］董长瑞主编：《西方经济学》，经济科学出版社 2006 年版。

［45］冯友兰、钱穆等：《庄子二十讲》，华夏出版社 2009 年版。

［46］方孝博：《墨经中的数学和物理学》，中国社会科学出版社 1983 年版。

［47］D. B. 约翰斯通：《高等教育财政：问题与出路》，沈红、李红桃译，人民教育出版社 2003 年版。

［48］沈华、沈红：《学生贷款的偿还》，高等教育出版社 2008 年版。

［49］张维迎：《博弈论与信息经济学》，上海人民出版社 2004 年版。

［50］Roger A. McCain：《博弈论战略分析入门》，原毅军等译，机械工业出版社 2006 年版。

［51］林国春、段文斌：《行为金融学及博弈论应用》，南开大学出版社 2006 年版。

［52］施锡铨：《博弈论》，上海财经大学出版社 2000 年版。

［53］纳尔逊、温特：《经济变迁的演化理论》，胡世凯译，商务印书馆 1997 年版。

［54］M. Blaug：《工资合同和教育》，载 M. Carnoy 编著《教育经济学国际百科全书》（第二版），闵维方等译，高等教育出版社 2000 年版。

［55］万小龙：《范·弗拉森的量子力学哲学研究》，中山大学出版社 2006 年版。

［56］张先锋主编：《西方经济学》，合肥工业大学出版社 2006 年版。

［57］约翰·罗尔斯：《政治自由主义》，万俊人译，译林出版社 2000 年版。

［58］杨克瑞：《战后美国联邦政府大学生资助政策研究》，北京师范大学出版社 2008 年版。

［59］叶文虎主编：《可持续发展的新进展》，科学出版社 2007 年版。

［60］丹尼斯·麦多斯等：《增长的极限》，吉林人民出版社 1997 年版。

［61］奚洁人主编：《科学发展观百科辞典》，上海辞书出版社 2007 年版。

［62］赫尔曼·E. 戴利：《超越增长：可持续发展的经济学》，诸大建等译，上海译文出版社 2006 年版。

［63］埃里克·诺伊迈耶：《强与弱：两种对立的可持续性范式》，王寅通译，上海译文出版社 2006 年版。

［64］弗·安德里安诺夫：《市场经济自我调节理论：可持续发展新构想》，社会科学文献出版社 2009 年版。

［65］马克斯·韦伯：《新教伦理与资本主义精神》，上海三联书店 1989 年版。

［66］康芒斯：《制度经济学》，商务印书馆 1999 年版。

［67］喻敬明等：《国家信用管理体系》，社会科学文献出版社 2000 年版。

［68］彼德·杰克逊：《公共部门经济学前沿问题》，郭庆旺等译，中国税务出版社 2000 年版。

［69］潘天群：《博弈生存——社会现象的博弈论解读》，中央编译出版社 2004 年版。

［70］罗伯特·科尔、朗·米什勒：《消费者与商业信用管理》，中国人民大学出版社 2004 年版。

［71］道·诺斯：《制度、制度变迁与经济绩效》，上海三联书店 1994 年版。

［72］科斯等：《财产权利与制度变迁：产权学派与新制度学派译文集》，上海三联书店 1991 年版。

［73］青木昌彦：《比较制度分析》，远东出版社 2001 年版。

［74］米尔顿·弗里德曼：《资本主义与自由》，商务印书馆 1986 年版。

［75］安·玛莉：《美国助学贷款经验及其对中国的启示》，《北京大学教育评论》2004 年第 1 期。

［76］吕耀明：《商业银行创新与发展》，人民出版社 2003 年版。

［77］约翰·穆勒：《政治经济学原理》，商务印书馆 1999 年版。

［78］财政部、教育部、国家开发银行：《关于在部分地区开展生源地信用助学贷款试点的通知》，2007 年 8 月 13 日。

［79］《湖北省生源地助学贷款实施办法》（暂行）（鄂政办发〔2004〕137 号）。

［80］教育部、财政部、人民银行、银监会：《关于进一步完善国家助学贷款工作的若干意见》，2004 年 6 月 8 日。

［81］教育部：《关于切实做好 2009 年普通高等学校新生入学"绿色通道"和贯彻落实国家资助政策有关工作的通知》，2009 年 7 月 14 日。

［82］教育部：《关于普通高校协助做好生源地信用助学贷款有关工作的通知》，教财厅〔2010〕4 号，2010 年 8 月 13 日。

［83］人民银行杭州中心支行、省教育厅、财政厅：《浙江省生源地财政贴息助学贷款管理规定》，2001 年 7 月 30 日。

［84］中国人民银行调统司：《金融统计与分析》2003 年第 24 期。

［85］中国人民银行：《关于做好家庭经济困难学生助学贷款工作的通知》，2007 年 7 月 25 日。

［86］中国人民银行、银监会：《关于认真落实国家助学贷款新政策保证高校贫困新生顺利入学的通知》，2004 年 8 月 26 日。

［87］Albrecht, D., Ziderman, A. Deferred Cost Recovery for Higher Education：Student Loan Programs in Developing Countries［M］. Washington

D. C: The World Bank, 1991: 47 – 48.

［88］Albrecht, D. , Ziderman, A. Student Loans: An Effective Instrument for Cost Recovery in Higher Education. *The World Bank Research Observer*, Jan. 1993.

［89］Arestis, Philip and Demetriades, P. , Finance and Growth: Institutions Considerations and Causality, Paper, Swansea U. , April 1996.

［90］Allen, F. , Qian, J. , Qian, M. , Law, Finance, and Economic Growth in China. *Journal of Financial Economics*, 2005, 77（1）.

［91］Atuahene, F. , The Challenge of Financing Higher Education and the Role of Student Loans Scheme: An Analysis of the Student Loan Trust Fund （SLTF） in Ghana. *Higher Education*; Oct. 2008, Vol. 56 Issue 4, pp. 407 – 421.

［92］Avery, C. , Hoxby, C. M. , *Do and Should Financial Aid Packages Affect Students College Choices?* ［M］//C. M. Hoxby（ed.）. *College Choice: The Economics of Where to, When to Go, and How to Pay for it*. Chicago: University of Chicago Press, 2004: 239 – 302.

［93］Barr, N. , Financing Higher Education: Lessons from Developed Economies, Option for Developing Economies. RBCED, January 16 – 17, 2007. Beijing, China.

［94］Baum, Sandy and Schwartz, Saul（1988）The Impact of Student Loans on Borrowers: Consumption Patterns and Attitudes towards Repayment, Evidence from the New England Student Loan Survey ［R］. U. S. : Massachusetts, 1988.

［95］Berg, I. , *Education and Jobs: The Great Training Robbery*. Boston: Beacon Press, 1971.

［96］Betts, J. R. and Morrell, D. , The Determinants of Undergraduate Grade Point Average ［J］. *The Journal of Human Resources*, 1999, 34（2）: 268 – 293.

［97］Cabrera, A. F. , Nora, A. , and Castaneda, M. B. College Persistence: Structural Equations Modeling Test of an Integrated Model of Student Retention ［J］. *The Journal of Higher Education*, 1993（2）: 123 – 139.

［98］Carnoy, M. , Levin, H. , *Schooling and Work in the Democratic State* ［M］. Stanford University Press, 1985: 110 – 143.

[99] Catsiapis, G., A Model of Educational Investment Decisions [J]. *Review of Economics and Statistics*, 1987, 69: 33 – 41.

[100] Chatterjji, M, Seaman, P. T., Singell, L. D., A Test of the Signaling Hypothesis. *Oxford Economic Papers*, 2003, 55 (2): 191 – 216.

[101] Christie, H., Munro, M., The Logic of Loans: Students' Perceptions of the Costs and Benefits of the Student Loan. *British Journal of Sociology of Education*, Nov. 2003, Vol. 24, Issue 5, pp. 621 – 636.

[102] Cohen, M. D., March, J. G., and Olsen, J. P., A Garbage Can Model of Organizational Choice [J]. *Administrative Science Quarterly*, Vol. 17, 1972: 1 – 25.

[103] Darrell R. Lewis and H. Dundar, Equity Effects of Higher Education in Developing Countries: Access, Choice and Persistence [A]. D. W. Chapman and A. E. Austion (eds.) *Higher Education in the Developing World: Change Contexts and Institutional Responses* [M]. London: Greenwood Press, 2002.

[104] Federal Student Aid. Federal Student Aid: Loan Program Fact Sheet [EB/OL]. www. Federal StudentAid. ed. gov/ funding, 2009 – 04 – 01.

[105] Feldman, Martha S., *Order without Design: Information Production and Policy Making*. Stanford University Press, 1989, p. 5.

[106] Fly, J. L., Sjuggerud, M., Student Loans in Bankruptcy: Policy Analysis and Portfolio Risk for Lenders. *Banking Law Journal*, Jun. 2006, Vol. 123, Issue 6, pp. 530 – 535.

[107] Fredericks Volkwein, Bruce P. Szelest etc., Factors Associated with Student Loan Default among Different Racial and Ethnic Groups [J]. *The Journal of Higher Education* (Columbus, Ohio), Vol. 69, March/April 1998, pp. 206 – 237.

[108] Geraldine Fabrikant, Harvard Endowment Loses 22% [N]. *The New York Times*, 2008 – 12 – 03.

[109] Grubb, W. N. and Tuma, J., Who Gets Student Aid? Variations in Access to Aid [J]. *Review of Higher Education*, 1991 (3): 359 – 382.

[110] Hall, R. E. and Jones, C. I., Why do Some Countries Produce much more Output per Worker than Others? *The Quarterly Journal of Econom-*

ics, 1999. 114 (1), 83 – 116.

[111] Hartog, J., To Graduate or not: Does it Matter? *Economics Letters*. 1983. 12: 193 – 199.

[112] Heller, D. E., Student Price Response in Higher Education: An Update to Leslie and Brinkman [J] . *Journal of Higher Education*, 1997, 68: 624 – 659.

[113] Hu, S. and St. John, E. P., Student Persistence in a Public higher Education System: Understanding Racial and Ethnic Differences [J] . *Journal of Higher Education*, 2001, 72: 265 – 286.

[114] Hungerford, T., Solon, G., Sheepskin Effects in the Returns to Education. *Review of Economics and Statistics*, 1987, 69 (1): 175 – 177.

[115] Jackson, R., The National Student Financial Aid Scheme of South Africa (NSFAS): How and Why it Works [M] // Burton LM Mwamila, Issa Omari, Eva Mbuya eds. Financing of Higher Education in Eastern and Southern Africa – Diversifying Revenue and Expanding Accessibility. Tanzania: Dar – es – Salaam, 2002: 227 – 241.

[116] Johnstone, D. B., Sharing the Costs of Higher Education Student Financial Assistance in the United Kingdom, the Federal Republic of Germany, France, Sweden, and the United States, New York: the College Board, 1986.

[117] Johnstone, D. B., Cost Sharing in Higher Education: Tuition, Financial Assistance, and Accessibility in a Comparative Perspective. *Sociologicky Casopis – Czech Sociological Review*, Jun. 2003, Vol. 39, Issue 3, pp. 351 – 374.

[118] Johnstone, D. B., Student Loans in International Comparative Perspective: Promises and Failures, Myths and Partial Truths [EB/OL] 2000. University at Buffalo Center for Comparative and Global Studies in Education: International Comparative Higher Education Finance and Accessibility Project, 2003.

[119] Johnstone, D. B., The Economics and Politics of Cost Sharing in Higher Education: Comparative Perspectives. *Economics of Education Review*, Aug. 2004, Vol. 23 Issue 4, pp. 403 – 410.

[120] Johnstone, D. B., Financing Higher Education: Cost – Sharing in International Perspective. Massachusetts: Boston College Chestnut Hill,

2006. 45, 215.

[121] Kane, J. and Spizman, L. M. Race, Financial Aid awards and College Attendance: Parents and Geog Raphy Matter [J]. *American Journal of Economics and Sociology*, 1994 (1): 85 – 97.

[122] Knox, A., Proficiency Theory of Adult Learning. *Contemporary Educational Psychology*, 1980, 5: 378 – 404.

[123] Lawrence, E. Gladieux, Student Assistance the American Way. Washington, DC: Educational Policy Institute, Inc. 2003.

[124] Lerner, D. and Lasswell, H. D. (eds.) *The Policy Orientation in the Policy Sciences*, Stanford University Press, Stanford, California, 1951.

[125] Levin, H. and Kelley, C., Can Education do it Alone? *Economics of Education Review*, 1994, 13 (2): 97 – 108.

[126] Liu, P. W. and Wong Y. C., Educational Screening by Certificates: An Empirical Test. *Economic Inquiry*, 1982, 20 (1): 72 – 83.

[127] Lucas, R. E., On the Mechanics of Economic Development. *Journal of Monetary Economics*, 22 (1): 1988. 3 – 42.

[128] Mincer, J., Human Capital and Earnings. In: Atkinson A B (ed.) 1980, *Wealth, Income and Inquiry* 22 (1): 1980. 121 – 127.

[129] Nikolaos Zahariadis, Ambiguity, Time, and Multiple Streams, in Theories of the Policy Process, edited by Paul A. Sabatier, University of California, Davis, 1999, p. 76.

[130] NSFAS, *Annual Report* 2007 [R/OL]. https://www. nsfas. org. za/resources/170/NSFAS Annual Report 2007. pdf, 2009 – 12 – 01.

[131] NSFAS, *Annual Report* 2008 [R/OL]. https://www. nsfas. org. za/web/view/general/reports/ annual report. 2009 – 12 – 01.

[132] NSFAS, *Management Report* [R/OL]. https://www. nsfas. org. za/resources/169/Management Report. pdf. 2009 – 12 – 01.

[133] NSFAS. 10 Things You Need to Know about NSFAS [EB/OL]. https://www. nsfas. org. za/ web/view/ students/student_ home/studenthome, 2009 – 12 – 01.

[134] Perna, L. W., Differences in the Decision to Attend College Among African Americans, Hispanics, and Whites [J]. *Journal of Higher Ed-*

'ucation, 2000, 71: 117 – 141.

[135] Psacharopoulas, G. and Woodhall, M. , *Education for Development: An Analysis of Investment Choice.* Oxford University Press, 1986.

[136] Psacharopoulos, G. and Papakonstantinou, G. , The Real University Cost in A "Free" Higher Education Country. *Economics of Education Review*, Feb. 2005, Vol. 24 Issue 1, pp. 103 – 108.

[137] Psacharopoulos, G. , Funding Universities for Efficiency and Equity: Research Findings Versus Petty Politics. *Education Economics*, Sep. 2008, Vol. 16 Issue 3, pp. 245 – 260.

[138] Richard R. Hopper, "Poor but Meritorious": An Examination of Two Private Financial Aid Programs for University Students in Bangladesh. A Doctor Dissertation of Harvard University, 2004. pp. 52 – 69.

[139] Riley, J. G. , Testing the Educational Screening Hypothesis. *Journal of Political Economy*, 1979, 87 (5): S227 – S252.

[140] Rux Prompalit, Student Personal Finance and Government Student Loans: A Case Study of Thailand. pp. 38 – 40.

[141] Sara Hebel, Stimulus Bill Includes Billions of Dollars in Help for Students and Colleges [N] . The Chronicle of Higher Education, 2009 – 01 – 16.

[142] Sen, Amartya, Development as Freedom, Alfred A. Knope, 1999, New York.

[143] Shen Hua, A. Ziderman, Student Loans Repayment and Recovery: International Comparisons. Higher Education, Mar. 2009, Vol. 57 Issue 3, pp. 315 – 333.

[144] Shen Hong, The Social and Political Impacts of College Student Aid: An Analysis Based on Three Surveys. Paper presented at the 2008 Annual Conference for the Chinese Association of Economics of Education, Shanghai, P. R. China, 2008.

[145] Spence, M. , Job Market Signaling. *The Quarterly of Journal of Economics*, 1973. 87 (3): 355 – 374.

[146] Spence, M. , Sgnaling in Retrospect and the Informational Structure of Markets. *The American Economic Review*, 2002. 92 (3), 434 – 459.

[147] St. John, E. P. , Price Response in Enrollment Decision: An A-

nalysis of the High School and beyond Sophomore Cohort [J] . *Research in Higher Education*, 1990, 31 (2): 161 – 176.

[148] St. John, E. P. , What Really Influences Minority Attendance? Sequential Analysis of the High School and beyond Sophomore Cohort [J] . *Research in Higher Education*, 1991, 32: 141 – 158.

[149] St. John, E. P. , The Access Challenge: Rethinking the Causes of the New Inequality [R] . Policy Issue Report No. 2002 – 1. Bloomington: Indiana Education Policy Center, 2003.

[150] Stiglitz, J. E. , The Theory of "Screening", Education, and the Distribution of Income. *The American Economic Review*, 1975, 65 (3): 283 –300.

[151] Stiglitz, J. E. , The Theory of Local Public Goods in M. S. Feidstein [A] . *The Economics of Public Services*. New York: Macmillan, 1977.

[152] Wolpin, K. I. , Education and Screening [J] . *American Economic Review*, 1977, 67: 949 – 958.

[153] Woodhall, M. , Student Loans in Higher Education, English Speaking Africa [M] . Paris: IIEP. , 1991.

[154] Woodhall, M. , Student Loans as a Means of Financing Higher Education Lessons from International Experience [P] . Washington, D. C. : The World Bank, 1983, p. 52.

[155] Woodhall, M. , Lending for Learning: Designing a Student Loan Programme for Developing Countries [M] . Commonwealth Secretariat, 1987: 57.

[156] Yvan Guillemette, The Case for Income – Contingent Repayment of Student Loans [J] . *C. D. Howe Institute Commentary*, May 2006, (233): 14.

[157] Ziderman, A. and Albrecht, D. , Cost Recovery for Higher Education: Are Student Loans an Effective Instrument? *World Bank Research Observer*, Vol. 8 No. 1, 1993. pp. 71 – 90.

[158] Ziderman, A. and Albrecht, D. , *Financing Universities in Developing Countries* [M] . Washington D. C. London: The Falmer Press, 1995: 63 – 68, 88.

[159] Ziderman, A. , Alternative Objectives of National Student Loan Schemes: Implications for Design, Evaluation and Policy [J] . *Welsh Journal of Education*, Israel, 2002, (7): 26, 37 –47.

［160］ Ziderman, A. , Financing Student Loans in Thailand: Revolving Fund or Open - ended Commitment? *Economics of Education Review*, Aug. 2002, Vol. 21, Issue 4, pp. 367 - 380.

［161］ Ziderman, A. , Student Loans in Thailand: Are They Effective, Equitable, Sustainable? ［J］ . Paris: International Institute for Education Planning, 2003.

［162］ Ziderman, A. , Policy Options for Student Loan Schemes Lessons from Five Asian Case Studies. Bangkok: UNESCO Bangkok/IIEP, 2004, pp. 63 - 70.

附录 本书相关量表

I 安徽省 2008—2009 学年农信社生源地信用助学贷款人数与环境因素的相关性

[其中，X：贷款人数（人），x_1：预算内教育经费（亿元），x_2：农村居民人均纯收入（元），x_3：乡村从业人数（万人），x_4：人口（万人），x_5：人均GRP（元），x_6：普通中学毕业生数（万人）]

地级市	芜湖	铜陵	马鞍山	淮南	黄山	池州	滁州	淮北	宣城
X	8	28	74	157	204	270	264	287	293
x_1	9.18	3.69	6.04	7.44	4.44	4.71	12.38	6.34	8.41
x_2	5208	4614	6145	3698	4295	4012	3821	3374	4285
x_3	86.3	19.8	37.9	82.3	73.8	77.8	197	67.4	143.3
x_4	230.5	73.6	127.3	239.4	148	158	444	213.7	275.2
x_5	25933	40116	42063	15699	15427	10949	10814	12674	13077
x_6	4.73	1.61	2.78	5.21	2.93	3.59	10.8	5.44	4.95
地级市	巢湖	合肥	蚌埠	六安	安庆	亳州	阜阳	宿州	
X	314	802	881	1030	1810	1967	2083	3062	
x_1	12.5	18.49	9.16	18.44	19.97	12.22	20.01	18.07	
x_2	3976	4486	3616	3058	3502	3000	2655	3072	
x_3	208.8	165	159.1	343.4	287.5	274.8	478.1	295.8	
x_4	455	478.9	355.3	695.5	611	578.9	974.3	617.2	
x_5	9809	27566	12818	7216	10589	6718	5515	7448	
x_6	9.91	10.06	9.32	15.26	15.81	12.95	21.9	16.83	

资料来源：X 来自安徽省学生资助管理中心；其他均为 2007 年数据，国家统计局，2009 年。

Ⅱ　本书 165 个样本县编号

1. 安徽望江县，2. 太原市迎泽区，3. 鄂伦春旗，4. 湖南泸溪县，5. 湖南会同县，6. 浙江三门县，7. 蚌埠龙子湖区，8. 宁波鄞州区，9. 山东栖霞市，10. 呼市玉泉区，11. 成都新都区，12. 江西分宜县，13. 四川南江县，14. 福建永定县，15. 内蒙古达旗，16. 东乌旗，17. 玛曲县，18. 肃北县，19. 巴彦淖尔后旗，20. 四川筠连县，21. 内蒙古准格尔旗，22. 山东平原县，23. 湖南新邵县，24. 山东文登市，25. 肃南县，26. 江西新建县，27. 武汉市青山区，28. 柳州市柳南区，29. 牙克石市，30. 甘肃瓜州县，31. 湖南沅陵县，32. 碌曲县，33. 山东乳山市，34. 广西融安县，35. 霍林郭勒市，36. 广西东兰县，37. 四川沐川县，38. 山东莱西市，39. 云南漾濞县，40. 四川西昌市，41. 广西龙州县，42. 四川古蔺县，43. 四川江油市，44. 山东临沭县，45. 四川剑阁县，46. 四川宣汉县，47. 康县，48. 山西浑源县，49. 四川宜宾县，50. 兰州市西固区，51. 淄博市周村区，52. 甘肃华亭县，53. 安徽凤台县，54. 敦煌市，55. 合作市，56. 东乡县，57. 甘肃泾川县，58. 贵州兴义市，59. 瓜州县，60. 四川大英县，61. 广西田东县，62. 卓尼县，63. 贵州德江县，64. 湖北来凤县，65. 湖北谷城县，66. 山东桓台县，67. 四子王旗，68. 日照岚山区，69. 甘肃积石山县，70. 江苏仪征市，71. 徽县，72. 合水县，73. 甘肃金塔县，74. 武都区，75. 江西南丰县，76. 高台县，77. 正宁县，78. 福建漳浦县，79. 临泽县，80. 淄博市淄川区，81. 甘肃临夏县，82. 华池县，83. 湖北宣恩县，84. 西和县，85. 江西修水县，86. 山东高青县，87. 安徽歙县，88. 内蒙古武川县，89. 山东鱼台县，90. 秭归县，91. 武汉江夏区，92. 内蒙古清水河县，93. 广西大化县，94. 西安灞桥区，95. 宁夏西吉县，96. 赤峰喀喇沁旗，97. 湖北咸丰县，98. 甘肃庆城县，99. 滨州滨城区，100. 湖北钟祥市，101. 青海化隆县，102. 安徽濉溪县，103. 山东昌乐县，104. 山东临沭县，105. 贵州务川县，106. 贵州开阳县，107. 贵州晴隆县，108. 湖北崇阳县，109. 山东泗水县，110. 山东金乡县，111. 张家川县，112. 灵台县，113. 民乐县，114. 福建福鼎市，115. 山东冠县，116. 临洮县，117. 内蒙古科左后旗，118. 内蒙古翁牛特旗，119. 平凉市崆峒区，120. 清水县，121. 湖北恩施市，122. 湖北鹤峰县，123. 张掖甘州区，124. 湖北竹山县，125. 广西武鸣县，126. 桂平市，127. 湖北建始县，128. 山东沂源县，129. 永登县，130. 贵州金沙县，131. 湖北监利县，132. 环县，133. 甘谷县，134. 榆中县，135. 天水秦州区，136. 山东沂南县，137. 甘肃张家川县，138. 甘肃宁县，139. 山东宁阳县，140. 古浪县，141. 甘肃渭源县，142. 青海乐都县，143. 民勤县，144. 宁夏西吉县，145. 内蒙古科左中旗，146. 宁夏彭阳县，147. 天祝县，148. 湖北浠水县，149. 甘肃镇原县，150. 静宁县，151. 平川区，152. 湖北利川市，153. 凉州区，154. 景泰县，155. 武汉黄陂区，156. 湖北巴东县，157. 通谓县，158. 安定区，159. 英山县，160. 靖远县，161. 重庆开县，162. 江苏新沂市，163. 麻城市，164. 甘肃会宁县，165. 甘肃阿克塞县。

Ⅲ 2009 年我国 165 个县级单位（XJDW）生源地助学贷款获贷人数（X）与 2007 年人均 GRP（Y）、农村居民人均纯收入（Z）和年底总人口（N）比较

XJDW	1	2	3	4	5	6	7	8	9	10
X（人）	11	17	20	20	22	23	27	40	47	52
Y（元）	5676	36377	7144	6244	6992	16637	12818	61067	19974	42015
Z（元）	2890	—	2063	2224	2115	6327	—	—	5835	—
N（人）	615249	—	280351	292300	354300	418600	—	—	627500	—
XJDW	11	12	13	14	15	16	17	18	19	20
X（人）	57	59	60	67	71	76	76	77	88	90
Y（元）	26525	15651	5699	18291	65363	37524	11924	58001	19644	9838
Z（元）	—	4855	81370	5549	5524	8583	2855	6004	—	38437
N（人）	—	316557	659100	765100	348546	74034	45799	11329	—	399900
XJDW	21	22	23	24	25	26	27	28	29	30
X（人）	100	100	105	106	108	110	110	111	130	136
Y（元）	99347	20613	5961	65522	4901	17126	35500	20737	13776	17856
Z（元）	6288	4942	2396	7678	5006	4798	—	—	3650	5027
N（人）	285433	453300	750600	640700	36210	674131	—	—	381858	102919

续表

XJDW	31	32	33	34	35	36	37	38	39	40
X（人）	136	138	140	140	140	150	151	159	161	169
Y（元）	10669	8098	43857	7163	105332	3849	8652	38099	6489	19133
Z（元）	1721	2464	6860	3161	7894	2097	33852	7159	2031	99254
N（人）	652900	31857	573300	326187	76268	284504	257900	728300	110000	604500

XJDW	41	42	43	44	45	46	47	48	49	50
X（人）	173	180	187	201	207	221	223	230	234	236
Y（元）	10040	4645	16438	16813	5726	7401	3124	4754	8895	22325
Z（元）	3001	75962	108482	4657	74387	110600	1536	2403	96495	—
N（人）	276406	823000	878600	640900	675000	1231300	201706	343511	1002700	—

XJDW	51	52	53	54	55	56	57	58	59	60
X（人）	240	240	252	257	264	265	280	287	301	324
Y（元）	43499	14809	15886	21049	10017	1971	6854	11573	17856	7730
Z（元）	—	2381	3896	5306	1772	1209	2100	3165	5027	51080
N（人）	—	177892	735366	139404	89227	289725	349700	779600	102919	563400

XJDW	61	62	63	64	65	66	67	68	69	70
X（人）	324	330	338	339	357	360	367	375	389	392
Y（元）	8644	3524	3526	5619	9520	41909	10454	23180	23322	27219
Z（元）	2931	1568	1591	2153	3814	7073	3109	—	1330	6219
N（人）	406342	105213	477800	316700	571200	496700	210646	—	232969	597100

XJDW	71	72	73	74	75	76	77	78	79	80
X（人）	401	407	428	431	436	450	451	453	454	456
Y（元）	8426	4076	13707	4067	11158	11498	3865	11829	12454	43499
Z（元）	2309	1941	5129	—	5804	4170	2177	5826	4226	—
N（人）	215369	168142	147276	—	282956	157798	231533	972200	146634	—

XJDW	81	82	83	84	85	86	87	88	89	90
X（人）	460	469	470	473	478	505	510	510	518	527
Y（元）	43794	26109	5610	2913	4840	18275	11732	17093	16037	7871
Z（元）	1643	1976	2109	1508	1990	5030	4100	1278	5152	2507
N（人）	379123	130065	348600	407026	780761	364800	490990	174452	457700	387300

XJDW	91	92	93	94	95	96	97	98	99	100
X（人）	532	550	550	594	600	602	608	621	622	631
Y（元）	35500	16062	5691	21339	3415	10934	5785	18275	27561	11093
Z（元）	—	4364	2246	—	2215	3498	2102	2084	—	4722
N（人）	—	141942	432134	—	408924	—	369500	300942	—	1034900

XJDW	101	102	103	104	105	106	107	108	109	110
X（人）	656	677	678	683	700	715	730	737	754	760
Y（元）	6514	5867	17252	16813	3093	9515	3282	8341	11739	13954
Z（元）	2510	3230	5736	4657	1902	3689	1825	3329	4748	5561
N（人）	253589	1061310	597800	640900	435334	422800	299300	459900	605600	621400

XJDW	111	112	113	114	115	116	117	118	119	120
X（人）	770	782	786	800	800	870	900	900	924	925
Y（元）	2728	5629	7008	14221	12516	3289	14296	10095	6753	3921
Z（元）	1600	2100	3704	4763	4416	2006	3661	3683	—	1692
N（人）	332926	226894	238252	759000	757900	535986	401697	475055	—	310062

XJDW	121	122	123	124	125	126	127	128	129	130
X（人）	925	926	937	980	990	1000	1038	1070	1100	1100
Y（元）	7312	7355	11514	4635	12869	5498	5346	19741	11250	7475
Z（元）	2172	2202	—	2395	4253	3232	2102	5005	2374	2938
N（人）	792900	220100	—	463300	669411	1748194	505700	559800	509044	621900

XJDW	131	132	133	134	135	136	137	138	139	140
X（人）	1109	1128	1137	1138	1200	1220	1229	1258	1274	1360
Y（元）	5482	3446	3388	6134	5550	11526	2728	3133	15027	4799
Z（元）	4027	1691	1801	2084	—	4619	·1600	2040	4546	1958
N（人）	1412600	338799	611845	427617	—	913800	332926	536546	809100	392989

XJDW	141	142	143	144	145	146	147	148	149	150
X（人）	1384	1393	1400	1469	1493	1536	1557	1621	1626	1700
Y（元）	2670	7006	8823	3415	9974	4061	7070	5803	2910	3085
Z（元）	1813	2730	3869	2215	3720	2266	1970	3530	1863	1811
N（人）	350559	285973	282001	408924	537495	248591	212498	1022400	509640	477180

续表

XJDW	151	152	153	154	155	156	157	158	159	160
X（人）	1709	1794	1947	1984	2060	2070	2153	2230	2490	3104
Y（元）	11868	4826	9885	9863	35500	6266	2365	3418	6891	6027
Z（元）	—	2205	—	2685	—	2102	1780	—	2957	2509
N（人）	—	868800	—	233539	—	488400	443427	—	394200	466681
XJDW	161	162	163	164	165					
X（人）	3123	3604	3711	8391	29					
Y（元）	7923	10728	5549	3495	6288					
Z（元）	3210	5076	3062	1805	39641					
N（人）	1584500	991087	1159076	577157	8185					

资料来源：Y、Z、N 来自国家统计局国民经济综合统计司，2009 年。

Ⅳ　2009 年我国 20 个省（市、区）生源地助学贷款获贷人数及 2007 年区域经济情况比较

省（区）	陕西	湖北	甘肃	山东	江苏	贵州	安徽	重庆	内蒙古	江西
y	110900	90095	84919	76000	72000	51817	40759	38160	31945	26000
x_1（元）	14607	16206	10346	27807	33928	6915	12045	14660	25393	12633
x_2（元）	2645	3997	2329	4985	6561	2374	3556	3509	3953	4098
x_3（万人）	3748	6070	2649	9367	7625	3976	6676	3235	2405	4368
x_4（万人）	1442	2262	1096	3858	1488	1982	2998	1378	698	1679
x_5（亿元）	184.5	109	123.97	453.4	492.9	166.3	212.97	121.55	153.6	136.9
x_6（亿元）	4273.6	5431	1915.2	11438.1	13014.9	1790.1	4546.5	3228.2	2541.9	3360.8
x_7（亿元）	383	387	203.8	2155.9	846.9	202.4	564.9	247.8	229.4	434.7
x_8（亿元）	8501.4	11093	3747.1	22072.3	30450.5	3826.4	8406.6	6576.7	4953.7	5900.1
x_9（亿元）	5121.2	7496	2403.6	17545.1	22092.1	3128.6	6042.5	5131.7	3767.7	4026.7
省（区）	广西	河北	云南	山西	青海	海南	宁夏	福建	湖南	北京
y	22000	18400	12849	9000	8300	7404	4000	2863	395	268
x_1（元）	12555	19877	10540	16945	14257	14555	14649	25908	14492	58204
x_2（元）	3224	4293	2634	3666	2684	3791	3181	5467	3904	9559

省（区）	广西	河北	云南	山西	青海	海南	宁夏	福建	湖南	北京
x_3（万人）	5002	6943	4514	3393	551.6	849	610	3581	6806	1213
x_4（万人）	2286	2847	2097	1062	189.4	269	214.6	1342	3028	313.4
x_5（亿元）	189.4	283.4	190.5	181.2	34.85	40.33	47.31	183.66	228.5	263
x_6（亿元）	3185.3	—	3046	5422.4	442.3	863.1	614	4711.2	—	9113.5
x_7（亿元）	—	373.9	445	602.8	32.9	37.6	134.9	484.4	—	—
x_8（亿元）	4287.8	—	5672	5394.5	873.1	1086.9	1184.6	8065.7	—	17152
x_9（亿元）	5749.9	—	7171	10042	1092.7	1833.2	1278.5	10040.2	—	34286.3

注：y：贷款人数；x_1：人均 GRP；x_2：农村居民人均纯收入；x_3：人口；x_4：乡村从业人数；x_5：预算内教育经费；x_6：城乡居民存款；x_7：农业贷款；x_8：金融机构存款；x_9：金融机构贷款。

资料来源：国家统计局国民经济综合统计司，2009 年。

V 2009 年 32 个地级市（州）生源地助学贷款与区域社会发展（2007 年）的关系

市/州	巴中	苏州	南昌	阳泉	南充	淄博	自贡	宁德	宜宾	防城港	邯郸
y	100	111	200	253	287	427	501	700	727	740	752
x_1	7.22	10.9	6.7	2.74	14.5	7.31	4.81	6.7	8.74	1.26	24.58
x_2	99	100	98.8	100	98.5	98	96.5	96.8	95.5	91.6	98.3
x_3	—	18	—	1	3	9	1	2	2	—	4
x_4	—	4.87	14.2	0.3	1.62	2.8	0.77	0.22	0.66	—	1.52
x_5	—	2.77	14.29	0.2	1.18	1.7	0.73	0.15	0.5	—	1.36
x_6	201	260	264	93	541	214	133	195	324	49	528

市/州	鄂尔多斯	常州	包头	青岛	威海	长治	扬州	巴彦淖尔	亳州	宜春	贵港
y	757	836	903	1072	1138	1347	1590	1900	2000	2119	2467
x_1	2.94	7.15	4.6	12.48	4.37	8.08	8.64	3.94	12.95	9.74	10.6
x_2	90.3	100	97.5	97.9	100	96.6	100	93.1	100	95.7	95
x_3	—	9	4	25	6	5	5	1	2	2	—

市/州	鄂尔多斯	常州	包头	青岛	威海	长治	扬州	巴彦淖尔	亳州	宜春	贵港
x_4	—	2.97	1.78	7.87	1.49	0.97	2.14	0.24	0.27	0.71	—
x_5	—	2.5	1.13	6.84	0.92	0.7	1.52	0.14	0.12	0.68	—
x_6	75	169	119	311	111	258	201	85	339	252	254

市/州	安顺	滨州	枣庄	玉林	潍坊	西安	赣州	通辽	恩施州	济宁	
y	2815	3378	4223	4296	5068	5668	5800	7800	7859	8000	
x_1	5.25	8.11	10.06	12.97	18.11	18.37	17.59	6.2	6.43	18.74	
x_2	91	100	93.2	95	98.2	98.3	96.6	94.3	94.9	94.8	
x_3	2	3	2	—	10	—	9	3	2	7	
x_4	0.28	1.24	0.49	0.31	3.6	—	2.09	0.67	0.71	2.58	
x_5	0.25	0.88	0.25	0.34	2.5	—	1.71	0.51	0.51	2.73	
x_6	152	168	169	310	418	453	456	196	180	344	

注：y：贷款人数（人）；x_1：普通中学毕业生数（万人）；x_2：电视覆盖率（%）；x_3：普通高校数；x_4：普通高校招生数（万人）；x_5：普通高校毕业生（万人）；x_6：普通中学学校数。

资料来源：国家统计局国民经济综合统计司，2009 年。

VI 生源地助学贷款与区域教育文化发展

省/市	陕西	湖北	甘肃	江苏	山东	贵州	安徽	重庆	内蒙古	江西
y	110900	90095	84919	81200	76000	51817	40759	38160	31945	26000
x_1	101.67	144	62.85	159.09	191.02	79.47	154.07	52.69	48.18	88.66
x_2	95.9	97	91.5	99.9	97.2	91.1	95.4	96	91.4	96.4
x_3	76	86	31	120	111	37	89	38	36	66
x_4	24.36	34	9.86	42.11	45.35	8.42	25.25	13.17	9.91	24.07
x_5	19.55	28	6.33	30.96	35.57	6.17	18.12	9	6.72	21.9
x_6	111	102	92	105	145	92	85	43	113	104
x_7	9358	2037	890	3491	3085	696	1004	858	3740	1324
x_8	2637	3108	2024	3036	4039	2674	4043	1361	1382	2648

续表

省/市	广西	河北	云南	海南	山西	青海	宁夏	福建	湖南	北京
y	22000	18400	12849	11166	9000	8300	4000	2863	395	268
x_1	96.36	162.5	14.31	18.93	82.77	10.18	13.46	79.88	135.76	18.71
x_2	94	98.6	94	93.5	96.5	96.5	95.4	96.7	98	100
x_3	56	88	51	14	59	8	13	74	99	83
x_4	15.31	31.5	9.92	3.94	16.76	1.2	1.92	16.74	29.12	15.62
x_5	10.32	24.07	2.12	1.94	13.21	0.98	1.41	13.49	20.98	13.88
x_6	100	160	149	20	122	43	21	85	120	25
x_7	1623	1443	1420	2231	811	339	408	1384	1725	3940
x_8	2664	4164	2281	576	3078	495	391	1984	4257	689

注：y：贷款人数（人）；x_1：普通中学毕业生数（万人）；x_2：电视覆盖率（%）；x_3：普通高校数；x_4：普通高校招生数（万人）；x_5：普通高校毕业生（万人）；x_6：公共图书馆数；x_7：公共图书馆藏书数（万册）；x_8：普通中学学校数。

资料来源：国家统计局国民经济综合统计司，2009 年。

Ⅶ 2009—2010 年 20 个省/市/区（SSQ）生源地助学贷款与区域社会发展（2008 年）的关系

SSQ	陕西	湖北	甘肃	江苏	山东	贵州	安徽	广西	重庆	内蒙古
y_1	110900	90095	84919	81200	76000	51817	40759	39500	38160	31945
y_2	154596	104000	110000	90000	115000	102000	65280	120000		69530
x_1	2649055	2841940	1829256	5926032	5509929	2297665	2862557	2512210	1534951	2349868
x_2	131569	167707	58203	221234	184970	40107	112099	61412	76275	45636
x_3	133382	186628	46888	189471	280623	45605	141084	96508	60472	52210
x_4	318074	252487	194465	667446	552178	178360	327465	292467	165439	316243
x_5	2455574	2813003	1536984	2315241	2850525	1074568	2282005	1289769	1722665	1915179
x_6	1462918	1767006	1073358	2761599	2353000	1217107	1367525	1393970	767242	1607177
x_7	587158	409194	468469	951795	586002	404391	547367	279740	529297	796815
x_8	783906	950838	583150	1486116	1404184	674375	1038442	787683	516362	598205

续表

SSQ	陕西	湖北	甘肃	江苏	山东	贵州	安徽	广西	重庆	内蒙古
x_9	2261364	2658031	1271358	5168601	4682351	1842076	2341531	2245366	1390183	2433914
x_{10}	171448	230584	94743	915173	571333	129878	237788	162149	151279	153634
x_{11}	867798	852202	447835	3617904	2894598	465094	1478746	723033	1246138	1704399
x_{12}	542268	383069	347976	1172120	300454	493768	518196	584781	479259	493087
x_{13}	917143	1254733	463132	2886538	2543623	588991	1862857	1066574	717407	1253567

SSQ	江西	河北	云南	海南	山西	青海	宁夏	福建	湖南	北京
y_1	26000	18400	12849	11166	9000	8300	4000	2863	395	268
y_2	—	—	62468	—	45000	19382	18313	18000	—	—
x_1	2068578	1416985	2419508	556331	3769819	488084	540553	2332923	3112601	3162957
x_2	91833	125702	58536	18100	67154	6810	12430	85436	131806	113683
x_3	140307	184890	51783	21635	80151	6957	9316	93701	160254	42409
x_4	187795	290023	279819	68176	271892	98912	70925	224251	253462	611138
x_5	1793603	2713726	2247201	494349	2183811	655673	370490	1092914	3103120	2093285
x_5	1470156	1518977	1777748	554118	1096934	424407	451996	804268	1763754	1217736
x_7	318377	763556	584582	68058	642863	195484	175067	140264	417066	354688
x_8	769195	1202379	1045872	186377	714959	246615	171073	742741	875987	769195
x_9	1806669	3176185	2171232	533225	2234833	694155	423470	1891974	3010646	1962664
x_{10}	111406	216674	176695	44981	176381	39664	43265	256281	265893	111406
x_{11}	707820	1324967	675136	225139	1011763	204838	333778	750936	1200158	707820
x_{12}	376031	289207	608413	114304	336037	110455	100795	456079	569575	376031
x_{13}	1218517	1485575	911948	242897	901507	181974	220537	880165	1360830	1218517

注：y_1：2009 年贷款人数；y_2：2010 年贷款人数；x_1：财政性教育经费；x_2：普通高校本科学生数；x_3：普通高校专科学生数；x_4：文化体育与传媒支出；x_5：社会保障和就业支出；x_6：农林水事务支出；x_7：环境保护支出；x_8：医疗卫生支出；x_9：一般公共服务支出；x_{10}：科学技术支出；x_{11}：城乡社区事务支出；x_{12}：交通运输支出；x_{13}：工业商业金融等事务支出；y_1、y_2、x_2、x_3 单位：人；其余单位：万元。

资料来源：国家统计局，2009 年。